A EQUAÇÃO DOS SONHOS

Gisèle Chaboudez

A EQUAÇÃO DOS SONHOS
e sua decifração psicanalítica

Companhia de Freud
editora

Título Original
L'Équation des rêves

Direitos de edição em língua portuguesa adquiridos pela
Editora Campo Matêmico

Editoração Eletrônica
FA - Editoração Eletrônica

Tradução
Procopio Abreu

Revisão
Sandra Regina Felgueiras

Editores Responsáveis
José Nazar
Luiz Roberto Klaczko

FICHA CATALOGRÁFICA

C428e

Chaboudez, Gisèle.
A equação dos sonhos e sua decifração psicanalítica / Gisèle Chaboudez; [tradução Procopio Abreu]. – Rio de Janeiro: Companhia de Freud, 2000.

224 p. ; 23 cm

ISBN 85-85717-44-0

Tradução de: L'Équation des rêves.

1. Sonhos. 2. psicanálise. I. Título.

CDD-154.634

Companhia de Freud
editora

Endereço para Correspondência
Rua Visconde de Pirajá, 577 - Salas 306-307
Cep 22410-003 - Ipanema - Rio de Janeiro
Tel.: (21) 540-7954 – Telefax: (21) 239-9492
email: tereza@ism.com.br

Sumário

Introdução

Para cada um, a experiência do sonho é particular, íntima, estranha. Ela não é específica do homem, já que o animal também parece sonhar; mas o homem fala e a linguagem condiciona todas as suas experiências. Bem cedo reconheceu no sonho o papel da linguagem e fez dele uma mensagem dos deuses. Nossa civilização moderna o interpretou como uma manifestação do inconsciente, com o qual os psicanalistas dialogam. Todo sonhador, hoje, sabe que, no âmago dessas imagens da noite, seu desejo, silenciosamente, insiste.

Cem anos se passaram desde o livro inaugural de Freud sobre o sonho – e sua importância permanece. O pensamento ocidental apropriou-se desde então da língua do sonho, ao passo que a ciência descobria, no meio do século, seu suporte biológico. As escolas de psicanálise oscilaram entre uma fidelidade a Freud e propostas teóricas novas, das quais muitas permanecem isoladas. O estilo próprio a cada uma destas escolas desenha práticas e elaborações muito diversas, em que se distingue, no entanto, uma comunidade freudiana. Ela se separa nitidamente de todas as interpretações do sonho que não levam em conta nem o inconsciente, nem a sexualidade. A contribuição de Lacan começa, nos anos 50, por um questionamento específico. Ele observa que a descoberta de Freud mostra, antes de tudo, processos de linguagem no inconsciente, o que parecia então um pouco esquecido. Jogos de palavras, modos de escrita em imagens, homofonias ou outros tipos de equívocos, eis o que fundamentalmente descobria a interpretação freudiana. O texto do sonho, isto é, o relato de seu conteúdo manifesto, é constituído de pensamentos cifrados, a serem decifrados como tais. Trata-se de uma forma de escrita críptica, que Freud comparava ao rébus e aos hieróglifos. Os atos falhos, lapsos, chistes, ou ainda os sintomas apresentavam a mesma estrutura elementar. Até meados dos anos 60, Lacan se dedica a isolar as leis da linguagem, suscetíveis de dar conta dos processos que Freud descrevera. Elabora de modo particular as figuras de estilo que são a metáfora e a metonímia. Estas se revelam responsáveis pelas substituições às quais Freud dava os respectivos nomes de condensação e deslocamento. Elas esclarecem o modo de formação de uma unidade nova, no conteúdo manifesto do sonho, a partir de vários elementos significantes dos pensamentos latentes. Lacan designa, nesta reunião dos significantes dois a dois, a estrutura literal do inconsciente, isto é, sua letra.

A vertente da linguagem, no inconsciente, é seguramente a parte mais bem conhecida da obra lacaniana – e a mais acessível. Em seguida é elaborada a vertente econômica do inconsciente, que diz respeito à circulação do gozo e de seus valores de troca. Lacan isola a função da letra como a de uma borda entre estas duas vertentes. Durante os anos 70, ele esboça uma teoria dita da cifração que designava, além de seu estatuto literal, um estatuto contábil do trabalho das metáforas e das metonímias. Esta teoria, no entanto, diz respeito ao trabalho do inconsciente em geral e o sonho nela não é mais objeto de estudo específico. De mais a mais, seus desenvolvimentos são breves, extremamente complexos, freqüentemente equívocos.

Desde a década de 80, trabalhos de alunos de Lacan trataram da materialidade da letra no sonho e certas obras, desenvolvendo uma clínica lacaniana da letra, puseram em evidência a importância de tal abordagem do inconsciente nas análises. Mas a teoria da cifração foi, até aqui, pouco estudada e utilizada.

Os clínicos são, de agora em diante, levados a se orientar, na interpretação dos sonhos, de acordo com essa parte inexplorada da decifração[1]. Quis-se reunir aqui a leitura arrazoada de uma prática. Ela faz uso dos con-

---

[1] Embora o termo habitualmente empregado para falar de um sonho seja deciframento, escolhemos decifração, o que não se refere a seu uso em música, mas constitui o equivalente do termo cifração utilizado por Lacan.

ceitos lacanianos em relação aos problemas deixados em suspenso por Freud e pelos avanços que ocorreram desde então. Recorre a ferramentas significantes, ou lógicas, concebidas para outros campos que o sonho. Um material, recolhido de adultos e crianças, é confrontado com alguns grandes sonhos da tradição freudiana e com um sonho da literatura medieval. Nele se encontra uma unidade de estrutura que completa o que Freud descreveu no limiar do século XX.

O sonho tenta resolver uma equação, eis o essencial do que é aqui proposto à reflexão. Ela pode nos parecer familiar, uma vez que seu princípio já está presente na obra de Freud. Dois sistemas perseguindo objetivos inversos tentam achar um compromisso: o pré-consciente, animado pelo desejo de dormir, e o desejo inconsciente, pela exigência de satisfação. Uma anulação das tensões contraditórias resulta de um compromisso correto, tanto que se pode considerar um sonho bem-sucedido como uma equação igual a zero. Como na matemática, a equação só é verificada para certos valores da incógnita. Este princípio será questionado ao longo deste estudo, ao passo que os termos da equação freudiana serão completados, precisados ou relativizados.

Um sonho de Dante, recolhido na *Vita nuova*, que inaugura sua obra, mostra-se propício a tais reflexões. Tão afastado de nós quanto possível por seu contexto, manifesta, no entanto, espantosa proximidade com as estruturas freudianas. O desejo que ele realiza apresenta-se como uma solução, elaborada diante de uma questão surgida no acontecimento que o precede. Com efeito, a primeira saudação de Beatriz parece ter causado tanta angústia quanto alegria e, durante o sono que vem depois, uma "maravilhosa visão" a isso responde. A metáfora que ela comporta será analisada segundo sua eficácia diante da angústia encontrada no âmago do desejo. Mediremos também o preço desta eficácia nesta espécie de perpétuo encontro fracassado constituído pelo mais célebre amor da literatura ocidental.

O grande sonho da *injeção em Irma*, de Freud, será em seguida relido, embora tantos outros psicanalistas o tenham feito anteriormente. Nele encontraremos um desdobramento exemplar do trabalho das metáforas que produzem a condensação, modo de reunião das unidades conforme sua similaridade. Três tempos nele se apresentam, como uma sucessão de proposições lógicas ou de equações provisórias, de que só a última parece chegar a um resultado satisfatório. Aí também tentaremos isolar, no acontecimento incitador, os termos de uma questão que o sonho visa resolver.

O sonho da *mesa da hospedaria*, de Freud igualmente, nos permitirá estudar com mais precisão as molas propulsoras do deslocamento produzido pela metonímia, modo de reunião das unidades conforme sua contigüidade. Ele mostra, de modo preciso, como ela constrói um objeto e o transfere no inconsciente.

As mesmas estruturas serão encontradas nos sonhos das crianças, cujos relato e associações são facilmente obtidos com a ajuda de perguntas apropriadas. Eles manifestam, diante do inconsciente, uma naturalidade que é por vezes difícil de ser encontrada na idade adulta. Estes sonhos muito cedo comportam processos complexos e mostram-se preciosos no entendimento da evolução das metáforas produzidas pelo inconsciente.

Para entender as sucessivas seqüências de um sonho, uma lógica é necessária. Utilizaremos a lógica lacaniana da fantasia. Ela permite esclarecer numerosos problemas, levantados pelos ditos freudianos sobre o desaparecimento das relações lógicas nos processos que culminam no conteúdo manifesto. Numerosos exemplos de nossa prática serão estudados sob este ângulo. Podemos assim precisar o aspecto econômico do trabalho do sonho, com a distribuição do gozo e de seus valores de troca. Este trabalho parece excluir os gozos que não podem se integrar no sistema do inconsciente, embora os substitua pelos que são admitidos por este sistema. No centro dessa economia, estudaremos os modos de relação com o outro sexo que resultam destas substituições.

Chegamos, então, a um certo número de constatações. Primeiramente, reexaminando a fonte do sonho, notamos que o desejo que ele realiza trata e interpreta quase sempre o que vem do Outro, instância lacaniana cujo estatuto veremos. Em seguida, as metáforas que produz dependem estreitamente da função paterna e parecem evoluir à medida que esta conhece, em nossa civilização, uma transformação radical. Além disso, a organização do sonho em seqüências ou em séries parece ordenada como uma seqüência de proposições lógicas, que constituem as diferentes etapas necessárias para resolver a equação do desejo de modo satisfatório. Enfim, o sexo, longe de ocupar todo o sonho, é, ao contrário, o obstáculo maior encontrado por sua elaboração, antes de forjar o que lhe faz as vezes. Ele é, portanto, determinante no trabalho do inconsciente, mas por falta. Eis algumas orientações que se desenharão ao longo deste percurso, a partir do que nos mostra a clínica.

Assim se esboçam talvez as bases de uma interpretação renovada dos sonhos, que não nomeamos ciência para deixar aos detentores da ciência como tal seu campo próprio. Um diálogo com a neurobiologia pode então se iniciar, distinguindo nitidamente o quadro fisiológico no qual acontece o sonho do trabalho inconsciente que ele comporta*.

---

* *Nota* – Certos termos consagrados do vocabulário psicanalítico estão explicitados num léxico no fim do volume.

Primeira parte
Incidências do desejo do Outro

1. Reflexões a partir de um sonho de Dante

Análise

Com *A divina comédia*, a obra de Dante se apresenta como uma imensa peregrinação através da escrita. A *Vita nuova*, que a precede, nos fala de um trabalho autobiográfico. Descreve com minúcia "devaneios" e "visões", algumas manifestamente sonhos. Faz também o relato da cadeia de pensamentos e ações na qual essas visões ocorrem e do que as segue. De modo que a *Vita nuova* constitui um texto precioso no que diz respeito ao inconsciente e seus efeitos sobre o destino do sujeito.

O sonho que vamos considerar, retomado na escrita de Dante como ato poético e testemunho, é já interpretado. Por isso não se trata de injetar nele conceitos analíticos, mas de repor nossos passos naqueles do autor e de mergulhar novamente o sonho no contexto discursivo em que ele se produziu. Algumas referências a textos de lendas do século XIII, depois um breve comentário sobre o lugar da erótica cortês em Dante servirão como pontos de referência.

A interpretação aqui proposta diz respeito apenas aos elementos inconscientes deste sonho. Ela não pretende dar conta das influências conscientes que nele seguramente intervêm, uma vez que se trata de texto literário voluntariamente cripticado por seu autor. Ela não interfere, portanto, em leituras da *Vita nuova* conforme suas influências literárias ou religiosas[1].

O relato da primeira "visão" da *Vita nuova* parece constituir um autêntico texto de sonho. Ela sobrevém ao longo de um sono após uma intensa emoção e nos mostra como o inconsciente trata o acontecimento psíquico. Este texto comporta a precisão e as associações necessárias a uma interpretação. Dante tem dezoito anos quando encontra Beatriz pela segunda vez. Diz ter começado a amá-la já nove anos antes e ter tentado avistá-la numerosas vezes, mas nunca lhe ter dirigido a palavra. Ora, Beatriz acaba de lhe falar para saudá-lo, enquanto, "cheio de temor", ele a olhava passar, vestida de branco e ladeada por duas mulheres mais velhas[2]. Sua emoção é tão forte que ele logo se retira para um quarto e, pensando nela, adormece e tem um sonho que chama de "visão maravilhosa".

Antes, Dante precisou que o primeiro encontro, quando era um menino de nove anos, ocorrera um ano após a morte de sua mãe, durante uma festa dada pelo pai de Beatriz, notável da cidade. Ele a vira então vestida de "vermelho-sangue" "humilde e casto[3]" e, no instante, seus "espíritos" assim se pronunciaram: "Eis um deus mais poderoso que eu, que ao vir me dominará[4]". Eles disseram igualmente: "Agora acaba de aparecer vossa beatitude"; ou, de modo relativamente contrário: "Pobre de mim,

---

[1] Certas interpretações serão forçosamente contraditórias com esta, ainda que não se refiram ao mesmo registro. Por exemplo, a leitura de Philippe Guiberteau (*Dante et son itinéraire spirituel selon la "Vita nuova"*, Paris, José Corti, 1983) considera que é preciso entender o conjunto da *Vita nuova* como um itinerário puramente espiritual. Beatriz Portinari nunca teria existido e teria sido inventada por Bocácio como uma lenda destinada a desfazer as suspeitas da Inquisição. Por conseguinte, tudo o que se chama "Beatriz" no texto diria respeito à "Sabedoria" preconizada na seita dos Fiéis de Amor, à qual Dante teria sido iniciado. E a dama-tela, à qual Dante finge endereçar seu amor, seria apenas a Igreja na qual ele ainda finge crer. Segundo este autor, todas as leituras que tomam por real o sentimento por uma certa Beatriz são leituras sentimentais errôneas.

[2] *Vie nouvelle,* tradução sob a direção de Christian Bec, Librairie générale française, Paris, 1996, p. 28. Certos autores consideram que a data indicando o mês de maio talvez corresponda à festa do Amor, de origem pagã, ao longo da qual as jovens vestidas de branco eram autorizadas, excepcionalmente, a seduzir os homens. É a opinião, por exemplo, de L.P. Guigues, tradutor da *Vita nuova* (Gallimard, Poésie).

[3] Damos aqui a tradução de L.P. Guigues, a palavra "casto", que importa.

[4] *Vie nouvelle,* op. cit., p. 28.

pois serei daqui por diante freqüentemente impedido[5]". Dante acolhera com alegria aquele novo domínio do Amor, que tinha Beatriz por emblema, atribuindo-lhe este verso de Homero: "Ela não parecia a filha de um homem mortal, mas de um deus[6]".

O sonho é o seguinte: *Parecia-me ver em meu quarto uma nuvem cor de fogo, na qual eu discernia a figura de um senhor, de terrível aparência para quem a olhava; ele me parecia em si mesmo tão alegre que era coisa admirável; em suas falas dizia várias coisas, das quais eu só entendia algumas, dentre elas as seguintes: Ego dominus tuus[7]. Em seus braços parecia-me ver dormir uma pessoa nua, embora me parecesse envolvida num pano vermelho-sangue. Olhando-a muito atentamente, descobri que era a dama da saudação, que no dia anterior se dignara cumprimentar-me. Numa de suas mãos, parecia-me que o senhor segurava uma coisa bem ardente e parecia-me que me dizia estas palavras: Vide cor tuum[8]. Depois de ficar assim por um momento, parecia-me que ele estava acordando aquela que dormia. Esforçava-se tanto e com todas as suas forças que a fazia comer a coisa quente, que temerosamente ela comia, entre suas mãos. Pouco depois sua alegria se transformava em prantos muito amargos. Assim chorando, ele tomava novamente a dama em seus braços e parecia-me que com ela ele ia embora para o céu. Eu sentia tal angústia que não pude prosseguir meu fraco sono; ele foi interrompido e me vi acordado[9].*

Decidindo fazer saber o que vira, Dante escreve um soneto e o endereça aos trovadores de Florença. Este soneto indica que o "senhor" do sonho é o Amor. As palavras que pronuncia retomam, em parte, os enunciados dos "espíritos" durante o primeiro encontro: o deus mais poderoso efetivamente chegou. A cena parece primeiramente, para Dante, simplesmente prolongar e selar os encontros sucessivos com Beatriz e, assim, constituir uma conseqüência da saudação que representa o consentimento da dama. É o que desenvolve em primeira leitura o discurso da *Vita nuova,*

---

[5] Ibid..

[6] Ibid.. Adaptação de uma frase de Homero segundo o comentário de Aristóteles em *A Ética a Nicômaco.*

[7] "Sou eu quem sou teu senhor".

[8] "Veja teu coração".

[9] Ibid., p. 29.

parecendo mostrar, à maneira cortês, os transportes do amante após a saudação. A cena do coração comido parece constituir uma figuração onírica da metáfora cortês da troca dos corações.

Entretanto, o Amor apresenta certos traços estranhos a este respeito. Ele tem uma aparência terrível, no seio de uma nuvem cor de fogo, e carrega Beatriz nua em seus braços. A cena tem a aparência de alguma cerimônia satânica e sua conotação sexual pouco está velada[10]. É neste contexto que vêm se inscrever os elementos do encontro da infância. A cor vermelho-sangue, outrora humilde e casta, substituiu o branco, que talvez não o seja, mas ela é agora a do pano que mal envolve a nudez da mulher adormecida. Presa do Amor, prisioneira e forçada a comer o coração, depois carregada para o céu, Beatriz não é mais, parece, "a filha de um deus" e sim a vítima de um demônio.

Quando o Amor diz a Dante "Veja teu coração" e, acordando Beatriz, faz com que ela o coma, a cena pode, de início, parecer simplesmente realizar a união ritual dos amantes pela troca dos corações e assim realizar o desejo do sonhador. No entanto, ele a força a comê-lo e ela o faz com temor. Há portanto aí, de novo, um elemento que mostra uma significação bem diferente daquela da união cortês desenvolvida pelos sonetos.

A cena do sonho mergulha portanto, de modo discordante, os traços e discursos do amor quase sagrado que Dante devotou a Beatriz, durante todos aqueles anos, numa significação radicalmente nova, assustadora e obscena. Se ainda está em questão um domínio, não é aquele que fora outrora acolhido com alegria. É o gozo careteiro de um deus temível. Nada, nos dados do texto de Dante, nos permite situar a fonte desses traços.

Ora, existe, na tradição da literatura cortês do século XIII, um conjunto de lendas do coração comido[11]. Trata-se de vinganças exercidas pelo

---

[10] A. Pézard, tradutor da Pléiade, observa a justo título que este Senhor tem o aspecto do mais belo dos anjos e se interroga: "Dante queria dizer que o Amor lhe mostra uma face assustadora?" ... "A alegria seguramente está em sua natureza" ... "mas esta não convém muito a um conquistador cheio de sua presa". (Dante, *Œuvres complètes*, Gallimard, la Pléiade, p. 10).

[11] Podemos nos reportar a uma soma de textos reunidos sob o título *Le Cœur mangé*, Récits érotiques et courtois, XIIe et XIIIe siècles, Stock, Moyen Âge, Paris, 1994. Da mesma forma, é útil ler a obra *Histoire perverse du cœur humain*, de Milad Doueihi (La librairie du XXe siècle, Seuil, Paris, 1996).

marido ciumento que, matando o amante, lhe subtrai o coração e o dá para comer à sua mulher, sem que ela saiba. Quando esta fica sabendo o que comeu, declara achá-lo delicioso e depois se mata. A biografia de um trovador, Guillaume de Capestany, comporta esse destino[12]. O ato vingador consiste, portanto, em tomar ao pé da letra e realizar, de modo macabro, a metáfora da união ritual dos amantes corteses.

Muitos traços problemáticos do sonho, que o tornam incompreensível a partir das meras associações do sonhador, tornam-se claros se os considerarmos de acordo com esta lenda. Dante forçosamente a conheceu, já que ela figura nos relatos corteses em que então se inspira. O fato de Beatriz ser forçada a comer o coração, de que o faça com temor, integra-se sem dificuldade neste contexto. Da mesma forma, seu rapto para o céu evoca facilmente a morte final da esposa da lenda quando lhe revelam o que comeu. O aspecto terrível do Amor seria então o do Ciumento da tradição cortês.

O mesmo ritual, o da ingestão do coração do amante pela dama, poderia assim comportar dois sentidos, na cena do sonho. Teria primeiramente o sentido de uma união simbólica, dando seqüência à saudação de Beatriz. Tomaria em seguida o sentido de uma vingança contra o amor consagrado pela saudação, o próprio deus Amor sendo o vingador. Tal torção do amor, tal divisão com sua própria visada reúne, num curto-circuito fulgurante, a consagração desse amor e sua sanção final. Ela só pôde surgir, para Dante, como uma fratura, uma hiância introduzida ou revelada em seu desejo, o que pode ajudar a compreender seus atos estranhos e seu sofrimento no resultado desse sonho.

Com efeito, seu discurso se orienta primeiramente conforme o primeiro sentido, em que o Amor preside a uma cerimônia de união dos amantes. É aquele que a maioria dos trovadores retém no soneto. O outro sentido, que faz do Amor o vingador e vota os amantes à morte, só se revela no último tempo do sonho, com os soluços e o rapto para o céu, provocando angústia e despertar. Este sentido comanda provavelmente os atos equívo-

[12] Mencionado por numerosos autores, dentre eles Henri-Irénée Marrou (*Les Troubadours*, Paris, Seuil, 1971, p. 177).

cos de Dante, nos anos que se seguem a esse segundo encontro. Sua conduta dá então o sentimento de que aproximar-se de Beatriz lhe é radicalmente proibido. Ele simula outro amor, durante meses, para mascarar a fonte verdadeira de seu acabrunhamento amoroso. Só vai parar, após o sonho, quando celebrar esse amor falsamente endereçado a outra, ao passo que nada diz a Beatriz. Finalmente "o excesso dos rumores que pareciam acusá-lo de vício[13]" lhe vale, por parte de Beatriz, a recusa de saudá-lo. Então, de novo, uma visão lhe aparece, a do Amor sob a forma de um rapaz, anunciando-lhe que era tempo de abandonar os fingimentos. O Amor chora, dizendo que Dante não é, como ele, o centro de um círculo, em razão de sua atitude equívoca em relação a Beatriz. Depois, motiva sua recusa em saudá-lo pelos rumores que ela ouviu, sobre as tristezas que estaria sentindo certa dama por causa de Dante. Enfim, exige que este faça versos que exprimam, desta vez claramente, seu amor por Beatriz e que faça com que ela o saiba. Mas, depois de ter escrito uma balada conforme essas injunções, Dante vê-se presa de pensamentos ainda mais contraditórios. Não é certo "que o poder de Amor seja bom, ou que não o seja", já que exige sempre "transpor mais dolorosas passagens". Ele, no entanto, pensa que deve ser bom, pois os nomes são as conseqüências das coisas, *Nomina sunt consequentia rerum*[14].

Assim, este amor é descrito, na seqüência da saudação, como uma constante devastação e será feito de uma sucessão de encontros fracassados. O simulacro acarreta a recusa da saudação de Beatriz e Dante é tomado de mal-estar em sua presença, o que lhe vale suas zombarias. Depois, cai doente com a morte do pai de Beatriz e experimenta, pouco depois, pensamentos relativos à morte desta. Dante não terá mais nenhum acesso a Beatriz, pois proibiu-se isto, por seus atos estranhos, do modo mais seguro. Isso se passa como se o Amor tivesse intervindo, tal um Ciumento, para tirá-la dele, até que a morte a arrebate. Deus é finalmente aquele que deseja ter Beatriz junto de si. O segundo sentido da metáfora do sonho tem, portanto, efeitos inconscientes muito poderosos, ainda que não seja explícito.

A saudação de Beatriz parece ter introduzido algo cujo efeito foi traumático. Sua iniciativa e sua voz parecem ter feito irrupção de repente num

---

[13] *Vie nouvelle*, op. cit., p. 36.

[14] Ibid., p. 40.

mundo que, apesar da busca que a ela dizia respeito, não lhe comportava a hipótese. Este mundo fora verossimilmente recomposto por Dante em torno de sua imagem, após a morte de sua mãe. Esta imagem "permanecia com ele sem cessar", ele ia buscando vê-la[15], mas ela era de "tão nobre virtude" que o amor não o "governava sem o fiel conselho da razão". Nunca ele lhe dirigiu a palavra e, quando Beatriz o saudou, ele a ouviu falar pela primeira vez.

Neste contexto, a saudação não equivale simplesmente ao que satisfaz a espera como um consentimento por muito tempo desejado. Ao lhe dirigir a palavra de modo inesperado, Beatriz manifesta um desejo, o faz surgir num campo que não o implica. O inebriamento, depois o sono que Dante descreve após o encontro evocam nele uma báscula subjetiva brutal. Sob o desejável, sob o significante "filha de um deus" terá surgido o desejante, como um *non-sens*, e, com ele, a angústia.

Pode-se, portanto, supor que este sonho responde à necessidade de interpretar e de tratar o surgimento desse desejo. Ele provocou por certo a beatitude, mas comportou igualmente uma parte enigmática e angustiante. O trabalho do sonho entregou-se a este *non-sens*. Recorreu ao Amor, como ferramenta significante de transformação deste desejo, não mais sob uma forma abstrata que tinha, desde a infância, Beatriz por emblema, mas sob a forma de um homem. O enunciado do sonho, "Sou eu quem sou teu senhor", ou "teu mestre", faz primeiro eco às palavras dos espíritos de outrora. Ora, ele é agora pronunciado de outro lugar e seu endereçamento é ambíguo, podendo dizer respeito tanto a Dante, quanto a Beatriz. A cena dá ao "senhor Amor" um caráter de gozo que ele não tinha. Beatriz não é mais seu emblema, mas sua presa, e o objeto de um domínio que não é mais tão sagrado quanto diabólico. Sua passividade radical no sonho, adormecida e forçada a comer o coração, depois carregada para o céu, sublinha intensamente a oposição com sua atividade real[16]. A saudação de Beatriz, no encontro, foi substituída por sua passividade, na cena do sonho.

---

[15] Ibid., p. 28.

[16] É o argumento mais poderoso em favor da interpretação aqui proposta, relativa ao trabalho do sonho a partir do surgimento do desejo do Outro. A passividade exemplar de Beatriz, em completo contraste com sua atividade no encontro, pode ser interpretada segundo seu contrário. Ela põe o acento sobre o que se devia tratar no acontecimento que precede o sonho, ou seja, sua saudação.

O desejo manifestado por Beatriz, por sua saudação imprevista, é assim transformado pelo trabalho do sonho. Um outro termo foi posto em seu lugar, o desejo de um deus terrível e ciumento que a governa e faz dela o que bem lhe parece; em suma, que dela goza. Ele surgiu entre Dante e esta mulher conforme os significantes da união cortês, mas comporta um equívoco que sanciona radicalmente esta união e destina Beatriz a um gozo bem diferente daquele do sujeito. Não está mais em questão, por conseguinte, o desejo de Beatriz enquanto determinante. Ele foi elidido, de novo.

Esta operação, substituindo o desejo da mulher pelo significante de um deus ciumento que dela dispõe, produziu a condensação que observamos no conteúdo do sonho. O personagem do Amor apresenta a um só tempo a alegria causada em Dante pela saudação de Beatriz e o aspecto terrível de um Ciumento, ao passo que suas palavras condensam as dos espíritos da infância. Beatriz traz a cor vermelha do primeiro encontro, no lugar do branco do segundo, ao mesmo tempo que está nua e entregue. Quanto ao ritual do coração, ele condensa a simbólica da troca cortês com a da vingança do Ciumento e comporta um deslocamento do pensamento, de um a outro, em sua realização macabra.

Será porque a saudação de Beatriz não se contentou em responder a uma espera, mas surgiu do símbolo, no qual estava, à sua revelia, consignada, que um mestre fez irrupção na cena do sonho[17]? Pura criação significante, ele castiga, logo, proíbe o desejo que parecera realizar. Este significante do mestre, que submete o corpo de Beatriz, tenta aparentemente resolver a angústia provocada por seu desejo, já que a ela substitui. Ao manifestar um gozo de aparência sexual, ele dá retroativamente um sentido sexual a este desejo, permanecido enigmático. O desejo é interpretado pelo sonho, no momento em que constitui um retorno do recalcado, e, assim fazendo, sofre novo recalque, mais radical ainda. O próprio Amor proíbe agora o gozo, aquele que Dante teria da dama tanto quanto aquele que ela teria dele. A cólera do deus só se apaziguará com a morte de Beatriz – e ali somente ele compartilhará a dor de Dante.

---

[17] *Vie nouvelle,* op. cit., cap. XXV, p. 62.

Dos dois sentidos da cena do coração comido, Dante retém o da união cortês quando redige de imediato um soneto, endereçado aos trovadores de Florença. O sentido da interdição dessa união se desenhará pouco a pouco, mais tarde[18]. No só-depois da morte de Beatriz, com a redação da *Vita nuova*, Dante dará à cena do rapto para o céu um valor premonitório. Estes dois sentidos percorrem assim toda a *Vita nuova*, como duas partituras simultâneas, na prosa e nos sonetos. Parecem constituir um conjunto homogêneo, embora se trate de tempos de interpretação distintos da metáfora do sonho[19]. Isso contribui para dar à *Vita nuova* um aspecto discordante e obscuro.

---

[18] Dante diz notadamente isto, no capítulo XIV, evocando explicitamente a interdição do Amor como a de um Ciumento:
... pois Amor, quando tão perto de vós me acho,
toma ousadia e tão grande segurança
que, batendo entre meus espíritos assustados,
mata um e expulsa o outro,
tanto que ele fica só a vos olhar:
por isso transformo-me em outro,
não sem bem ouvir então
as queixas lamentáveis dos excluídos.
(Ibid., p. 43).

[19] O sentido da união cortês está presente no soneto, que é contemporâneo do sonho.
... Alegre me parecia Amor, tendo
na mão meu coração e em seus braços portando
minha dama, envolvida num pano e dormindo.
Depois ele a despertava e com esse coração ardendo,
assustada, ternamente ele a saciava:
então eu a via ir-se embora em prantos. (*Vie nouvelle*, op. cit., p. 30).
O soneto desenvolve um sentido quase unívoco da cena, como união cortês ritual, e só os prantos de Amor à sua partida são um elemento discordante. Beatriz come o coração que lhe apresentam "ternamente".
O segundo sentido está acentuado no relato em prosa, em que Beatriz é forçada dessa vez a comer o coração e não, como no soneto, ternamente convidada a fazê-lo. "Esforçava-se tanto e com todas as suas forças que a fazia comer a coisa quente, que temerosamente comia, entre suas mãos". (Ibid., p. 29).
Talvez se deva disso deduzir que é só após os anos de encontros fracassados, em seguida à morte de Beatriz, que se radicalizam do sonho, no relato em prosa, os elementos que dão a essa cena seu segundo sentido.
A fantasia da morte de Beatriz é, no entanto, sensível assim que Dante transcreve o sonho em soneto, já que a resposta de Guido Cavalcanti ao envio do soneto diz isto:
... De vós ele carregou este coração, vendo
que vossa dama ia para a morte:

A existência desse duplo sentido pode esclarecer igualmente uma mudança de discurso em Dante. Aquele relativo à união ritual mergulha suas raízes na tradição cortês, ao passo que a vingança, ainda que pertença à mesma tradição, é disso a sanção. Após a passagem do Ciumento, a união cortês consegue enfim entregar a dama nas mãos de Deus[20]. Esta báscula, legível no sonho, está em ação no percurso ulterior do autor e pode ser colocada no debate sobre as influências em jogo na *Vita nuova*. O primeiro sentido do Amor toma emprestado da erótica cortês seu discurso, o segundo é o Amor que alcança o céu cristão e faz da dama uma filha de Deus. Parece que Dante se separa da retórica cortês no próprio surgimento do equívoco do sonho, com as significações sucessivas que ela engendra[21]. No

---

com esse coração ele a nutria, temerosa. *("Rimes"*, Œuvres complètes, *op. cit., p. 87).* Ele, pois, havia bem lido no sonho a morte final da dama, mas não lhe dá nenhum sentido de vingança divina. É, segundo ele, porque a dama vai morrer que o coração lhe é dado para comer, por compaixão. Um outro destinatário do soneto considera que o Amor se vai em prantos, após ter ligado juntos dois corações, por piedade pela dama por causa do "amoroso sofrimento" que assim nela ele havia "concebido". Um terceiro, enfim, responde que há ali desrazão quanto ao sexual em Dante, já que ele aconselha:
lave abundantemente teus culhões,
a fim de que se apaguem e passem os vapores,
que te fazem perder a razão ao falares. (Ibid., pp. 87-89). É a única resposta que, embora de modo brutal e cru, aproxima a estranheza da abordagem por Dante da saudação de Beatriz.

[20] Deus mesmo toma então o aspecto do Ciumento, daquele que desejou arrebatar Beatriz:
Pois a luz de sua humildade
furou os céus com tal força
que fez maravilhar-se o eterno Senhor,
tanto que um doce desejo
lhe veio de chamar uma tal saudação;
ele a fez aqui de baixo vir a ele... (*Vie nouvelle,* op. cit., cap. XXXI, p. 70).

[21] Esta observação vai no mesmo sentido que os comentários de René Nelli, que considera a relação da *Vita nuova* com a cortesia menos estreita do que se diz. Ele sublinha que o amor cortês conserva na exaltação carnal, mesmo depurada, todo o seu lugar, ao passo que não há nada de tal em Dante. Se ele teve necessidade de amor, diz, para empreender sua viagem nos outros mundos, este amor é, desde a origem, puramente ideal e simbólico. "O misticismo de Dante exprime o mesmo movimento de retorno, para além da erótica provençal, aos valores cristãos aos quais o materialismo pagão, mas idealizante, dos trovadores havia virado as costas durante duzentos anos. Para Dante, o objeto de amor é puramente metafísico". (René Nelli, *Érotique des troubadours,* Union générale d'éditions, Paris, 1974, t. 2, p. 350). Pode-se observar que a exaltação carnal no entanto está presente na cena do sonho, mas ela ali está pela primeira e última vez e toma um aspecto careteiro, coerente com sua interdição futura.

momento em que a Igreja acaba de condenar, em 1277, ou seja, seis anos mais cedo, *L'Art d'aimer*, de André Le Chapelain, e, com ela, o conjunto da tradição cortês, Dante parece efetuar um movimento da mesma ordem. O rapto da dama para o céu, após a ingestão do coração, culmina numa condensação da erótica cortês com a castidade cristã. Esta formação compósita transporta para o céu cristão o reino da dama, destinando o trovador a ir reunir-se a ela para além da morte.

O sonho terá, portanto, diretamente tratado o encontro e interpretado o desejo que dele surgiu, fonte de angústia para além da alegria que ele causa, pela condensação e pelo deslocamento. "O que quer ela de mim?" e, assim fazendo, "Que quero eu mesmo?". Esta é a questão que a saudação provoca, embora em primeiro lugar ela não apareça como uma questão, mas como resposta a uma espera. O trabalho do sonho chegou a um sucesso parcial, relativo a este desejo, já que lhe deu sentido. O sonho cumpriu o desejo do sonhador interpretando o desejo do Outro que Beatriz se tornou e substituindo-o por um outro termo. Mas é ao preço de seu recalque e da interdição do desejo que ele parecia realizar. Outros sonhos serão estudados conforme o resultado deste primeiro enfoque.

Como conceber que o desejo mais esperado seja no entanto fonte de angústia e deva ser recalcado? Em que, de modo geral, o sujeito encontra este desejo do Outro e em que lugar ele intervém?

O lugar do Outro

Na clínica, estamos o tempo todo às voltas com aquilo que, para o sujeito, implica o surgimento, a abordagem, o desconhecimento do desejo do Outro. Esta expressão diz respeito ao que o Outro quer do sujeito, o que se apresenta como um enigma para além do que ele diz ou pede. Ora, o que o Outro quer lhe coloca a questão do que ele mesmo quer, pois na origem é a mesma coisa. Quando o sujeito é confrontado com a angústia, é freqüentemente do encontro desse desejo que se trata. Nada é tão desejado quanto o desejo no Outro, embora ele seja igualmente fonte de angústia.

O Outro é o lugar da fala na medida em que o primeiro Outro, a mãe, dele foi a fonte, enunciando os significantes que determinaram o sujeito. A função do Outro se transfere depois a outras instâncias ou pessoas, segundo modos novos, pois o sujeito sustenta-lhe a existência. Cada vez que o sujeito fala, ele destina a tal Outro seu discurso, para além do interlocutor. Ele se representa para um Outro ao qual vai sua fala, seu endereçamento mais que seu parceiro, e sua enunciação é modulada em função dele. Beatriz era o "emblema do domínio que o Amor tinha sobre Dante"; ele estava, portanto, representado para ela como o objeto de tal domínio. Quando, manifestando-lhe de repente seu interesse, querendo algo dela, ela não é mais simplesmente um emblema do amor e faz surgir a dimensão de seu desejo, de imagem ideal ela se torna o Outro. O sentido do sonho de Dante aparece apenas em relação a este desejo encontrado. É do que ele trata, aquilo a que ele traz uma resposta do inconsciente.

Lacan observou, em sua releitura do Édipo freudiano, que o desejo incestuoso da criança não podia ser considerado sem o desejo de que ela depende realmente, na origem. É o que visa sua elaboração dita da "metáfora paterna", que permite restituir as coordenadas de desejo e de significantes com que o sujeito esteve às voltas, assim como o processo que as resolveu. O desejo do Outro primordial comporta os termos de uma alienação para a qual o desejo incestuoso do sujeito seria apenas a resposta, visando à separação. É desse processo que é oriunda a instância do Outro em seu estatuto ulterior. Encontramos um bom exemplo de efetuação de uma metáfora paterna num sonho de Freud ainda criança. Trata-se do sonho dito *da mãe de Freud*, ocorrido por volta de seus sete anos, que ele interpreta durante a redação de sua *Traumdeutung*[22]. Sua mãe é carregada para o leito por dois ou três personagens de bico de pássaro e seu rosto tem uma expressão tranqüila e adormecida. Estes personagens, que representam deuses com cabeça de falcão figurando num baixo-relevo funerário, saíram de uma bíblia. O nome desta bíblia soa parecido com o de um rapaz que havia ensinado a Freud um termo vulgar do ato sexual, *"Vögein"*, de *"Vogel"*, pássaro. Freud daí deduz a significação sexual da cena, secundariamente elaborada, por causa do recalque, em "morte de sua mãe", o que faz com que acorde an-

[22] S. Freud, *L'Interprétation des rêves,* Paris, P.U.F., 1973, p. 495. Todos os textos de sonhos de Freud serão mencionados de modo resumido, a fim de não carregar demais nossos desenvolvimentos. O texto escolhido comportará, é claro, todos os elementos necessários à interpretação.

gustiado. Ele interpreta em seu sonho um desejo "obscuro, claramente sexual, bem expresso pelo conteúdo visual do sonho[23]". O desejo sexual relativo à mãe é, pois, o eixo do sonho e parece implicar o desejo edipiano do sonhador.

Ora, esses personagens, de acordo com uma espécie de ritual, carregam a mãe, passiva e entregue, até o leito conjugal. São eles que dela dispõem, para o ato sexual, ou a entregam ao esposo, mas não ao sonhador. O desejo edipiano não corresponde à letra do sonho, pois ela implica que um outro goze da mãe, que seja um outro que dela disponha. Disso se pode antes deduzir que o desejo penetrante da mãe, relativo ao filho, deve ser substituído pelo gozo sexual, a livre disposição que o Pai teria dela. Para fazer isso, se for preciso, os deuses prestam auxílio. Não conhecemos aqui o contexto do sonho, mas dele podemos deduzir que veio após uma manifestação do desejo da mãe de Freud, ao qual o filho se sentiu entregue.

A função do Pai se constitui sob este modo, como um significante suportado por um gozo sexual. Este processo que a funda, o da metáfora paterna, tem por efeito elidir o desejo da Mãe, dela fazendo um objeto que causa o desejo do Pai. O gozo sexual que um Pai tem da Mãe, além daquele que ele lhe proporciona, liberta o filho de sua sujeição ao desejo da Mãe quanto a ele. A termo, ela se tornou um objeto *a* para o Pai, equivalendo ao que o filho era para ela como objeto fálico. Não está mais em questão o gozo dela. Por isso é preciso um significante do Pai para suportar tal função, equivalente à do mestre. Esta Mãe, cujo desejo está dali por diante recalcado, torna-se o Outro, agora função do significante paterno, e seu desejo permanecerá elidido no futuro. Desse filho, que não está mais assujeitado a tal desejo senão pelo recalque, foi produzido o sujeito. Para ele, como para a mãe, o gozo incestuoso é proibido, segundo essa estrutura em chicana que liberta da sujeição a um desejo, uma vez que um terceiro termo absorve este desejo em seu gozo. Daí a necessidade de que o gozo do Pai seja não só o único, mas, além disso, promovido[24]. O gozo que realizaria o desejo antigo da Mãe, de que o sujeito fosse realmente para ela o

---

[23] Ibid., p. 496.

[24] Trata-se, no essencial, do processo desenvolvido pelo seminário de 1957-1958 de J. Lacan, *Les Formations de l'inconscient*, Paris, Seuil, 1998.

objeto fálico, é, neste sentido, incestuoso. Ele é, como tal, o gozo do Outro. Será, portanto, excluído, até mesmo foracluído do sistema do sujeito assim constituído, ao passo que o desejo que ele realizaria será simplesmente recalcado. O Outro não gozará do sujeito, nem o sujeito dele. Ele se torna um lugar de inscrição simbólica, que encerra os significantes na origem do sujeito, o que o chamou ao mundo, o que ele foi para os que o chamaram. O sujeito aí se representa ele mesmo como um significante, mas a menos, já que não pode mais aí se contar.

Ao considerar o complexo de Édipo, que Freud descrevia como um desejo sexual pela mãe acompanhado de um gozo masturbatório, Lacan observava que o desejo determinante não era tanto aquele do filho quanto o da mãe. Não um desejo sexual da mãe, mas seu desejo em seu conjunto relativo a esse filho suscetível de representar para a mãe o objeto fálico. O filho não tinha outro desejo então a não ser o de igualar-se ao objeto de desejo dela. No tempo seguinte, a ameaça de castração resultava da intervenção do pai, não no sentido de uma ameaça sobre o órgão, mas de uma mensagem privadora em relação ao filho e à mãe. A mãe não gozaria de seu filho, não mais que o filho, dela, uma vez que ela não podia gozar como entendia do objeto de seu desejo, detido pelo pai. A resolução do Édipo, então, provinha, num terceiro tempo, da restituição do falo, pelo pai, à mãe, pela descoberta da existência da satisfação sexual. A intervenção do pai assim privava a mãe do falo no que diz respeito ao filho, depois lho restituía no plano sexual. O filho achava solução para o Édipo – e estatuto de sujeito – renunciando a ser igual ao objeto do desejo da mãe para identificar-se, no futuro, com aquele que o tem, o pai. Assim, o Pai "fazia-se preferir à Mãe, ele a substituía. Pai e Mãe não eram mais pessoas e sim, respectivamente, uma função e um lugar dos significantes recalcados. Por isso os escrevemos, neste caso, com uma maiúscula.

O conjunto da operação correspondia a uma metáfora, já que esta se define como uma substituição de um significante por outro. O significante do Pai simbólico substituía o significante do desejo da Mãe, com uma redistribuição consecutiva de seus significados. O falo era o objeto pivô dessa dialética e se tornava igualmente um significante quando se afigurava que o sujeito a ele não se igualava. O sujeito resultava desta operação como "falta em ser", isto é, tendo perdido sua segurança de ser equivalente ao que a Mãe deseja. Este ser perdido do sujeito devia ser reencontrado em seu objeto futuro, que constituía, por conseguinte, uma metonímia dessa "falta em ser". O sujeito desejava em seu objeto o que ele próprio era anteriormente no desejo do Outro e que havia perdido. O significante deste desejo só subsistia, dali por diante, recalcado.

Estamos aqui utilizando, no mesmo desenvolvimento, a primeira elaboração, que data de 1958, e igualmente a dupla articulação do objeto *a* do filho à mãe e da mãe ao pai, que é bem ulterior. Esta é uma retomada tardia da função paterna, nos últimos anos do seminário, comportando uma precisão da mola propulsora de sua eficácia. Ela instala, notadamente, a articulação sobre a qual Lacan reflete até o fim, a "borromeanidade" como modo específico de nodulação entre três termos ou mais. Se um dos termos é retirado, então os outros são desligados. Neste caso, se a Mãe não estiver em posição de

Por isso, o desejo só surgirá no lugar do Outro enquanto retorno do recalcado nas formações do inconsciente e causará a angústia. Ou então será evocado nos interstícios do discurso, seus tropeços, sua enunciação particular. Em todos os casos, o sujeito tem, diante desse desejo, uma posição complexa. Ele também, na origem, queria ser para o Outro o objeto fálico. Reconhece o desejo do Outro como a chave de seu próprio desejo, já que dele se deduz, mas deve elidi-lo ou deslocá-lo. O desejo do Outro, quando se manifesta, tem doravante o aspecto de uma espécie de fantasma, embora permaneça determinante para o sujeito, ao ser recalcado. Ele habita o lugar de onde foi afastado, crescendo entre os significantes que lá têm, só eles, direito de cidadania. Por conseguinte, o trabalho do inconsciente, notadamente o do sonho, pode cifrar este desejo, isto é, admiti-lo como retorno do recalcado, à condição de um compromisso que mantenha seu recalque. Esta função do Outro passa freqüentemente da mãe ao pai, notadamente para as filhas e, em geral, diz respeito depois ao parceiro amoroso. Mas por vezes ela é constituída por uma outra instância, um professor, um partido, uma comunidade, um conjunto no qual o sujeito se representa e se conta. O sujeito só poderá recalcar o desejo de todo Outro ulterior e, por conseguinte, faltar ao gozo, na medida em que ele é absoluto, pois a exclusão de tal gozo primeiramente permitiu seu advento de sujeito. No momento em que a Mãe não podia mais dispor dele totalmente, ele se tornou um sujeito.

Ao inverso, outro movimento deve ser levado em conta. O sujeito não quer renunciar a este Outro primordial. Parceiro e fonte do gozo primeiro da criança, ele foi fundamentalmente questionado pela função paterna. O Outro revelou-se atingido pela castração, já que não dispunha do objeto fálico. O sujeito vai portanto negar esta castração conforme todos os modos possíveis. O neurótico recalca a função paterna e seus efeitos, o perverso a renega [*dénie*], o psicótico a foraclui. Paralelamente, o sujeito tentará sustentar a existência desse Outro. Ora, a melhor maneira de dar

---

objeto *a* do Pai, como o filho está para ela, isso não funciona. Se, por exemplo, ela ocupar a posição do Outro para o próprio pai e não apenas para o filho, então o conjunto da articulação não se faz. Ela poderá se fazer eventualmente de outro modo, com outro termo que o pai real, mas a mesma condição será requerida.

novamente consistência ao Outro, uma vez um significante paterno instaurado, é sustentar a hipótese de seu desejo e, sobretudo, de seu gozo. Com efeito, a revelação de sua inconsistência resulta apenas de uma descoberta simples: a mãe não goza daquilo de que supostamente deveria gozar. Ela não dispõe do objeto de seu desejo, notadamente no que diz respeito ao pai. Por conseguinte, basta negar as conseqüências da função paterna, suscitando ao mesmo tempo o gozo no Outro, para que este Outro reencontre um semblante de existência. O sonho, a este respeito, constitui uma boa via para tentar reencontrar o gozo.

Dar as devidas conseqüências a esta inversão lacaniana do problema colocado pelo Édipo muda nosso enfoque da clínica analítica; o que não contradiz o Édipo e sim lhe completa a perspectiva, restringindo-o ao que constitui uma resposta do sujeito à alienação que ele sofreu do Outro primordial, a mãe e sua relação com a função paterna.

Ora, o que constatamos, na formação do sonho de Dante, deixa pensar que o processo responsável por um sonho poderia ser encarado conforme a mesma ordem de observação. *O sonho seria interpretado como a resposta que ele constitui ao desejo que o sonhador encontrou no Outro. Ele não o seria apenas em função do desejo do sujeito que aí se realiza.* Poderíamos nos espantar que Dante tivesse podido designar tal lugar a uma jovem de sua idade. Mas o lugar do Outro é suscetível de ser ocupado por toda presença ou instância no seio da qual o sujeito acaba por se contar, ainda que para lhe faltar. Existem dois exemplos de sonhos, em Lacan, interpretados conforme estes termos, exemplos que permanecem, no entanto, isolados. A eles voltaremos. O trabalho do sonho, assim, poderia ser considerado como uma resposta cujos termos se esclareceriam por aqueles da pergunta, ou, ainda, como uma separação cujos termos responderiam a uma alienação. Se devemos buscar esta pergunta, em primeiro lugar, nas fontes imediatas do sonho, poderia haver, de modo mais amplo, no horizonte de cada sonho, um Outro, ao desejo do qual seu trabalho responde. Ao inverso, o sonho poderia realizar o desejo de um Outro a fim de sustentar-lhe a existência e tentar, assim, reencontrar os termos de uma alienação.

Encontramos, pois, uma operação comparável do inconsciente em Freud, menino de sete anos no século passado, relativa à sua mãe, e em Dante, rapaz de dezoito anos no fim do século XIII, em relação a Beatriz.

Nos dois casos, ela pode ser entendida à luz do que Lacan elaborou como a operação da metáfora paterna. Entretanto, observamos que estes exemplos põem em jogo uma função do Pai que constitui o mestre quanto à Mãe, ou à mulher. Isso era, com certeza, mais adequado às estruturas familiares e sociais no tempo de Dante, até mesmo ainda no século passado do que no nosso. As metáforas que encontramos nos sonhos de nossos analisandos só muito raramente, veremos, têm por agente tal Pai. Esta primeira forma da metáfora paterna de certo modo corresponde a um protótipo, no qual o significante que substitui o desejo da Mãe é o Nome do Pai como tal. Ele reúne quanto à Mãe as funções sucessivas de privação fálica, de gozo sexual e de restituição fálica, o que, neste sentido, tem algo de divino, como seu nome indica. Lacan tinha, aliás, em 1964, considerado a existência de várias espécies de metáforas paternas, para além do Nome do Pai. Embora não as tenha nunca desenvolvido, podemos delimitar-lhes a ação pelo que se nos apresenta na clínica. Elas parecem conservar, do modelo da função, seu princípio de eficácia. A substituição do desejo da Mãe por um significante, sem que este significante seja o Nome do Pai, parece ter as mesmas conseqüências no que diz respeito a este desejo. Em todos os casos, o processo de substituição metafórica comporta como efeito, se for bem-sucedido, o recalque do desejo da Mãe, seja qual for o significante que sirva de substituto. Disso veremos numerosos exemplos na interpretação dos sonhos que vêm a seguir.

É possível encontrar, na teoria freudiana, elementos suscetíveis de evocar a implicação do desejo do Outro no sonho? Sabemos que Freud não considerou assim, pois só o desejo do sonhador está em jogo e cumpre seu caminho solitário, como faz a pulsão. Porém, será conveniente estudar, no que ele nos apresenta, o que pode comportar tal implicação, notadamente no estudo das fontes do sonho. Mas consideremos, primeiramente, a que visa o trabalho da condensação ou do deslocamento, no que se refere ao desejo.

2. Comentários em torno do sonho da *injeção em Irma*

O trabalho freudiano do sonho e o desejo

Voltemos agora a Freud, a fim de ver como os processos por ele descritos tratam o desejo em alguns de seus grandes sonhos. No limiar do século XX, Freud observava que a atividade abundante e incessante do psiquismo dormente podia se resumir a quatro processos que produziam, a partir do conjunto dos pensamentos latentes, o conteúdo manifesto.

O mais evidente dentre eles, a condensação, deduzia-se da extrema redução da dimensão do sonho manifesto em relação à enorme quantidade de pensamentos que lhe haviam dado origem[1]. Produzida por sacrifício de certas unidades dos pensamentos latentes, julgadas análogas, ela consistia em substituí-las por uma unidade manifesta constituída de uma reunião das primeiras. Estas substituições podiam referir-se a pessoas, objetos, lugares, ou ainda palavras. Foi o que ocorreu no sonho de Dante. A mulher do sonho condensa traços da criança do primeiro encontro com aqueles relativos ao segundo. A condensação usava largamente palavras ou situações de

---

[1] Para o conjunto dos processos do sonho, podemos nos reportar a *L'Interprétation des rêves* (op. cit.) e igualmente a *Sur le rêve* (Gallimard, Paris, 1988), assim como a *L'Introduction à la psychanalyse* (IIª parte: "Le rêve", Payot, Paris, 1971).

duplo sentido, uma vez que facilitavam a reunião das unidades. Muito exemplar é a cena do coração comido, permitindo dois sentidos, já que o equívoco não se refere apenas a uma palavra, a um gesto, mas ao conjunto do ritual. A condensação podia, além disso, tomar o aspecto de pessoas genéricas, representando toda uma série de pessoas distintas. Com mais freqüência, dava lugar a formações compósitas: uma pessoa, por exemplo, apresentando certos traços de outra, ou nomeando-se com outro nome.

A substituição das unidades latentes pela unidade manifesta era freqüentemente motivada pelo próprio desejo do sonho, como Freud sublinha a propósito do sonho da *injeção em Irma*. Ao determinar a escolha dos substitutos, o trabalho que culminava na condensação estava diretamente a serviço do desejo do sonho. Este é um ponto essencial, já que a significação do sonho aparece já no processo de seu trabalho. No sonho de Dante, a cor do pano que envolve Beatriz, o vermelho "humilde e casto" da roupa do primeiro encontro, substitui o branco da roupa do segundo. Nele podemos ver o efeito de um desejo de substituir, pela castidade e pela humildade da criança, a iniciativa da mulher, embora a cena a apresente nua.

O deslocamento intervinha essencialmente a serviço da censura, necessária para permitir a introdução dos pensamentos inconscientes no conteúdo manifesto. Consistia em deslocar o acento de um elemento carregado de valor para um elemento insignificante. Esta espécie de "transvaloração dos valores psíquicos" culminava na presença de personagens ou de fatos perfeitamente indiferentes, ali figurando apenas para representar elementos importantes aos quais estavam ligados e aos quais haviam substituído. Veremos um exemplo nítido disso no sonho da *mesa da hospedaria*, que transcreve pensamentos fontes de emoções intensas, embora permaneça neutro quanto ao afeto. Neste sentido, o deslocamento favorecia igualmente a realização do desejo do sonho.

A apresentação dos pensamentos em imagens, ou ainda figuração, ou dramatização, constituía a especificidade do sonho no seio das diferentes formações do inconsciente. Freud sublinhava que ela sozinha implicava um trabalho considerável e uma escolha complexa de materiais, suscetíveis de representar um pensamento abstrato através de uma imagem concreta. A imagem do conteúdo manifesto podia ter valor de simples lembrança, ou de símbolo. Podia ser também uma representação verbal plástica, isto é, um rébus ou escrita em imagens, ou ainda uma alusão a um elemento do conteúdo latente. Freud não fazia intervir a figuração no que favorecia o desejo. No sonho de Dante, ela consiste primeiro em representar o Amor através de um homem. É um ponto do sonho suficientemente central para que Dante se justifique no curso da *Vita nuova.* Ele sublinha que diz "de Amor como se fosse um corpo, como se fosse um homem", e reclama para os poetas em língua vulgar, que falam de amor, o mesmo direito que para os poetas em língua latina, que faziam falar as coisas inanimadas[2]. Ora, o fato de que Amor seja um corpo de homem tem a maior importância no que trata o sonho, já que é enquanto tal que ele dispõe do corpo de Beatriz. Além disso, a figuração, tomada ao pé da letra, da metáfora da troca dos corações permite dar-lhe primeiramente o sentido de uma união ritual, depois virá-la para o sentido do ritual de vingança cortês.

O conteúdo manifesto se apresentava, assim, como a soma de diferentes processos relativos a tal ou tal elemento, uma espécie de mosaico feito de fragmentos de proveniências diversas e unidos entre si por um cimento. O desenho de conjunto nada tinha a ver com os contornos dos fragmentos. A formação deste cimento era o que Freud chamava "elaboração secundária", que não tinha por origem o inconsciente, contrariamente aos três primeiros processos. Ela operava como o pensamento de vigília que ordena os fragmentos de discursos num conjunto e estabelecia uma coerência na composição. Assim fazendo, constituía uma interpretação preliminar, mas falsa, simples condição de inteligibilidade colada sobre as formações do inconsciente. O estabelecimento de uma fachada podia igualmente provir do inconsciente quando se tratava de fantasias pré-formadas, repetições ou remanejamentos de cenas infantis. A fantasia, como roteiro de realização de desejo, estava então diretamente a serviço do desejo do sonho. A fachada do sonho não era ali uma interpretação falsa e mostrava seu núcleo. É o caso do sonho da *Vita nuova*, cuja cena tem a aparência de uma fantasia sádica, ao passo que seu primeiro sentido, conforme as associações, é a beatitude de uma união ritual. É igualmente o caso, veremos, do sonho da *mesa da hospedaria.*

---

2 *Vie nouvelle*, op. cit., cap. XXV, p. 62.

O resultado desse trabalho não comportava nenhuma fala, nenhum discurso. As falas ouvidas no sonho eram fragmentos de discursos que tinham realmente sido feitos e davam lugar, como imagens, a formações compósitas ou outras deformações. Esse trabalho não era criador de pensamento ou cálculo, mas transcrevia o pensamento consciente.

Assim, a maioria desses processos servia mais ou menos diretamente ao desejo do sonho, mas nada indicava que este se referisse fundamentalmente a outro desejo ao qual ele respondia. O desejo do sonhador, o que quer que o tenha suscitado, realizava-se sozinho. Porém, se considerarmos alguns grandes sonhos, o da *injeção em Irma* ou o da *mesa da hospedaria* notadamente, podemos encontrar marcas do que constatamos no sonho de Dante. Efetuaremos cada uma dessas releituras conforme os termos condensação e deslocamento e veremos, dessa maneira, o que ainda está em ação, para nós, dos termos da descoberta freudiana. No mesmo movimento, desenhar-se-ão os limites destes conceitos e o prolongamento que podemos a eles trazer nos conceitos lacanianos.

Tentemos primeiramente ver como o trabalho em ação no sonho da injeção em Irma pode nos dar uma idéia precisa da maneira como o sonho procede diante do que tem de resolver.

Os diferentes tempos da condensação no sonho de Irma

Primeiro sonho de Freud totalmente analisado por ele mesmo, este sonho inaugura, ao mesmo tempo que sua auto-análise, *A interpretação dos sonhos*, apresentando assim seu método em ato[3]. É, por esta razão, o sonho dos sonhos, o mais interpretado da história da psicanálise.

Ele diz respeito ao tratamento de uma paciente cujos sintomas parecem de etiologia histérica e se situa no contexto da publicação dos *Estudos sobre a histeria*. Estes, co-assinados por Breuer, comportam um prefácio quase contemporâneo do sonho que anuncia: "É à sexualidade, fonte de traumatismos psíquicos e fator que motiva rejeição e recalque de certas representações fora do consciente, que cabe, na patogenia da histeria, um papel predominante[4]".

---

[3] S. Freud, *L'Interprétation des rêves*, op. cit., pp. 98-112.

[4] S. Freud, *Études sur l'hystérie*, Paris, P.U.F., 1967.

Ao retomarmos ao pé da letra a interpretação de Freud, tentaremos mostrar que o trabalho que produz a condensação permite extrair três tempos. Podemos considerá-los como os modos sucessivos, com seus fracassos próprios, de acordo com os quais o sonho tenta resolver uma questão. Veremos que esta leitura vai ao encontro de uma das conclusões da interpretação lacaniana de 1955. Esta, porém, retém apenas dois tempos no sonho, ordenando-se conforme os registros do real, do simbólico e do imaginário. Disso se fará menção a cada etapa[5]. Além destas referências, serão mencionados alguns elementos de informação com os quais a literatura está de acordo, quer se trate dos personagens do sonho ou daqueles que eles evocam. Quanto ao método adotado para a exposição, as associações do sonhador serão consideradas conforme o avanço do texto. Para cada elemento literal do sonho, poder-se-á de imediato ler suas associações. Em termos lacanianos, isso corresponde a mencionar, após cada significante do conteúdo manifesto, um outro significante, presente na associação, frente ao qual o primeiro toma sentido. Desenvolver assim as cadeias significantes nos permitirá considerar cada tempo do sonho como uma proposição lógica isolada. Poderemos, em seguida, retomar o conjunto dos diferentes tempos percorridos.

Lembremos os elementos essenciais do contexto, embora sejam bem conhecidos. Freud sublinha o papel da visita de um colega e amigo, Otto, que é um de seus antigos assistentes; além disso, médico de seus filhos. Esta visita lhe deu a oportunidade de pedir notícias de uma de suas pacientes, pois Otto visitara a família desta durante suas férias. Seu tratamento se interrompera num desacordo a respeito de uma "solução" que Freud lhe indicara e que ela não aceitara. Embora não conheçamos o teor desta solução, podemos supor, neste quadro, que era de ordem sexual. Otto não encontrou a paciente muito bem e o disse num tom em que Freud percebe uma censura, o que o irrita. Naquela mesma noite, começa a redigir, para sua defesa, a observação dessa paciente, direcionada ao Dr. M., que para ele é uma autoridade e que parece não ser outro que Breuer[6].

---

[5] J. Lacan, *Le Moi dans la théorie de Freud et dans la technique de la psychanalyse*, Paris, Seuil, 1978, pp. 177-204.

[6] Podemos nos reportar notadamente, para as interpretações sucessivas, exceto a de Lacan que é sucintamente evocada, à síntese feita disso em *L'Auto-analyse de Freud*, de Didier Anzieu (Paris, P.U.F., 1959 e 1988, pp. 33-68).

Quais são os elementos determinantes no acontecimento que precede o sonho? Freud está às voltas, como sublinha, com a idéia de que talvez tenha tratado mal essa paciente e, neste caso, é responsável pela persistência de seus sintomas. Além disso, ela é uma pessoa próxima de sua mulher e dele mesmo[7]. Considerando a tensão causada por sua espera de resultados, que terão valor de teste quanto à sua descoberta, este conjunto de fatos pesa muito. Irma exprimiu seu ponto de vista recusando a solução que Freud lhe propunha. Seu desejo de sujeito no tratamento interveio de modo determinante, manifestando-se como uma transferência negativa, e provavelmente ainda intervém na persistência dos sintomas. A incidência deste desejo é importante na formação do sonho e a primeira cena a evoca. Este desejo ainda não é, no entanto, o do Outro, função que Irma não pode sustentar para Freud.

Um outro desejo foi determinante para engendrar um acontecimento que é iminente no momento do sonho. Martha Freud desejou ter Irma, entre outros amigos, para sua festa de aniversário, o que neste contexto não é insignificante. Freud nos descreve as dificuldades implicadas, no tratamento, pelo fato de que se trata de uma amiga da família. Sua presença próxima, de acordo com o voto de sua esposa, numa festa familiar, embora ele não a tenha curado, nem convencido, o desagrada. O desejo de Martha Freud conjugou-se, portanto, com o de Irma, para culminar com a situação penosa que o sonho antecipa, como por prevenção. Aliás, elas têm o mesmo tipo de atitude em relação a Freud enquanto médico, isto é, a reticência, a recusa de exame. Além disso, sabemos que, no momento desse sonho, Martha Freud está grávida sem que isso tivesse sido desejado e um detalhe relativo a esta gravidez figura nas associações. Eis um conjunto de desejos em que se manifesta o do Outro, indeterminado quanto a seu sentido. Que quer Irma com tudo isso e, para além, que quer a mulher?

Outros acontecimentos intervêm, acontecimentos que representam, desta vez, uma ameaça de sanção, ou o temor de ter cometido um erro. Alguns dizem respeito às imprudências terapêuticas de Freud, com pacien-

---

[7] Trata-se de uma proximidade real, já que parece agora certo que Irma era Anna Lichteim Hammershlag, a madrinha de Anna Freud, conforme a hipótese estabelecida por D. Anzieu (Ibid.).

tes ou com ele mesmo. Dias antes, ele ficou sabendo que uma doente, tendo, como ele, utilizado cocaína para combater uma inchação da mucosa nasal, teve uma necrose aguda. Ele sofreu outra ameaça, desta vez cômica e insignificante, por parte de Otto, pois um licor oferecido por este naquela noite estava estragado. Otto já "envenenava" Freud fazendo-se porta-voz de uma censura a propósito da paciente e eis que o envenenava literalmente, ao lhe oferecer um licor estragado com um nome, ananás, que evocava precisamente o de Irma. Este incidente é antes engraçado, mas tem lugar num contexto que é o de uma grande tensão.

O quadro do sonho, a casa de férias dos Freud no dia do dito aniversário, é o lugar onde ele antecipa o encontro próximo com Irma, indo se expor a uma eventual censura de sua parte. Eis, resumido, o relato do sonho. *Freud dirige-se de imediato a Irma, censurando-a por não ter aceito sua solução e afirmando que a persistência das dores é culpa dela.* O sonhador invoca, portanto, e acusa aquele desejo problemático que, em Irma, é responsável pela recusa.

Ela responde através dos males que a maltratam, garganta, estômago, ventre, apresenta-se pálida e inchada, de modo que Freud se inquieta por ter talvez deixado passar uma afecção orgânica e a leva para perto da janela para examinar-lhe a garganta. Percebe ali, após ter vencido uma resistência em abrir a boca, uma mancha branca e cornetos cobertos de escaras.

As associações do sonho indicam que o exame junto à janela lembra o de outra paciente por outro médico, o Dr. M., precisamente. Ora, esta, amiga de Irma, daria uma paciente bem melhor, pois é mais inteligente, embora apresente, também, uma sintomatologia histérica. Ela no entanto não pediu tratamento algum a Freud. O voto do sonhador substitui uma por outra, produzindo assim o primeiro elemento de condensação. A resistência em abrir a boca evoca a de uma bela governanta que escondia, por trás de uma aparente juventude, uma dentadura. Ora, os dentes ruins são um traço que Freud nos indica referir-se à sua mulher, bem como, aliás, a palidez, a inchação e os males mencionados. Irma representa, portanto, todas essas pessoas.

O sonhador se justifica frente à principal interessada, Irma, e, assim fazendo, dirige-se igualmente à sua mulher, já que aquela a representa. O trabalho do sonho junta as duas na medida em que o desejo de cada uma contribuiu para produzir a situação do sonho, ao passo que a atitude delas diante do exame é comparável. Ele lhes atribui traços pouco amáveis, tal como Freud observa em nota, algo de que se desculpa sublinhando que é por oposição à paciente ideal. Depois, este conjunto é substituído pela amiga que teria aceitado a solução proposta, mas que não pede a ajuda de Freud e com o desejo da qual ele não tem, portanto, nada a ver.

Com respeito à boca de Irma, a associação evoca a boca da mesma amiga, já que ela trazia, durante seu exame com M., a mesma mancha diftérica, ao passo que foi a filha de Freud quem teve essa grave doença. Segundo outra associação, essa boca, que se abre bem no sentido em que essa mulher mais inteligente seria mais loquaz, se refere à causa sexual dos sintomas. Com efeito, ela comporta os cornetos do nariz que, segundo Fliess, estão ligados ao sexo na mulher. Eles apresentam escaras e isso se refere, desta vez, a um temor de Freud por si mesmo. Ele teme a escara de sua própria mucosa, já que tomou conhecimento do destino da doente que, como ele, usara cocaína[8].

---

[8] A escara dos cornetos do nariz evoca igualmente outro acontecimento, que não é mencionado por Freud, mas cuja influência aceitamos reconhecer neste contexto. Trata-se de um drama evitado por pouco em março de 1895, ou seja, quatro meses antes, que conhecemos pela correspondência completa de Freud a Fliess. A carta de 8 de março de 1895 resume este drama (citada por J. Masson, in *Le réel escamoté*, Paris, Aubier, 1984, p. 80). Freud pedira a Fliess para operar uma de suas pacientes, Emma Eckstein. Este a havia tratado, de acordo com sua teoria, pela ablação de um corneto do nariz, a fim de resolver sintomas que, para Freud, eram de origem sexual. Como a paciente apresentava complicações pós-operatórias, com sangramentos e pus, Freud pensou que sua histeria era a responsável. Depois, durante um agravamento de seu estado, chamou às pressas um cirurgião, que descobriu uma mecha esquecida por Fliess na cavidade, provocando infecção e necrose. Uma hemorragia importante, que poderia ter sido mortal, ocorreu quando ela foi bruscamente retirada e Freud, presente, teve um mal-estar. Ele iria, no entanto, continuar tendo confiança em Fliess por alguns anos ainda. Escreveu-lhe contando que se sentira mal, não por ver sangue, mas ao realizar que fora injusto por ter pensado que os sintomas persistentes eram devidos à histeria da paciente, quando resultavam, ao contrário, de um erro cirúrgico. O acontecimento deve estar vivo na mente de Freud durante esse período, já que data apenas de quatro meses. Ademais, ele também pediu a Fliess para examinar Irma a fim de saber se suas dores de estômago não eram de origem nasal. O próprio Freud foi operado do nariz por Fliess e deve sê-lo de novo após o verão. A evocação provável, pelas escaras dos cornetos do nariz, do episódio da paciente operada por Fliess pôde fazer crer a alguns que esta era Irma. Como agora sabemos, não é nada disso, já que se está de acordo quanto ao fato de que Irma era Anna

Este primeiro tempo do sonho é inteiramente constituído pelo trabalho da condensação e cada elemento da cena é uma unidade mista. Vê-se com bastante precisão como as substituições, que são os momentos determinantes do trabalho, têm por resultado as condensações de cada elemento, como um depósito restante do que se produziu. A formação é genérica no que diz respeito à pessoa de Irma, isto é, representa várias pessoas às quais ela foi comparada e algumas que lhe são substituídas. É compósita no que diz respeito à adição, ao fundo da garganta de Irma, de duas espécies de traços, os quais remetem a um número bem maior de pessoas. Uma das formas dessa condensação é o equívoco, isto é, o uso de palavras de duplo sentido, em torno do casal solução/resistência. "Solução" tem aqui por sentido a interpretação psicanalítica de Freud, depois terá outros nas cenas que se seguem. "Resistência" diz respeito primeiramente à recusa desta solução, depois à resistência que as mulheres opõem ao exame para preservar sua sedução.

Neste primeiro tempo, Freud ocupa imaginariamente, em relação à doente e à doença, o lugar do mestre. Ele substituiu M. nesta função, M. que efetuara o exame da amiga de Irma. Irma, e o Outro para além dela, foi reduzida, graças à substituição pela amiga, a um objeto dócil e inteligente. Como a paciente que Freud gostaria de tratar, ela se mostra prestes a enunciar a causa sexual dos sintomas. Mas, com a visão angustiante da garganta doente, algo retorna a este lugar. Isto toma o aspecto de uma crise do corpo de Irma, logo, do Outro, constituindo uma ameaça que visa, no mesmo ritmo, ao sujeito do sonho. A necrose nasal, que as escaras, por exemplo, evocam, é temida por Freud por causa de seu uso passado da cocaína, mas

---

Hammershlag. Entretanto, esta lembrança intervém provavelmente no sonho quanto aos traços da garganta de Irma. A escara do corneto pode ter valor de condensação, evocando, além da necrose devida à cocaína, a necrose devida ao erro de Fliess. O papel provável desta lembrança se acrescenta ao contexto do sonho como o que pesa sobre Freud, numa atmosfera de perigo. Ele teme por sua descoberta, por seus pacientes, por ele mesmo e por Fliess, em quem ele precisa tanto ter confiança naquele momento. Essa lembrança está seguramente presente diante dos sintomas de Irma, que se apresentam como um enigma que ele não consegue resolver. O esclarecimento suplementar que este acontecimento é suscetível de trazer será mencionado a cada etapa. Podemos nos reportar, sobre estes diferentes elementos, ao livro já mencionado de D. Anzieu e, mais recentemente, ao artigo bem completo e engenhoso de Carlo Bonomi ("Le rêve d'Irma: le corps, la parole, la faute", *Cliniques méditerranéennes*, nº 53-54, 1997, p. 143).

também provavelmente por ele ter tido os cornetos operados por Fliess. A difteria é o que quase lhe fez perder a filha. Com a volta dessas ameaças e da angústia que causam, podemos aí designar um fracasso do trabalho da condensação. Ele cessa sob este modo e o sonhador não defenderá mais, de frente, sua "solução".

A dimensão do desejo do Outro é verossimilmente o que deve ser tratado, uma vez que substitui uma paciente recalcitrante, acoplada à Senhora Freud, por outra paciente que seria dócil e que, aliás, nada pede. Nesta etapa, o trabalho do sonho não conseguiu elaborar de modo satisfatório este desejo problemático, embora todo o processo da condensação tente isso.

Lacan considera este tempo do sonho como um diálogo do ego com o objeto, essencialmente imaginário e muito próximo de um discurso da vigília. O trabalho do sonho consiste unicamente em comparar, opor e substituir uma mulher por outra, enquanto que, de modo simétrico, Freud ocupa a posição do Dr. M.. O ego toma emprestado deste sua atitude e o objeto é reunido por trás de Irma, representando a maioria das figuras de mulheres que o sonho comporta. O resultado deste primeiro tempo, a visão da garganta de Irma, é, segundo Lacan, um momento de angústia maior: "Há aí uma horrível descoberta, a da carne que nunca se vê, o fundo das coisas, o avesso da face, do rosto, os secretados por excelência, a carne da qual tudo sai...". "Visão de angústia, identificação de angústia, última revelação do *és isto – És isto, que está bem longe de ti, isto que é o mais informe*[9]". O sonho choca-se contra um real angustiante, uma identificação com algo de inominável. "É um Freud que atravessou este momento de angústia maior em que seu eu [*moi*] se identificava ao todo sob a forma mais inconstituída[10]". Todas as significações do sexo e da castração, da doença e da morte acham-se reunidas no que é figurado pela carne do fundo daquela garganta.

No segundo tempo do sonho, o *Dr. M. é chamado às pressas para examinar Irma.* Fora chamado assim outrora, indica a associação, quando Freud causou a morte de uma paciente por injeções de um produto cujo

---

9 J. Lacan, *Le Moi dans la théorie de Freud*, op. cit., p. 186.
10 Ibid., p. 190.

perigo a longo prazo ele ignorava. M. comporta um traço do irmão mais velho de Freud e essa condensação mostra que foi a ele comparado, pois houve desacordo com ele igualmente. O Dr. M. intervém, portanto, a título de pessoa mais velha que tem autoridade, mas não aprova o sonhador.

Além disso, Leopoldo está presente e por sua vez examina Irma, como examinava as crianças quando era assistente de Freud. Ele acha uma matidez que confirma a origem orgânica dos distúrbios e que tem de novo a ver com a amiga de Irma, que Freud deseja ter como paciente, já que tem sintomas de tuberculose.

A infiltração que Leopoldo percebe através de sua roupa e que Freud também sente evoca a mesma doença real ou fingida. Ora, este sintoma, que Freud ressente, lhe diz respeito, pois se refere ao reumatismo que ele tem quando fica acordado até tarde. Este segundo tempo ainda comporta, portanto, um traço identificatório de Freud com Irma e, de novo, o golpe no Outro evoca aquele no sujeito. Mas, desta vez, não se trata mais de uma complicação temível: é um sintoma familiar a Freud e, além do mais, sem gravidade.

Então, o Dr. M. pronuncia essa sentença: a disenteria vai eliminar a infecção. O mais velhos dos colegas chamado em socorro, aquele que tem autoridade, é ridicularizado por este dito sem importância. É porque ele não aceita, da mesma forma que Irma, diz Freud, sua solução: a interpretação psicanalítica baseada no papel da sexualidade.

Se considerarmos o trabalho da condensação durante este segundo tempo, perceberemos que está organizado de modo sensivelmente diferente. Leopoldo é oposto a Otto como a Irma o era sua amiga, entretanto não é por substituição. Estão ali, um e outro, da mesma forma que M., que Freud substituíra no tempo precedente. M. está vestido com a estatura de um primogênito, responsabiliza-se pelas coisas e todos se agitam em torno de Irma. Esta resulta de uma condensação análoga àquela do tempo precedente. Os sintomas que ela apresenta no nível pulmonar têm a ver com as mesmas séries de pessoas, com poucas exceções, que aqueles do primeiro exame: sua amiga, as crianças doentes, enfim Freud, depois Fliess. Além disso, eles aí figuram conforme a mesma problemática: substituir Irma por sua amiga mais inteligente e pelas crianças, mais fáceis de serem examinadas. Esta substituição se choca de novo com a inquietude da doença no que diz respeito ao Outro, depois a Freud, bem como a Fliess, porém o conjunto é menos preocupante. A matidez só tem a ver, na realidade, com um brilhante diagnóstico de Leopoldo, ou com uma simulação de tuberculose da amiga de Irma. A infiltração se refere a Freud, mas desta vez se trata de seu velho reumatismo e não de uma temida necrose da mucosa.

Tudo se passa como se a mesma equação tivesse sido retomada, a mesma alienação relida, num outro registro. Chegando a um resultado comparável, ela comporta, no entanto, um desaparecimento da angústia. M., a autoridade que fora chamada de urgência, é finalmente ridicularizado. Não só não estamos mais no trágico, mas a isso se acrescenta uma dimensão cômica franca, a que Lacan nomeou "a entrada do bufão". O trabalho do sonho parece de novo chocar-se contra uma identificação do sonhador com o sintoma de Irma. Mas, embora a função de M. seja ridicularizada, ela assumiu um lugar no inconsciente, o que resolveu a angústia. M. confirmou um diagnóstico a partir do qual o sentido dos sintomas de Irma muda e se torna o dos médicos. Freud se enganou e o sintoma não é histérico. Que M. seja ridículo não muda nada neste ponto. O desejo histérico de Irma não está mais em causa, nem seu erro, por conseguinte, nem, na mesma oportunidade, o de Freud[11]. É o segundo tempo de uma resolução parcial da equação relativa ao desejo em jogo.

Lacan comenta este tempo do sonho nele designando "a imisção dos sujeitos", isto é, a invasão da cena do sonho por todos os personagens que falam e agem no lugar do sonhador, o qual é agora passivo e silencioso. "As relações do sujeito mudam completamente. Ele se torna outra coisa, não há

[11] Aqui intervém talvez, de novo, a comparação com Emma Eckstein, que Freud havia acusado de histeria, do que se arrepende quando descobre que ela estava sangrando por causa do erro cirúrgico de Fliess. Diversos comentadores notaram, com efeito, o quanto a cena dos médicos se agitando em torno de Irma, após a descoberta da escara dos cornetos, podia evocar a cena descrita por Freud a respeito de Emma Eckstein. Embora Irma não seja Emma, é possível, com efeito, imaginar que esta cena do sonho tome emprestado sua configuração da segunda operação. Esta foi efetuada após a chamada em urgência de um confrade cirurgião, que devia encontrar a mecha esquecida por Fliess. Freud teme um erro do mesmo tipo com relação a Irma: crer que a persistência dos sintomas é devida à sua histeria, quando se trataria, ao contrário, de uma afecção da qual ela não é nem um pouco culpada.

mais Freud, não há mais ninguém que possa dizer *eu* [*je*][12]". Este conjunto presentifica o sujeito do inconsciente, surgindo ali onde a instância do ego foi abolida. Ele é formado pela decomposição espectral das identificações sucessivas deste ego. É constituído de pensamentos emitidos pelo sujeito, pois é ele quem consegue manter todos esses discursos, mas estes pensamentos não são atribuídos a "eu" [*je*]. Este sujeito de caráter acéfalo, aquele que não tem mais ego, acompanha a colocação em jogo do registro simbólico do inconsciente e não mais do imaginário, que dava seu contexto ao diálogo precedente. Tal sujeito não participa mais da ação dramática, é só um peão e o caráter trágico da visão em que culminava a seqüência precedente desapareceu. "A entrada em função do sistema simbólico em seu uso mais radical, absoluto, vem abolir de modo tão completo a ação do indivíduo que elimina, no mesmo golpe, sua relação trágica com o mundo[13]".

O sonho continua num terceiro tempo assim: *descobre-se que a causa da infecção é uma injeção de Otto. Trata-se de propilo, propeno... trimetilamina.* O preparado injetado progressivamente desliza, portanto, de um termo a outro. O propilo está relacionado, diz a associação, com o licor tóxico que Otto oferecera e desliza para o propeno, que está ligado a Fliess. Enfim, a trimetilamina é encontrada, segundo Fliess, nos produtos sexuais em decomposição, o esperma notadamente. O sonho culmina numa espécie de afixação de sua fórmula, escrita em negrito, que tem a ver com o apoio deste amigo à obra do sonhador. Ela evoca, além disso, um modo de causa sexual dos sintomas de Irma, que Freud não tem como resolver: a falta de satisfação sexual devida à sua viuvez.

Um último enunciado do sonho indica que *estas injeções não são fáceis de ser aplicadas*, o que lembra a Freud injeções que acarretaram a morte, uma que ele efetuou e as outras que seu amigo cocainômano aplicou em si mesmo. Depois o sonho se conclui assim: *a seringa com certeza não estava limpa*; o que está em relação com a flebite de uma velha senhora, que não está sob seus cuidados; o que lembra a ele igualmente a gravidez de sua mulher, que provocou varizes[14].

---

[12] J. Lacan, op. cit., p. 196.

[13] Ibid., p. 200.

[14] Vários autores sublinham o fato da gravidez de Martha Freud no momento deste sonho: a sexta, não desejada. Interpretam nestes termos "a injeção feita de qualquer jeito", sem precaução, que a causou. Isso ressoa, por conseguinte, como uma censura que Freud se faz e esta simbólica sexual, bem engraçada, é evocada, com efeito, pelas associações.

Este último tempo do sonho mostra uma terceira causa dos sintomas de Irma, ou, mais exatamente, da causa da afecção que produz os sintomas. O culpado já não era mais Irma, uma vez que a doença era orgânica, e podia, neste caso, não ser ninguém. Mas há bem, enfim, um culpado nesta doença: um erro profissional, que é obra de Otto.

A condensação, neste terceiro tempo, é produzida sob um modo ainda diferente dos dois precedentes. Não diz respeito ao autor da ação e sim a seu instrumento, ao passo que o objeto da ação, Irma, nela não está mais implicado. O agente da injeção é Otto sozinho: tal quase envenenou Freud, tal fez com Irma. A injeção, por outro lado, é objeto de uma condensação e um deslocamento conjugados. Seu conteúdo diz respeito a Otto, de início, com a evocação do licor estragado, mas vai progressivamente implicar Fliess, pelos dois últimos produtos, depois Freud, pelo modo de injeção. Assiste-se, de modo descomposto, a uma báscula em que o conteúdo da injeção pouco a pouco diz respeito a um outro que seu autor. O "amileno" de Otto, acarretando a série "propilo", depois se deslocando para os "Propileus" de Fliess, encontra um meio termo que é o propeno, antes de se estabilizar na "trimetilamina". Isso se passa como se outros erros, evocados pelo conteúdo da injeção, se misturassem à injeção de Otto. O mesmo processo ocorre a propósito do modo da injeção, "de qualquer jeito", assim como na "sujeira da seringa". Freud está desta vez em causa. Injeções responsáveis por complicações lá estão representadas pelas associações, que ele as tenha conhecido ou efetuado no sentido próprio, ou no sentido simbólico, com a gravidez de sua mulher. Otto parece assim o representante, por deslocamento, de uma série de erros que têm a ver com Freud e com Fliess.

O último enunciado do sonho evoca o terceiro sentido, sexual, dos dois significantes, solução e injeção. "Resistência" tinha um sentido psicanalítico primeiramente, depois o de resistência ao exame médico por razões de sedução. "Solução", além da interpretação analítica, significa a solução medicinal injetada e, enfim, a "solução sexual", o esperma fecundante, uma vez que a "injeção de qualquer jeito" tem por associação uma gravidez. Este uso de uma palavra em vários sentidos, evocando uma simbólica sexual, é tanto mais fácil porquanto a palavra alemã para "ejaculação", "*Ausspritzung*", é formada sobre a mesma raiz que "*Einspritzung*", "injeção". Assim, estes três significantes têm, sucessivamente, três sentidos: psicanalítico, médico e sexual. Os diferentes sentidos dos três significantes turbilhonam nos diferentes tempos do sonho de um modo que pode evocar curiosamente uma repartição comparável, na fórmula química da trimetilamina, dos três íons metil, comportando cada um três átomos de hidrogênio[15]. Esta analogia impressionante, acrescentada à sucessão de trios agenciados em torno de Freud, toma o aspecto de um curto-circuito entre a forma do símbolo e o sentido. Por isso é que Lacan anuncia como se fosse um chiste: o lugar do sujeito está no nível do átomo de azoto, N[16].

Lembramos que Freud interpreta o sonho, em seu conjunto, como um desejo de justificação realizado, em face de uma eventual censura relativa à persistência dos sintomas de Irma. Ele observa que cada argumento, afirmando que ele não é o culpado, é somado aos outros, sem que se considere o fato de que se contradizem entre si. Assim, Irma também está doente por recusar sua solução; é, portanto, culpa dela. Está doente também porque sua doença é orgânica e, nesse caso, ele nada pode fazer e, além disso, como é viúva, ele nada pode fazer tampouco. Enfim, ela está doente porque Otto lhe injetou um produto tóxico com uma seringa suja. Estes três grandes argumentos, exceto a viuvez, que está incluída no contexto da injeção, correspondem aos três tempos que extraímos do trabalho que produz a condensação. São praticamente legíveis no conteúdo manifesto e correspondem a três modos sucessivos desse trabalho, que não são simplesmente uma adição de argumentos contraditórios.

Como ler este terceiro modo de condensação?

Segundo o que Freud nos diz, o terceiro tempo do sonho vai simplesmente no sentido de sua interpretação de conjunto. Ele acrescenta um argumento que refuta sua responsabilidade na persistência da doença de Irma. A trimetilamina, além do apoio de Fliess, evoca a viuvez de Irma e representa, portanto, uma fonte de sintomas que não lhe diz respeito; porém ele nos diz também que ela está ligada aos fatos de sexualidade em geral e à importância que ele lhes dá na gênese das afecções nervosas. Ela representa então a sexualidade, que fazia parte, provavelmente, da interpre-

---

[15] Lacan reproduziu o esquema da fórmula em seu comentário do sonho de *Irma*. Ibid., pp. 189-190.

[16] Ibid., p. 190.

tação dada a Irma: "a solução". Ignoramos o conteúdo desta interpretação, mas podemos supor que ela implicava uma causa sexual dos sintomas, já que Freud chegou a esta conclusão em seus trabalhos. É o que indica o prefácio dos *Estudos sobre a histeria*, redigido pouco antes do sonho. Por conseguinte, a "solução" de Freud está contida por alusão na injeção de Otto e é representada pela trimetilamina[17].

Freud confessa ter pensado de início que bastava dizer ao paciente a "solução", o sentido de um sintoma, para obter a cura, o que consiste em injetá-la, de certo modo. Os pensamentos do sonhador podem ser da ordem da idéia latente cuja solução Irma recusa por ele tê-la "injetado" nela. Deste ponto de vista, o sonho enuncia uma responsabilidade de Freud na persistência dos sintomas, que se situa no plano do inconsciente. Mas ele acrescenta eventualmente uma espécie de desejo de que a interpretação, tão difícil de ser aceita, possa ser injetada: "Tomara que possamos injetar esta solução!". Tal pensamento pode vir como conclusão dialética para formar a série, solução-resistência-injeção, que organiza todo o sonho.

Assim, o terceiro tempo do sonho, o da injeção, não se contenta em prosseguir a defesa destinada a retirar de Freud toda responsabilidade pela continuação dos sintomas. Ele próprio a integra como responsável, num compósito forjado de tal modo que ele só divide a responsabilidade da ação estando implicado em seu instrumento. O ato é o de um outro, este Otto que justamente quase o envenenou e lembrou a ele o fracasso do tratamento de Irma, mas a solução injetada é também a sua. Ele não é agente quanto à causa dos sintomas, mas um significante de sua ação de psicanalista de certo modo deslizou no produto de injeção, graças ao duplo sentido da palavra solução. Ele está igualmente comprometido pelo modo de injeção e, já que a trimetilamina é também uma metonímia da fecundação, trata-se aí de outra injeção errada[18].

---

[17] A palavra ressoa evidentemente com a solução injetada, já que é a mesma em alemão.

[18] Pode-se igualmente acrescentar, uma vez que Fliess também está presente no produto de injeção errada, que ele lá não está provavelmente apenas enquanto apoio, como Freud encara, mas também como lembrança do erro médico que ele cometeu, aquele que diz respeito a E. Eckstein. Neste caso, como foi notado por alguns, o deslocamento deste erro real aconteceu na direção de Otto e o sonho cumpre igualmente o desejo de desculpar Fliess. Podemos nos reportar, quanto a este ponto à obra citada de D. Anzieu.

Eis os elementos que podem ser extraídos seguindo o trabalho que produziu a condensação. Este último tempo não consiste mais em substituir Irma por um desejo mais inteligente, mais conciliador ou menos presente que o seu, pois algo bem diferente passou a ocupar seu lugar. A persistência dos sintomas não é devida a seu desejo de histérica, já que provém de uma afecção orgânica. Além disso, esta é devida a um erro médico, que mistura estreitamente uma censura que Freud se faz, relativa à sua interpretação, e uma lembrança do erro de Fliess.

Lacan comenta a afixação da fórmula da trimetilamina como o ponto culminante da entrada em cena do simbólico. Após "a imisção dos sujeitos" e a supressão do trágico, o surgimento da fórmula inscrita é o do símbolo em estado puro. A última palavra do sonho nada mais é senão a palavra. "Ele [Freud] literalmente se evadiu, apelou, como ele mesmo escreve, para o congresso de todos aqueles que sabem. Ele se esvaneceu, se absorveu, se aboliu por trás deles. E, enfim, uma outra voz toma a palavra[19]". "No ponto onde a hidra perdeu suas cabeças, uma voz que é nada mais que *a voz de ninguém* faz surgir a fórmula da trimetilamina como a derradeira palavra daquilo de que se trata, a palavra de tudo. E esta palavra nada quer dizer a não ser que é uma palavra[20]". Lacan a considera como o surgimento literal do sujeito do inconsciente enquanto decapitado, desaparecido por trás do símbolo, pura inscrição, tão desprovida de sentido quanto um símbolo químico.

Ele observa, por outro lado, que a interpretação freudiana do sonho, o desejo de justificação quanto ao tratamento de Irma, refere-se a um desejo que não é nem um pouco inconsciente. Freud poderia ter tido exatamente o mesmo em estado de vigília, embora enuncie que o desejo fundamental do sonho é um desejo inconsciente e que deu o passo decisivo para sua interpretação com o sonho de Irma. Lacan daí conclui que ele o fez e que este desejo de justificação do sonho comporta, portanto, uma dimensão inconsciente que ainda não foi percebida. Ele ressalta assim o estatuto particular desse sonho, que é feito por aquele que descobre o sonho ao mesmo tempo que a psicanálise e o motor da neurose e cuja interpretação

---

[19] J. Lacan, *Le Moi dans la théorie de Freud*, op. cit., p. 190.
[20] Ibid., p. 202.

se endereça à comunidade científica em seu conjunto. Aquele que sonha e interpreta seu sonho se justifica igualmente com essa comunidade, mas de outro modo: ele quer ser perdoado pelo fato de sua fala ultrapassá-lo, porque é a do inconsciente. A contratransferência relativa a Irma era por demais premente, o psicanalista voltado demais para os resultados, tendo querido ser o criador e não o sendo, a "seringa", em suma, estando "suja". Fazendo deste último enunciado uma metáfora do que havia de problemático no tratamento de Irma, Lacan então atribui ao sonho uma interpretação da razão do fracasso. Assim, a justificação toma outra extensão. Ela comporta uma vertente que não está num registro consciente e o desejo de não ser responsável, que Freud formula, se desdobra sobre o fundo de uma culpa inconsciente do sonhador no caso de Irma e, para além, em sua descoberta. "Sou aquele que quer ser perdoado por ter ousado começar a cura estes doentes..." ... "sou aquele que não quer ser culpado disso, pois se é sempre culpado quando se transgride um limite até então imposto à atividade humana" ... "Minha ambição foi maior do que eu. A seringa, com certeza, estava suja[21]". O que foi mostrado pelo desdobramento do trabalho da condensação, no terceiro tempo, vai ao encontro, neste ponto, da interpretação de Lacan.

Este sonho parece apresentar-se como uma resposta dada ao desejo problemático do Outro, aqui o de Irma, na medida em que está, por certos traços, acoplado ao de Martha Freud. Ele se desenrola como uma série de tentativas sucessivas para tratar a questão colocada por este desejo, do qual cada uma comporta uma solução incompleta. O primeiro tempo cifra este desejo, isto é, transforma-o pela condensação, substituindo-o pelo de outra mulher, que não manifesta nenhum. O segundo tempo substitui o saber psicanalítico do sonhador pelo de um "mestre" que considera o desejo do doente como nada na patologia. O terceiro tempo acrescenta que o desejo de Irma nada tem a ver com isso, mas que o erro de um médico tem algo a ver com isso. O instrumento do gesto errado evoca indiretamente outros erros: os de Freud, até mesmo o de Fliess. Assim fazendo, o sonho tratou de modo comparável o desejo do Outro implicado por trás de Irma. A situa-

[21] Ibid., p. 203.

ção que Martha Freud provoca, a presença próxima de Irma durante o aniversário, não é problema, já que Freud nada tem a ver com a persistência dos sintomas. Além disso, Martha Freud também está sofrendo, com sua gravidez, as conseqüências de uma "injeção de qualquer jeito".

O desejo do Outro se apresentava, ao fim do primeiro tempo, como um retorno do recalcado sob a forma de uma hiância inominável, que manifestava abruptamente a castração pela visão petrificante da garganta de Irma. Finalmente, o sonho chegou a sua elisão completa. Recalcado, não aparece mais na cadeia dos significantes que constitui o "dizer" final do sonho. Estes três tempos se encadeiam de modo desencaixado. Apresentam-se como um conjunto de proposições de que, a cada etapa, uma parte de solução é conservada, o resto sendo abandonado depois de a seqüência se chocar com tal ou tal obstáculo.

A metáfora do sonho e a elisão do desejo do Outro

O devir do desejo do Outro, no sonho de *Irma*, resulta inteiramente dos tempos sucessivos da condensação e do deslocamento final. Uma série de substituições ocorre, relativa a termos que intervêm enquanto significantes. Se Irma substitui um conjunto de pessoas, que ela continua a representar ao longo do sonho, é que ela tem a função de um significante, tendo estas pessoas por significado; quando sua amiga a substitui é também enquanto significante, definido como a pessoa que, sofrendo como ela, é mais inteligente e não pede os cuidados de Freud. A operação é uma metáfora, já que esta figura de estilo consiste, em sua definição elementar, em designar uma coisa por uma palavra que designa outra. Ela intervém aqui segundo o modo que Lacan dela elaborou e que vamos ver. Durante sua interpretação do sonho de *Irma* em 1955, ele ainda não havia considerado os processos do sonho nestes termos. Ao contrário, é provavelmente em função daquilo que mostra o sonho de *Irma* que ele foi conduzido, em 1957, à idéia de que todas estas condensações eram equivalentes a metáforas e estes deslocamentos, a metonímias[22]. Uma psicanalista inglesa já havia

---

[22] J. Lacan, "L'instance de la lettre", *Écrits*, Paris, Seuil, 1966, p. 493.

observado que o trabalho do sonho procedia por "estilo poético[23]", nele escolhendo um certo número de figuras de retórica. Mas Lacan se apóia essencialmente no trabalho de Jakobson, retendo para a metáfora a substituição que acontece por similaridade, para a metonímia aquela que acontece por contigüidade.

Podemos desdobrar da seguinte maneira a estrutura da metáfora em jogo nas formações do inconsciente, segundo Lacan. Um signo, isto é, o conjunto significante/significado, S1/s1, substituindo outro signo, S2/s2, este desaparece da cadeia significante. É elidido ou recalcado e se torna o significado do primeiro, S1/S2/s2, ao passo que seu significado inicial, s1, é excluído. A operação é criadora de sentido novo. Todas as pessoas que Irma substituiu tornam-se seu significado e só serão reencontradas pelas associações[24]. De modo que a letra formada pelo inconsciente é constituída de dois significantes ou mais, ligados por substituição, a partir de uma similaridade entre eles, para a metáfora. Tal modo de substituição constitui a estrutura elementar da literalidade do inconsciente em geral, formada por reuniões de significantes.

Essa equivalência global entre condensação e metáfora pode ser precisada indicando-se que a condensação é o *resultado* do trabalho de substituição da metáfora[25]. Essa nuança já é perceptível numa fórmula que Lacan utiliza, em 1958, para escrever a substituição metafórica, notadamente pa-

---

[23] Trata-se de Ella Sharp, in Dream Analysis, London, Hogarth Press, 1949.

[24] Poderemos consultar igualmente, para tudo o que diz respeito ao comentário das relações entre condensação e metáfora, deslocamento e metonímia, a obra de Joël Dor, *Introduction à la lecture de Lacan* (vol. I, Paris, Denoël, 1985, pp. 54-75).

[25] É uma nuança que tem sua importância, pois permite distinguir, entre metáfora e condensação, o que é o processo e o que é seu resultado. Aliás, tudo o que Freud descreve como trabalho levando à condensação vai ao encontro do que Lacan reconhecerá mais tarde como a efetuação de uma metáfora pelo trabalho do inconsciente. Lacan faz esta nuança em 1969, no lugar de uma equivalência pura e simples. Podemos ler, quanto a este ponto, seus desenvolvimentos em "Radiophonie", dentre os quais, por exemplo, este fragmento: "Indicando para nós que o significante ressurge como uma 'desafinada' no significado da cadeia superior na barra e que, se dela é destituído, é por pertencer a outra cadeia significante que não deve de forma alguma recortar a primeira, pois, por fazer com ela discurso, este muda, em sua estrutura.
Eis mais do que é preciso para justificar o recurso à metáfora, por fazer entender como, ao operar a serviço do recalque, ela *produz* a condensação notada por Freud no sonho". (J. Lacan, "Radiophonie", *Silicet* 2/3, Seuil, 1970, p. 69, sublinhado por nós).

terna[26]. É porque a amiga de Irma a substituiu que uma condensação aconteceu, situando Irma num quadro onde a amiga era examinada. Haveria assim algumas operações metafóricas fundamentais no trabalho do sonho, de que resultam as condensações do conteúdo manifesto.

De modo comparável, o deslocamento é produzido pela metonímia, outra modalidade de substituição de um significante por outro, que tem lugar entre dois termos não similares, mas contíguos. O propeno, depois a trimetilamina, que evocam Fliess por contigüidade, substituíram o propilo evocado pelo amileno de Otto, mas terão o mesmo significado. A letra constituída pela metonímia é, portanto, igualmente formada de dois significantes ligados por substituição. Ela se distingue da precedente pelo fato fundamental de que o significante substituído não está elidido na cadeia; ele permanece ligado ao outro e não é recalcado. Em compensação, a produção de sentido é mínima. Veremos outro exemplo disso no sonho da *mesa da hospedaria*.

No sonho de *Irma*, o trabalho da metáfora, de que vimos os efeitos de condensação, efetua-se em várias etapas. Uma primeira modalidade de metáfora consiste em pôr a amiga de Irma no lugar desta, representando Martha Freud e a governanta, que foram comparadas a ela. Esta metáfora produz as condensações do exame junto da janela, a palidez, a resistência em abrir a boca. O sonhador intervém diante desse Outro substituindo seu "mestre", o Dr. M., o que dá igualmente a condensação "junto da janela",

---

[26] Eis as fórmulas utilizadas (J. Lacan, Écrits, Paris, Seuil, 1966, p. 557)

$$\frac{S}{S'} \cdot \frac{S'}{x} \longrightarrow S\left(\frac{I}{s}\right) \qquad \frac{\text{Nome do Pai}}{\text{Desejo da Mãe}} \cdot \frac{\text{Desejo da Mãe}}{x} \longrightarrow \frac{\text{N do P(A)}}{\text{Phi}}$$

O resultado da metáfora se inscreve à direita, uma vez efetuada a substituição de S por S', e o significado s é produzido no lugar do significado desconhecido x. Todos os significantes que se inscrevem no parêntese serão função do significante substituto S e o significado s dele dependerá igualmente. É equivalente ao que encontramos na condensação, na qual uma unidade significante mista substituiu, no conteúdo manifesto, várias unidades significantes latentes.

de onde ele examinava a amiga. Esta metáfora fracassa na angústia e, com as manchas brancas, surge a lembrança do erro e da imprudência terapêutica. Para o sujeito do sonho, paramentar-se com o significante do mestre diante de um Outro suposto sem desejo não consegue resolver a questão do desejo do Outro. Ser o mestre quanto à paciente ou à mulher não convém. Uma falta inominável volta novamente na garganta de Irma. Entretanto, a metáfora relativa a Irma será, no conjunto, conservada.

O Dr. M. em pessoa, no segundo tempo, substitui o Freud do tempo precedente, retomando o lugar do mestre com seus assistentes. Esta metáfora, e não a primeira, culmina por elidir o desejo de Irma, o qual, portanto, não é mais culpado do que quer que seja. Irma representa também, agora, as crianças doentes, cujo desejo geralmente não é questionado. O Dr. M. sendo em seguida ridicularizado, o agente dessa metáfora é mais uma vez recusado.

O terceiro tempo derruba de novo o agente, colocando em seu lugar Otto e sua injeção errada. Esta última comporta uma metonímia do desejo de Freud, como psicanalista e como esposo, e verossimilmente uma metonímia do erro de Fliess. O Outro, representado por Irma, permanece equivalente àquele da metáfora precedente.

Vemos que, num sonho tão complexo quanto este, estamos assistindo a uma série simples de permutações na qual, a cada tempo, os termos intervêm em lugares diferentes, como que pulando para o encaixe seguinte. No terceiro tempo, todos os termos bascularam. O desejo de Irma não está mais em causa em seus sintomas. A culpa é de uma injeção mal feita, de interpretação, por exemplo. Paralelamente, o desejo de Martha Freud é resolvido sob o mesmo modo.

O desejo problemático das mulheres foi substituído por uma ação que deriva do domínio de seu corpo pelo saber médico, com o grupo dos médicos por agente. O primeiro agente desta metáfora, o Dr. M., aquele que é o mais velho e tem autoridade, é anulado, ao passo que a metáfora final tem por agente Otto. Ora, Otto não é um mais velho, mas um novato, tendo sido assistente de Freud. Se a metáfora em jogo for comparável a uma metáfora paterna, em seu resultado sobre o desejo do Outro, ela recusa o Pai ou o Mestre como agente, para reter um termo significante bem diferente: ele não é mais aquele que tem o falo.

Vemos, portanto, o que as metáforas de um sonho podem operar por seu trabalho. Algumas têm uma eficácia especial quanto ao desejo problemático do Outro, eficácia que consiste em recalcá-lo. Notamos que a significação do sonho já é patente assim que observamos os motores do processo metafórico. Suas etapas sucessivas fazem com que ela apareça, tal como o jogo dos diferentes termos ocupando tal ou tal lugar, notadamente o do agente. Reconhecer os processos de substituição que formaram o conteúdo manifesto a partir dos pensamentos latentes constitui o tempo essencial e quase suficiente da interpretação.

No sonho de Dante, o personagem do senhor Amor enunciando "Eu sou teu mestre" é uma condensação, vimos, de traços dos dois encontros de Beatriz, o da infância e aquele que acabara de acontecer. Esta condensação resulta do fato de que este personagem, como significante, tomou o lugar do desejo que Beatriz manifestou por sua saudação. Seu domínio substituiu aquele de que Beatriz era o emblema para Dante. A mulher comporta igualmente uma condensação que resulta de uma metáfora. Ela está indicada como um significante, a "dama da saudação" do segundo encontro, embora porte a cor vermelha do primeiro. A criança que ela era, durante o primeiro encontro, substituiu o adulto do segundo. O gozo manifestado por esse mestre é um elemento novo, que não pertence a nenhum dos dois encontros. Ele é o suporte de um significante que elide o desejo de Beatriz, embora o interprete num sentido sexual. O gozo que o mestre tem dele permite, por um lado, recalcar o desejo de Beatriz em relação a Dante e, por outro, dar-lhe um sentido sexual. Esta substituição é o motor fundamental da operação e acarreta outras. A cor vermelha "casta" do primeiro encontro, em que o desejo de Beatriz não estava em jogo, substituiu o branco do segundo, em que ele surgiu.

Esta estrutura metafórica de quatro termos é comparável a uma metáfora paterna em numerosos pontos. É possível reconstituir-lhe a efetuação conforme uma seqüência de proposições inscritíveis como uma fórmula metafórica. A primeira, anterior ao sonho, traduz o que está em jogo na cena da saudação: *A mulher amada exprime de repente um desejo cujo significado permanece enigmático e angustiante para o sujeito, Dante.*

$$\frac{\text{Significante do desejo de Beatriz}}{\text{cujo significado para o sujeito é indeterminado}}$$

A segunda diz respeito ao conteúdo manifesto da cena do sonho: *Um mestre chamado Amor dispõe do corpo dessa mulher.* O significante novo que é este mestre substitui a questão primeira. Ele intervém no enigma, permanecido em suspenso, para impor-se no lugar desse significante fora de sentido do desejo, que é recalcado e, portanto, elidido da cadeia consciente, tornando-se um mero significado deste significante.

$$\frac{\text{O significante do mestre}}{\text{tem como significado o desejo de Beatriz}}$$

O gozo está, por conseguinte, excluído do corpo de Beatriz, que se torna um lugar de união simbólica com o sujeito. O desejo suposto de Beatriz é realizado de modo literal e paródico, mas não é mais senão a inscrição de um gozo perdido. *Esta mulher contém daqui por diante o coração de Dante, que o representa neste lugar como objeto do desejo.*

O resultado desta metáfora pode ser escrito:

$$\longrightarrow \frac{\text{A (Outra) função do Significante do Mestre}}{\text{inclui o coração de Dante (seu ser fálico)}}$$

Se esta metáfora é comparável à metáfora paterna que funda o inconsciente, em seu processo e seu resultado relativo ao desejo do Outro, ela o é também, contrariamente à precedente, quanto a seu agente[27] que é aqui um deus; portanto, um representante eminente daquilo de que se trata com o Nome do Pai. O recalque do desejo de Beatriz pelo significante do Amor ocorre porque ele dispõe dela, goza dela. O sujeito vê-se castrado, não daquilo que tem, mas daquilo que ele é para este desejo[28]. O corpo

[27] A fórmula é escrita sob o modo da metáfora paterna mencionada anteriormente.

[28] A extração do coração, com efeito, embora tenha significação fálica, não pode ser confundida com o falo como tal. Ela tem a ver com o objeto fálico que é o sujeito como objeto do desejo. Em certos casos da lenda do coração comido, o falo do amante vinha

passivo de Beatriz, sem desejo daqui por diante e entregue à vontade do deus, constitui o Outro para Dante. Este Outro resulta do tratamento que lhe fez sofrer um Nome do Pai, como agente da metáfora. Ele se apresenta como uma condensação, já que o corpo de Beatriz incorpora um significante de Dante. O antigo significado do Amor, mestre de Dante com Beatriz por emblema, desapareceu. O Amor agora tem por significado recalcado o desejo de Beatriz, é o que ele domina.

Dante dirige-se a Beatriz, daqui por diante, como ao Outro que depende do gozo do mestre, o Amor, depois Deus. O gozo deste Outro é portanto proibido, perdido, tanto quanto o do sujeito. Houve depósito no mestre, depois no Pai, de um desejo angustiante, o do Outro, de modo que seu gozo permanece excluído do sistema. Graças a isso, o sujeito não é abolido, mas, ao contrário, reproduzido, repetido. É uma maneira de resolver a equação do desejo, em sua relação com o desejo do Outro. Qualquer surgimento ulterior do desejo de Beatriz causará ainda mais angústia em Dante porquanto foi recalcado com força e desapareceu da cadeia do discurso.

Encontramos, nesta metáfora, uma equivalência de estrutura entre os processos que fundam o inconsciente e aqueles que causam o retorno do recalcado, embora os termos não sejam evidentemente os mesmos. É um fato que, só-depois, pode parecer evidente, já que, para retornar, o recalcado deve bem tomar vias criadas pelo recalque. A substituição de um significante por outro se faz, de certo modo, no sentido inverso do que aconteceu primordialmente. Um significante da cadeia inconsciente vem substituir um significante da cadeia atual do discurso, com um remanejamento consecutivo no significado. O significante recalcado do desejo do Outro pode retornar na letra do sonho, visto que é já pela constituição de uma letra primeira, tal ou tal metáfora paterna, que ele foi recalcado. Essa comunidade de estrutura é de grande importância para a clínica, pois as metáforas encontradas no sonho nos informam sobre a modalidade de metáfora paterna em curso no inconsciente. É claro, nenhuma metáfora de sonho procede da metáfora primordial, não mais que o retorno do recalcado é idêntico ao recalque originário. Ela dele deriva, dele se deduz, mas nos dois casos

---

junto com o prato oferecido à dama, além de seu coração. Eles estão ligados por uma mesma significação, mas um diz respeito ao falo que ele *tem*, o outro, àquele que ele *é* imaginariamente, tão logo é desejado.

ocorre um recalque do significante do desejo do Outro e daquilo que o sujeito era nesse desejo.

Assim, os sonhos considerados até aqui comportam um processo metafórico comparável, ainda que o agente destas metáforas nem sempre seja o Nome do Pai como tal. Ele o é naquele de Dante e no da *mãe de Freud*, mas não no sonho de Irma. Um processo fundamental é assim definido, eficaz sejam quais forem os termos que intervêm em lugares dados nessa estrutura. Ele substitui por um significante do mestre o desejo do Outro que havia retornado na cadeia. Este significante consiste em dispor de modo sexual, médico ou outro, do corpo do Outro, mãe ou mulher. O resultado comum é o recalque desse desejo, mal surge. Podemos considerar que o resultado da equação, nesse sentido, é zero[29].

O trabalho destes sonhos em que a metáfora prevalece, com sua produção de condensações, se esclarece assim ainda mais quando percebemos que ele procede a partir de uma questão vinda do desejo do Outro. Se o sonho, para Freud, realiza o desejo do homem e este, conforme o aforismo de Lacan, é o desejo do Outro, será fácil concluí-lo. Vimos em que eles podiam estar em estreita relação no que é realizado pelo sonho[30]. Não convém generalizar esta primeira abordagem, mas este desejo parece ocupar um lugar essencial no trabalho do sonho, ainda que não seja próprio de todo sonho. Neste caso, a função freudiana do sonho estaria prolongada. O sonho realizaria um desejo em resposta ao do Outro, para interpretá-lo cifrando-o. Nos exemplos vistos até aqui, a cifração era a da metáfora, que tem por resultado recalcar este desejo. Mas ela pode também consistir em deslocá-lo ou em realizá-lo. Do mesmo modo, é possível isolá-lo na fonte do sonho, que vamos, pois, questionar de modo mais preciso.

---

[29] Retomamos, com esta expressão já mencionada, a fórmula que Lacan utiliza uma vez em seu seminário inédito "... Ou pire" de 21 de junho de 1972: "Mas quando Freud analisa um de seus sonhos, vemos bem de que desejo se trata: é do desejo de colocar a equação do desejo como 'igual a zero'".

[30] Este aforismo estava assim articulado: o desejo resultando para o humano do fato de a necessidade passar pela ordem da linguagem, logo, do significante, e o Outro sendo o lugar onde se desdobra a fala, disso decorre que o desejo do homem é o desejo do Outro. (J. Lacan, "La direction de la cure", *Écrits*, op. cit., p. 628.).

3. *O sonho da* mesa da hospedaria *e o desejo realizado*

Os exemplos considerados sublinharam a importância da fonte do sonho para entender o que ele opera, o que visa seu trabalho, os dados da equação que ele tem de resolver. Por isso, antes de prosseguir com esta questão, vamos reexaminar o estatuto que Freud lhe dava.

O acontecimento na fonte freudiana do sonho

Para Freud, o que suscitava o sonho era o acontecimento, fosse ele vivido ou psíquico, recente ou antigo, indiferente ou importante[1]. Ele provocava um desejo inconsciente o qual, reconhecido, visava ser realizado, ou então era reprimido, ou mesmo não surgia, mas a partir daí o inconsciente então insistia. Sempre pareceu evidente, desde Freud, que tal cadeia de acontecimentos ocupava ou suscitava tal sonho, dentre os quais o último na véspera. O sonho responde ao que acontece, a ponto de dever realizar o desejo que isso causa.

Há portanto, no acontecimento, algo de determinante para o desejo. É aí precisamente que podemos apreender a maneira como surge o desejo do Outro. A intervenção deste desejo poderia constituir um modo do acon-

[1] Podemos nos reportar ao capítulo V, "Le matériel et les sources du rêve", L'Interprétation des rêves, op. cit., p. 148.

tecimento como tal. O sonho de *Irma* não teria tido este conteúdo se Irma, que solicitava sua ajuda, tivesse aceitado melhor o que Freud lhe dizia, ou se tivesse sarado. Ele não teria tido tampouco este conteúdo se Martha Freud não tivesse desejado recebê-la para seu aniversário, ainda mais que ambas manifestavam, em relação aos cuidados de Freud, a mesma resistência. A lembrança deste fato é determinante na visita de Otto, que desencadeia o sonho, além da desaprovação sentida. Encontramos a distinção feita por Freud entre o acontecimento imediatamente incitador e a fonte verdadeira do sonho. O primeiro desencadeia a formação do sonho ao evocar a segunda. Por trás das demandas ou das recusas, um desejo, indeterminado quanto a seu sentido, surge como questão. O sonho de Dante não teria sido tal se Beatriz não lhe tivesse, de modo inesperado, dirigido a palavra. Ela diz ou pede isso, mas, para além, o que quer a mulher? A questão se refere, em retorno, ao que o próprio sujeito quer.

No entanto, segundo Freud, o sonho tratava o acontecimento de modo particular, já que, na maioria do tempo, um fato anódino do dia nele figurava. O acontecimento significativo freqüentemente não estava representado no sonho. O fato anódino revelava-se ligado ao fato carregado de sentido por algum traço, sua concomitância, ou então um ponto comum. Ocupara seu lugar por deslocamento. O sonho da *mesa da hospedaria* nos mostrará este processo. O sonho privilegiava os fatos recentes e indiferentes, parecendo mostrar que cuidava de coisas sem interesse. Revelava, na análise, utilizá-los como representantes de fatos importantes, simultâneos ou mais antigos; porém, encontrávamos igualmente fatos antigos e indiferentes, mas que desde a origem tinham substituído, por deslocamento, fatos importantes e tinham assim se fixado na memória.

Freud formulava um processo preciso para explicar a presença sistemática do material recente e indiferente. Ela era necessária para suportar as transferências. A representação inconsciente, não podendo, como tal, penetrar no pré-consciente, ocupado pelo desejo de dormir, aliava-se a uma representação indiferente que lá se encontrava. Transferia-lhe sua intensidade, ao passo que ela lhe servia de cobertura. Os elementos escolhidos para a transferência deviam estar livres de outras associações e aqueles que tinham mais chance de não tê-las contraído eram os mais recentes e os mais indiferentes. Assim se explicava a presença dos restos diurnos indiferentes no sonho[2]. Eram necessárias casas vazias para acolher os elementos inconscientes. Ocorria então uma troca, estas impressões indiferentes tomando do desejo inconsciente sua força pulsional, ao mesmo tempo lhe fornecendo o ponto de ligação para realizar a transferência[3].

O caso dos restos diurnos penosos nos interessa mais de perto. O sonho devia elaborar todas as excitações desagradáveis e delas fazer uma unidade, visando delas libertar o sonhador[4]. É o que tinham o mérito de mostrar os sonhos que comportavam uma fonte somática da excitação, durante o sono, tal dor ou tal ruído. Ela era integrada no sonho ao concorrer, com as outras fontes, para a realização do desejo. Por exemplo, o sonho de Freud, quando estava doente, com um antraz na base da bolsa escrotal: *Ele está cavalgando e se mantém cada vez melhor na sela, depois que um colega lhe disse que ele montava mal, e pouco a pouco se sente como em casa sobre este cavalo inteligente.* Esta ação sendo por excelência aquela que ele não podia então efetuar, Freud concluía que ela estava destinada a negar a dor. Cavalgava como se não sentisse dor porque não queria tê-la[5]. Ora, este sonho, veremos, tratava ao mesmo tempo de outra questão bem diferente. De modo bem claro, Freud destinava ao sonho a função de libertar o dormidor daqueles restos, de suprimir-lhes o caráter penoso. O sonho não perturbava o sono, mas, ao contrário, sustentava o desejo de dormir e procedia elaborando os pensamentos suscitados pelos restos diurnos penosos, de tal modo que o sonhador deles fosse libertado[6]. Convém então tentar isolar o que é penoso no acontecimento, o que o sonho deve tratar a fim de suprimir-lhe o impacto. É precisamente neste nível que intervém nossa observação quanto ao que o sonho visa resolver. Os sonhos considerados até aqui pareceram mostrar que esses restos diurnos podiam esconder a evocação ou o surgimento, eventualmente fonte de angústia, do desejo do Outro. Ele se manifesta notadamente para além de uma demanda, de um dom ou de uma recusa, de uma proibição, de uma privação. Surge bruscamente num aban-

---

[2] Ibid., p. 478.
[3] Ibid., p. 480.
[4] Ibid., p. 200.
[5] Ibid., p. 202.
[6] Ibid., p. 480.

dono, numa perda ou numa ameaça. Constituindo um pólo essencial do recalque, este desejo entraria maciçamente na produção dos restos diurnos penosos.

Freud mostrava que o sonho privilegiava igualmente o mais antigo. No material do desejo recente e pré-consciente, realizava-se um desejo inconsciente de origem infantil, como se reforçasse o primeiro. Embora muitos sonhos fossem provocados essencialmente pelos restos diurnos, o desejo consciente que eles engendravam tinha apenas o papel de "empreendedor" do sonho, não podendo construí-lo sozinho. Uma força pulsional era necessária para fornecer o aporte psicológico de fundos, um "capitalista", um desejo vindo do inconsciente. O desejo consciente só suscitava, portanto, o sonho se fosse capaz de despertar um desejo inconsciente[7]. Freud sublinhava, por exemplo, em que a interpretação de um de seus sonhos, *Meu amigo R é meu tio*, embora aparentemente completa, não o satisfazia. A ambição de se tornar professor não lhe bastava para justificar que maltratasse, nesse sonho, dois colegas judeus. Ele só o compreendia se fizesse intervir uma lembrança de infância em que fora predito a seus pais que ele seria ministro. No sonho, para vingar-se por não ter sido nomeado professor, ele se punha no lugar do ministro e de lá fustigava seus colegas[8]. A intervenção do desejo do Outro refere-se, portanto, ao infantil para além do atual.

Freud não considerava que o papel prevalecente do desejo inconsciente limitasse o dos restos diurnos, já que todo sonho comportava uma alusão a uma impressão do dia. Por isso é que o explicava pelas transferências. Além disso, ele não restringia a gênese do sonho ao sono. Sublinhava, ao contrário, que a efetuação das transferências, entre o inconsciente e os fatos anódinos do dia, podia começar durante a vigília e durar muito tempo. Não é assim inteiramente exato que Freud considerasse a vida de vigília e o sonho como dois campos completamente separados um do outro[9]. O caminho que conduz à evocação do desejo do Outro, a partir de uma de-

---

[7] Ibid., p. 477.

[8] Ibid., p. 172.

[9] Foi Donald Meltzer quem fez esta crítica, afirmando, ao contrário, que dois eu [*moi*], o eu [*moi*] onírico e o eu [*moi*] vigília estavam em continuidade (*Le Monde vivant du rêve. Une révision de la théorie et de la technique psychanalytiques*, Lyon, Césura, 1993).

manda, por exemplo, trate-se ou não de uma demanda do Outro, pode ser percorrido paulatinamente durante a vigília. À medida que associações são efetuadas, com respeito ao que o Outro quer para além do que é pedido, seu desejo vem investir o material da demanda. Esse processo requer as transferências descritas por Freud. O trabalho do sonho seria preparado durante a vigília, notadamente no que diz respeito a um acontecimento que se apresenta como um enigma ou um *non-sens.* O impacto do desejo do Outro na formação do sonho poderia, portanto, ser estudado sob este ângulo. Lembremos que ele não intervém de modo algum como o que se poderia conceber por oposição ao desejo do sujeito, já que, originalmente, é o mesmo. Mas ele é angustiante na medida em que é equivalente ao desejo recalcado do sujeito e, quando se impõe, o sujeito não pode mais desejar outra coisa.

A metonímia no sonho da mesa da hospedaria

A releitura deste sonho[10] nos ajudará a avaliar estes dados. Seu interesse se deve igualmente ao fato de que Freud o interpretava como um analisando, em várias etapas. Ele anunciava primeiramente que não ia analisá-lo mais além, depois voltava a ele e acrescentava outros elementos. Ora, este complemento de interpretação refere-se precisamente à fonte do sonho.

É um sonho que, em 1900, vem cinco anos depois do sonho original de *Irma.* Freud, na véspera, fora trazido de volta para casa num carro, por um amigo que lhe oferecera carona, tendo escolhido para isso um carro com taxímetro. Era, dizia ele ingenuamente, a fim de ter algo para olhar. Freud havia gentilmente desculpado o fato acusando-se da mesma falta de elegância. Segundo ele, a mesa da hospedaria, como o taxímetro, tornava-o avaro, dando-lhe a impressão de nunca estar fazendo um bom negócio. Ele citava um verso de Gœthe que considerava sem grande relação com a situação. No entanto, existe uma relação estreita, já que este verso é o seguinte:

[10] Ele figura no opúsculo *Sur le rêve* (Gallimard, Paris, 1988) que Freud redigiu a título de resumo de sua teoria do sonho, em 1900.

"Você nos faz entrar na vida e deixa o infeliz se tornar devedor" ou "culpado". Dirigindo-se àquele com o qual se está em dívida, parente ou outro, o verso o censura por fazer sentir esta dívida ao mesmo tempo que a instaurou. Era exatamente, embora Freud não o mencione, o que se passava então com seu amigo.

Depois, ele sonha naquela mesma noite. *Na mesa da hospedaria onde se come espinafre, a senhora E.L., voltada para ele, lhe põe familiarmente a mão na coxa, debaixo da mesa. Num gesto de defesa ele a retira, ela então diz: "O senhor sempre teve olhos tão belos"; e ele vê o contorno de dois olhos ou óculos.*

Freud realiza a interpretação deste sonho em dois tempos. Primeiramente, observa que A senhora E.L. é a filha de um homem que lhe emprestou dinheiro. Ela lhe é indiferente e ele a encontra raramente. O gesto sob a mesa evoca o de sua mulher durante seu noivado. A mesa da hospedaria é o quadro de uma cena que teve lugar com esta última, algumas semanas antes. Ele se irritara, tendo a impressão precisamente de não estar fazendo um bom negócio, diz ele, porque ela se voltava mais para os vizinhos do que para ele. "Ter belos olhos" se refere à expressão "fazer algo pelos belos olhos" de qualquer um, isto é, gratuitamente. O "espinafre" lembra a Freud que seu filho, que aliás tem belos olhos, recusa comer espinafre, igualzinho a ele na infância. Sua mãe de hábito o convida a provar mesmo assim; o que é muito próximo, em alemão, de "custar". Todas estas associações o orientam para um conjunto de pensamentos relativos ao custo, ou à gratuidade na relação com pessoas amadas. Enfim, o contorno dos olhos, ou óculos, evoca o único presente que Freud deu a um outro amigo com quem se sente igualmente obrigado. Disso tudo deduz que o sonho realiza o desejo de gozar de um amor sem que nada custe, de graça.

Desde já, a sucessão literal do sonho é clara. Essa mulher, cujo pai lhe emprestou dinheiro e que se integra, portanto, na série dos amigos com quem se sente obrigado, seduz Freud de maneira inconveniente e ele a repele. Mas, num segundo tempo, ela de certo modo lhe diz que é por seus belos olhos, gratuito portanto, como se estivesse ali a razão da recusa primeira. Então se mostram os olhos, belos por conseguinte, que representam o sonhador para ela. Neste estágio da interpretação, que parece satisfatória, sabemos que um fato anódino da véspera, o carro gratuito do amigo, suscitou o sonho. Um desejo de gozar do amor de uma mulher sem ter que fazer despesas com ela aí se cumpre. Mas ele não é realizado com a pessoa que em princípio o suscitou, Martha Freud, durante sua conduta na mesa da hospedaria, em comparação com aquela de seu noivado. Este desejo é realizado com uma pessoa indiferente, que a substituiu. Houve deslocamento: o encontro desejado teve lugar, mas não é com ela. Uma substituição simples de dois termos parece ter ocorrido.

Freud completa ulteriormente a interpretação acrescentando que a corrida gratuita de carro, na origem do sonho, lhe lembrou outra corrida. Custosa, aquela, fora efetuada com uma parenta que lhe é cara e com a qual acabava de gastar uma grande soma de dinheiro[11]. Disso deduz que a queixa recalcada dessa despesa suscitou a idéia que o sonho realiza: seria bom gozar de um amor gratuitamente. Sublinha que a senhora E.L., atenciosa e voltada para ele, substituiu sua mulher, distraída e voltada para outro lado. Freud observa enfim o deslocamento que teve lugar entre a corrida custosa ligada ao pensamento recalcado e o acontecimento anódino da corrida gratuita, com seu dito na mesa da hospedaria, que a isso substituiu. É, portanto, assim ligada à fonte verdadeira do sonho que a impressão indiferente do dia suscitou-lhe a formação. Eis o essencial da interpretação freudiana. Ela distingue com muita nitidez o acontecimento incitador da fonte do sonho e vemos o que está respectivamente em jogo num e noutro.

Sabemos agora que existem três termos, e não dois, na substituição. É por intermédio da parenta, e não diretamente, que a senhora E.L. substitui Martha Freud. O pensamento recalcado é a queixa da despesa com a

---

[11] Ibid., cap. VIII. Didier Anzieu considera, com verossimilhança, que esta parenta é a cunhada de Freud, sob seu encargo desde a morte do noivo e ela mesma tuberculosa. A despesa seria relativa às despesas de sanatório ocasionadas por uma recaída. Anzieu pensa igualmente que a senhora E.L. é a filha de Breuer e lembra que Freud queria romper totalmente com Breuer, mas fora impedido por uma antiga dívida. Por outro lado, alguns meses antes do sonho, uma filha de Breuer se casara com um amigo de Fliess, o que fizera, segundo Anzieu, com que Freud temesse uma "breuerização" de Fliess. Estes elementos trariam, com efeito, uma luz suplementar ao cruzamento, no sonho, do tema da despesa custosa para a família e do casamento com uma mulher cujo pai pode emprestar dinheiro. Mas não vamos escolher a interpretação do sonho proposta por Anzieu, que sistematiza um paralelo com o sonho de *Irma* e vê, por analogia, Dora na senhora E.L. (prefácio a *Sur le rêve*, op. cit.).

parenta, não a avareza na mesa da hospedaria. Foi ele que causou o desejo de um amor gratuito. O acontecimento incitador do sonho evocou a avareza na mesa da hospedaria lembrando a Freud, ao mesmo tempo, a dívida que a parenta contraiu com ele, fonte do sonho. Ele assim trouxe Freud à questão do amor não-gratuito do Outro e, por conseguinte, ao que implica seu desejo. O desejo que o sonho realiza foi, em sua fonte, causado por uma questão surgida por trás de uma demanda. Freud, no entanto, respondeu sem hesitação a esta demanda de sua parenta. Sua queixa da despesa juntou-se à contrariedade experimentada durante a falta de atenção de sua mulher, na mesa da hospedaria onde ele se sente avaro. Esta questão é a do desejo do Outro, no sentido, desta vez, em que, no seio do que ele quer, há o que aquilo custa. Seu desejo comporta uma falta, aqui cruamente manifestada como uma falta relativa ao dinheiro. Foi recalcada a idéia de que o amor do Outro não é de graça, de que seu desejo implica uma falta, ao passo que sua atenção pode faltar. Ela causou o desejo de um amor gratuito, sem falta[12].

Foi precisamente o que cumpriu a cifração do sonho, já que atribuiu um desejo relativo a Freud a uma outra pessoa, perfeitamente indiferente, mas que é a filha de um homem que lhe emprestou dinheiro. A parente foi evocada durante a corrida de carro e foi acoplada a Martha Freud ao passo que este conjunto era substituído pela senhora E.L.. O desejo em jogo na cena do sonho não é mais próprio do Outro e sim de um objeto, elaborado conforme essas condições significantes, que o contradiz ponto a ponto. Esta mulher não precisa de dinheiro, por sua filiação, e dirige toda a sua atenção para o sonhador. Uma metonímia substituiu o Outro por um objeto significante, cujo desejo não está associado a esta falta e, neste caso, o sonhador é desejado, até mesmo amado por seus "belos olhos[13]". O sonha-

---

[12] A transferência de um elemento inconsciente importante para um elemento anódino e recente, que representa a possibilidade de seu surgimento no sonho, diz respeito de modo bem direto a esta questão, neste caso. A queixa da despesa foi transferida para a cena menos investida da mesa da hospedaria. Isto está estreitamente acoplado ao processo de deslocamento, do qual se vê aqui que não visa apenas à deformação, mas igualmente à liberação dos restos diurnos penosos.

[13] A metonímia substituiu pelo signo senhora E.L., S3/s3, o da senhora Freud, S1/s1, cuja atenção estava voltada para outro lugar. Seu significado próprio, s3, é eliminado, ao passo que ela tem agora o mesmo significado que S1, sob forma invertida: um desejo

dor quer, com efeito, ser amado assim. No tempo em que recusava espinafre, ele tinha efetivamente belos olhos, como seu filho nesse momento, já que o estatuto natural da criança é de ser amada gratuitamente. O sujeito está assim representado pelo significante "belos olhos", aqueles mesmos que são exibidos no final do sonho. Os olhos pintados na taça com a qual agradeceu a seu anfitrião, insuficientemente diz ele, são, neste sentido, "belos olhos" igualmente.

O desejo realizado pelo sonho se apresenta numa relação estreita com o do Outro, com o qual o sujeito está às voltas no acontecimento em sua fonte. Embora a interpretação de Freud não comporte esta dimensão, no entanto a implica. Vemos particularmente bem em que o trabalho do inconsciente trata uma questão surgida graças ao acontecimento incitador e que, mais uma vez, é colocada pelo desejo do Outro. Evidentemente, Freud tem razão de interpretá-la de acordo com o desejo do sonhador que o sonho comporta, mas é em sua relação com o do Outro que ele nela figura sob sua forma acabada. O desejo encenado pela mulher, no conteúdo manifesto, pode ser tomado ao pé da letra como uma fachada que mostraria igualmente o núcleo do sonho.

O desejo do Outro pode portanto, com freqüência, ser encontrado no que é evocado pelo acontecimento incitador do sonho. Surge como uma questão, eventualmente fonte de angústia, do seio de uma demanda, seja ela ou não do Outro, ou ainda de alguma privação ou intimação vindo dele. Está em jogo no significante recalcado que retorna no sonho. O desejo que o sonho realiza nele se articula e a ele responde, dando-lhe sentido, cumprindo-o ou a ele objetando, recalcando-o ou deslocando-o. O sonho da *mesa da hospedaria* objeta àquilo que o desejo do Outro implica de falta. A metonímia o cifra e o deslocamento que ela produz representa e contorna, a um só tempo, esta objeção.

---

inteiramente voltado para Freud. A senhora E.L. é posta igualmente no lugar da parenta que está acoplada à senhora Freud no ponto do amor que custa. Esta metonímia acarretou outra, que substituiu pelo elemento "mesa da hospedaria", alusão ao acontecimento anódino, o acontecimento significativo da corrida custosa, evocando a despesa com a parenta, S2/s2. Seu significado s2 foi eliminado, ao passo que ele tem agora o mesmo que aquele do carro da véspera, a gratuidade.

Convém assim considerar, na abordagem de um sonho, de que trata o desejo realizado, o que requer situar o desejo com o qual o sonhador está confrontado na realidade e reintroduzir os termos da alienação do sujeito para avaliar o que o trabalho do sonho efetua. Entretanto, a realização de desejo, em Freud, em nada dizia respeito ao desejo do Outro. Lembremos brevemente seus termos.

A equação freudiana do desejo

A função freudiana do sonho se articulava inteiramente sobre a realização de desejo. O sonho não tinha nenhuma outra utilidade a não ser a que dele decorre. Nem pensamento, nem julgamento, nem previsão, menos ainda comunicação faziam parte de sua visada e a utilidade do "*Lustgewinn*", ganho de prazer[14], era favorecer o desejo de dormir. Ele tentava, para isso, liberar o sonhador dos restos diurnos penosos transformando-os em realização de desejo. O pesadelo representava um fracasso desse modo de transformação dos pensamentos latentes de conteúdo penoso.

Fora a partir dos sonhos de crianças que Freud percebera que o sonho cumpria um desejo. Eles realizavam de modo não-deformado um desejo não-recalcado. Certamente, encenando um desejo realizado, auguravam o teor de todo sonho[15]. Os sonhos dos adultos, na maioria, realizavam de modo deformado um desejo recalcado, ao passo que o pesadelo cumpria de modo não-deformado um desejo recalcado. Por isso é que ele provocava angústia e não contradizia a teoria da realização de desejo, exceto nos casos em que se repetia após um traumatismo[16].

O desejo realizado resultava de duas exigências contraditórias. O sono, relaxando a censura, liberava a manifestação dos desejos reprimidos, os quais,

---

[14] S. Freud, "Les limites de l'interprétation", *Littoral* nº 2, Paris, Érès, 1981.

[15] *L'Interprétation des rêves*, cap. III, p. 113, e igualmente *Introduction à la psychanalyse*, cap. II.

[16] Nos pesadelos constantes após traumatismo, com efeito, não se podia dizer, de toda maneira, que se tratasse da realização de um desejo e, ao declarar isso em 1933, Freud reconhecia uma exceção à teoria da realização de desejo. Esta exceção é considerada por alguns como a falsificação possível da teoria do sonho que, segundo os critérios de Popper, permite dar-lhe o estatuto de ciência. (Ver E. Pacherie, *Intellectica*, 1995, nº 21).

por causa da paralisia que acompanhava o sono, não podiam obter outra satisfação senão aquela, alucinatória, do sonho. A realização de desejo visava obter que a excitação assim causada fosse suficientemente neutralizada pela satisfação para não perturbar o sono[17]. O sonho, mostrando o desejo como realizado, provocava no sonhador uma crença e suprimia o desejo que arriscava interromper o sono pela exigência de sua satisfação. Assim fazendo, satisfazia-se um desejo ao mesmo tempo que se continuava a dormir. Este compromisso aparecia bem particularmente nos sonhos de preguiça, ou de excitação somática, como a fome, a sede. No caso da excitação sexual, ele podia desembocar numa satisfação real com uma ejaculação.

O sonho estava às voltas, por um lado, com o desejo de dormir do pré-consciente, sede da censura e da elaboração secundária, e, por outro, com o desejo inconsciente que exigia satisfação. Ele realizava entre os dois um compromisso, satisfazendo um e outro na medida em que se punham de acordo[18]. Vemos o quanto, já em Freud, o trabalho do sonho se apresenta como uma equação a ser resolvida em vista de certo resultado. A balança destes dois desejos, o desejo de dormir e o do inconsciente, deve equilibrar-se e a tensão entre estes dois pólos anular-se. Tudo se passa, com efeito, tal como Lacan traduzia, como se para Freud o sonho trabalhasse de tal modo que a equação do desejo fosse finalmente igual a zero.

Transformar os restos diurnos penosos em realização de desejo era o processo fundamental, já que a anulação passava por ali. Este processo nos interessa, pois, nos sonhos vistos até aqui, os restos diurnos penosos comportavam principalmente o surgimento do desejo do Outro, sob a forma de uma questão angustiante. O trabalho do sonho satisfazia o desejo de dormir a ele objetando ou realizando-o, elidindo-o ou deslocando-o para um outro indiferente, forjado para suportá-lo. Assim se apresentava um desejo do sonhador como cumprido, no tempo mesmo em que ele tratava

---

[17] A função de proteção do sono pelo sonho é a tese freudiana que mais vivamente foi combatida pelos neurofisiologistas. É verdade que há uma nuança a respeitar entre os níveis fisiológicos e psíquicos das funções e que Freud é mais justo quando diz que o sonho está a serviço do desejo de dormir, isto é, quase sempre. O efeito de proteção do sono é um salto qualitativo que considera realizado o desejo de dormir. Ele se apóia, é claro, no exemplo invertido do pesadelo, cujo fracasso provoca o despertar.

[18] *L'Interprétation des rêves*, op. cit., p. 492.

o do Outro. Aliás, Freud sublinhava que quanto mais os restos diurnos eram penosos, mais o desejo que deles utilizava o material para se satisfazer era recalcado e proibido. A intensidade da angústia suscitada pelo desejo do Outro pede uma emulação do desejo do sonho.

No sonho da *mesa da hospedaria*, os restos diurnos diziam respeito a um pensamento particularmente desagradável: a queixa da despesa efetuada com a parenta, decidida, no entanto, sem hesitação. A lembrança deste pensamento evocava a idéia de que tal amor é custoso e se estendia, para além, ao da família em seu conjunto. Perante um pensamento também recalcado, vemos que o sonho cumpriu um desejo de sedução, contanto que essa sedução fosse própria de uma mulher que contradiria os elementos penosos. Quando surge no sonho o objeto novo, a senhora E.L., ele está por certo pronto para a função do amor gratuito por sua filiação, mas também é preciso que ela diga ao sonhador que ele tem belos olhos. É aí que o objeto cumpre seu ofício metonímico substituindo o Outro e realizando de modo deslocado o desejo impossível. O sonhador é de fato desejado por seus "belos olhos", mas é por uma mulher de quem ele nada deseja. A tensão aqui se anula e o desejo de dormir, tanto quanto o desejo inconsciente, é satisfeito a partir da colocação em função deste objeto.

Sonhos mais longos, por exemplo o sonho de *Irma*, podem ser considerados da mesma maneira em relação a sua função. Procedem em várias seqüências. A termo, uma solução é adotada, levando em conta resultados parciais das proposições sucessivas. O tormento de um possível erro no tratamento de Irma é tanto maior porquanto ela é uma próxima, o que se manifestará por sua presença no aniversário da senhora Freud. Se seu desejo de histérica não é mais questionado no fracasso, o erro de Freud não o é mais tampouco. O desejo de dormir e o desejo inconsciente estão satisfeitos a partir do momento em que o desejo de Irma é elidido e em que o erro médico a seu respeito é afirmado. Então, por essa via somente, a responsabilidade inconsciente de Freud no fracasso é evocada, tratando de modo análogo a questão relativa à senhora Freud.

Assim, é possível reconhecer o meio pelo qual o sonho cumpre ou não sua função, não só no desejo do sonhador, mas igualmente levando em conta um eventual desejo do Outro. Ele intervém particularmente no que Freud chamava "transformar os restos diurnos penosos em realização de desejo".

Exemplo de realização do desejo do Outro

Podemos às vezes perceber ainda com mais nitidez a incidência deste desejo na formação de um sonho. É o caso de dois sonhos de uma analisanda, cuja sucessão permite mostrar diretamente o papel do surgimento do desejo do Outro. Esta jovem mulher, anoréxica há muitos anos, vomita regularmente as refeições feitas com a comida com que o pai enche a geladeira. Ele faz isso notadamente desde que a mãe foi reunir-se, numa outra cidade, à família do filho mais velho. Esta mãe pronuncia com freqüência uma frase predileta: quando seu filho casado vem vê-la, ela diz que ele vem mamar sua gota, expressão que desagrada profundamente a analisanda. Após um ano de análise, esta acabou encontrando um acesso ao desejo e iniciou uma relação com um homem amado. Sua vida pouco a pouco começou a se encher de atividades, interesses e realizações antes proibidas. Na ausência do namorado, ela teve este sonho. *Está no apartamento que é agora o de seu irmão mais velho e que era o da família, em sua infância. Um homem entra pela janela, situada no décimo segundo andar. Trata-se de um sem-teto e, sem violá-la, pois ela consente ter relações sexuais com ele, ele lhe dá muito prazer. Acontece no chão, do lado do banheiro.*

O homem, de uns trinta anos, estava cheio de piolhos, com os cabelos gordurosos, as roupas em farrapos. Lembra a ela uma figura de um jogo de salão em que se trata, por meio de perguntas, de adivinhar a identidade dos personagens. Ela esqueceu o nome daquele que tinha esta figura. Por outro lado, ela freqüentemente cruza com um sem-teto diante da lanchonete "MacDonald's" onde vai comer, ao lado de seu trabalho. Ele lhe dá bom dia e ela pensou que ele devia achá-la simpática.

Trata-se do primeiro sonho de gozo sexual que ela evoca e nota-se que o desejo do homem entra em cena como que por invasão. Mas o gozo que ela experimenta com isso tem por condição que ele seja castrado e evoque até um dejeto, já que é um mendigo. Com a conotação do desejo oral pelo letreiro do restaurante, a identidade do homem é o enigma do sonho, pois ele tem a figura de uma adivinhação. Ele constitui uma metáfora, cujo agente é o de um gozo que tem o sujeito por objeto. O ato sexual é realizado ao lado do banheiro, que representa, há anos, com o vômito ritual, a cena de seu único gozo noturno. O gozo parece assim deslizar, paulatinamente, de um ponto a outro. Não há intervenção do Outro no que preside à formação deste primeiro sonho. O homem, em questão na cena, é um personagem fora do campo da realidade do sujeito. Se ele pode, por algum vínculo, evocar o namorado ou um outro próximo, seu pai, por exemplo, que tem algo do sem-teto desde que a mãe o deixou, isso não é sugerido pelas associações. Um desejo e um gozo lhe são atribuídos mais para sustentar-lhes a existência, por hipótese.

Ora, pouco depois de ter tido este sonho, tendo encontro com a mãe para almoçar, a jovem mulher deseja ir à lanchonete "MacDonald's", mas esta recusa e propõe outro lugar. Ao deixá-la ao fim do almoço, muito contente porque ela vai melhor, a mãe lhe diz "E não vá vomitar", o que de imediato ela faz. No dia seguinte, ela tem outro sonho. *Está no mesmo apartamento que no sonho precedente e, desta vez, é ela quem se debruça na janela. Ela tem um sexo masculino, que masturba sentindo muito prazer, e um feminino, que masturba igualmente, mas sem nada sentir. Ora, enquanto ejacula, ela se debruça e cai pela janela. Enquanto vai caindo, pensa que deveria ter feito aquilo de cima do mezanino da casa de seu pai, pois teria sido menos alto.*

Ela, após ter gozado, tinha sentido o mesmo pesar que, de hábito, após ter comido. Essa queda comporta, portanto, algo de seu vômito quase ritual, como um vômito dela mesma. Ela constata que a cena é mais ou menos a mesma que durante o sonho precedente, mas que é ela, desta vez, e não o homem, quem atravessa a janela, em sentido inverso. Não há, com efeito, mais homem, mas ela herdou seu sexo. Ela conclui então que guardou o sexo e jogou fora o resto. Com freqüência pensou que queria ser um menino, notadamente para saber o que se sente penetrando uma mulher.

Vemos nitidamente, no intervalo dos dois sonhos, o impacto do desejo do Outro com a intervenção da mãe. Ele provoca o apelo urgente ao sintoma, mas também a uma nova cifração do inconsciente. O lugar frágil do desejo do homem foi varrido pela tempestade do desejo da Mãe. Postulado pelo primeiro sonho, de tal modo que ele entra no mundo de sua fantasia com as precauções necessárias de sua castração, o desejo do homem cede lugar a uma fantasia auto-erótica e a uma pulsão de morte. Do seio da demanda de não vomitar, embora ela não estivesse nem um pouco em questão, a questão do desejo do Outro materno surgiu ruidosamente. Que quer ela lhe dizendo isso? A analisanda ouviu a ordem de ter de fazê-lo, respondendo assim ao enigma desse desejo para além do que ela diz. Vemos aqui nitidamente a correção efetuada na construção da fantasia após a passagem do desejo do Outro. Como se o sonho devesse logo elaborar a angústia nova saída desse encontro. Ele imediatamente interpreta este desejo fazendo da sonhadora a portadora de falo que satisfaria a Mãe. Mas, neste caso, tendo voltado a essa posição impossível, ela mergulha no nada.

A metáfora em jogo no primeiro sonho se deduz da fantasia que ele põe em cena. A sonhadora faz-se objeto do desejo e do gozo de um homem definido por seu valor nulo e seu ser de dejeto – e ela disso goza. Ela se faz o objeto fálico do desejo na medida em que o órgão do homem não pode de modo algum a isso se igualar, na medida em que o Outro enquanto homem está radicalmente castrado. Foi nessa condição, que o barra, que o gozo do homem foi invocado, que a existência de um tal Outro foi sustentada e que ele por um instante substituiu o desejo da Mãe. Não é, no entanto, da Mãe que ele goza, mas da sonhadora.

O segundo sonho constata o fato de que o desejo da Mãe foi presentificado de novo e, diante dele, a sonhadora substituiu o homem, de quem herdou o órgão. Ela é o falo e ela o tem, ela dele goza e morre. Esta espécie de curto-circuito pulsional, que se fecha sobre si mesmo, a traz de volta à posição que ela ocupava no desejo da Mãe. A metáfora precedente não resistiu à insistência desse desejo e só restou ao sujeito paramentar-se do órgão para sustentar, em seu lugar, o ter fálico. Só o gozo fálico masturbatório tenta desesperadamente sustentar a existência do sujeito diante desse desejo. O esboço de uma relação com o Outro sexo soçobrou. Finalmente, o único objeto que ela tem a oferecer para satisfazer o desejo do Outro é sua própria perda, como se estivesse aí a resposta à questão: "Que quer ela ao me dizer isso?". Vemos aqui, precisamente, como se articula, no trabalho do sonho, a relação de desejo a desejo, uma vez que o desejo do sujeito realiza o do Outro. O objeto que a isso responde está na inserção dos dois.

Duas interpretações lacanianas

A resposta ao desejo do Outro que um sonho pode constituir foi evocada por Lacan em duas ocasiões, sem que ele, no entanto, generalizasse este fato. Durante o período que vai até o início dos anos 60, em que procedeu à retomada minuciosa e ampla da leitura de certos sonhos, ele interpreta os seguintes como realizações do desejo do Outro.

Em sua releitura do sonho da *açougueira*, ele retoma primeiramente a interpretação de Freud, que ele esclarece pela oposição que então elabora, entre o desejo e a demanda[19]. Este sonho é o *do desejo de dar um jantar, embora sobre apenas um pouco de salmão defumado. A sonhadora quer fazer compras, mas lembra que é domingo. Quer enfim chamar fornecedores por telefone, mas ele está com defeito e ela tem que renunciar à sua vontade de dar esse jantar*[20]. Segundo a interpretação freudiana, o sonho da açougueira responde à demanda de uma amiga de vir jantar em sua casa, mas ao mesmo tempo atrapalha, já que ela suspeita que a outra quer seduzir seu marido. A identificação da sonhadora com a amiga se traduz pelo salmão, que representa o desejo desta de ter um desejo insatisfeito privando-se desse prato de que gosta. A sonhadora opera do mesmo modo com o caviar.

A interpretação de Lacan distingue primeiramente demanda e desejo, que se opõem. A sonhadora quer satisfazer a demanda de jantar da amiga, mas não seu desejo, que é de seduzir seu marido. Lacan observa, além disso, que o sonho questiona igualmente o desejo do Outro, o marido da sonhadora. Com efeito, este deve bem ter, ele também, um desejo de desejo insatisfeito, já que aprecia a amiga que é magra, embora de hábito goste de mulheres mais cheias. Assim fazendo, o sujeito do sonho se torna esta questão colocada ao Outro. Neste caso, o salmão defumado acaba por representar igualmente este desejo do Outro no que ele tem de enigmático, não mais apenas o da amiga[21]. Se há pouco salmão, seu marido emagrecerá, como está tentando fazer, e seduzirá a amiga, ao passo que, se a sonhadora der o jantar, ele continuará a engordar. Lacan observa que o salmão pode ser considerado como o significante do desejo, o falo. Neste sentido, ele é o que a sonhadora quer ser para o Outro, seu marido, cujo desejo ela interro-

---

[19] J. Lacan, "La direction de la cure", *Écrits,* op. cit., pp. 620-627.

[20] S. Freud, *L'Interprétation des rêves,* op. cit., p. 133.

[21] "La direction de la cure", op. cit., p. 626.

ga através de seu gosto pela amiga[22]. Este sonho interpretou a demanda da outra, a amiga, e objetou a seu desejo, depois se tornou uma questão colocada ao desejo do Outro, o marido. Ele realiza este desejo, não finalmente lhe oferecendo por um jantar a presença da amiga, mas, ao contrário, não o dando. O sujeito sustenta o desejo do Outro e quer dele se fazer o significante. O trabalho do sonho não visa recalcar este desejo, mas realizá-lo[23]. O sonho seria, aí também, suscitado por aquilo que no acontecimento, a demanda da amiga, trouxe o sujeito à questão do desejo do Outro. A interpretação lacaniana comporta, portanto, a incidência deste desejo, que encontramos nos sonhos estudados até aqui.

Num outro exemplo, Lacan considera um sonho como a realização direta do desejo do Outro. Ele lhe foi trazido por um de seus analisandos, que o ouvira da "amante". Tendo há pouco ficado impotente, este analisando havia proposto à "sua amante que dormisse com outro homem, para ver[24]". Na mesma noite, ela tem um sonho, que lhe conta. *Ela tem um falo, sente-o debaixo da roupa, mas tem também uma vagina e deseja que este falo venha a esta vagina.* De imediato, o paciente recupera suas forças junto a ela. Lacan daí conclui que o sonho funcionou como uma interpretação do desejo do analisando para além de sua demanda, fundada notadamente na idéia de uma homossexualidade recalcada. O sonho não a levou em conta, já que afasta o terceiro masculino, mas interpretou o desejo em jogo na demanda e satisfez este desejo do Outro no mesmo passo.

Apesar da convergência desses diferentes casos, deles não se pode deduzir que se trate de uma regra. Porém, ainda que a incidência do desejo do Outro no trabalho de um sonho não seja constante, ela é seguramente um motor fundamental e este modo de leitura esclarece, desde já, o que pode haver de determinante no acontecimento que Freud punha no princípio da formação do sonho.

---

[22] Podemos nos reportar à leitura da interpretação lacaniana deste sonho, efetuada por Jacques-Alain Miller durante seu seminário de D.E.A. de 1986. Ela traz uma luz de conjunto sobre as voltas sucessivas da interpretação de Lacan (*La Cause freudienne. Revue de psychanalyse*, nº 31, Publication de l'École de la Cause freudienne, outubro de 1995, pp. 9-19).

[23] Podemos igualmente pensar, no entanto, que sustentá-lo é um modo elegante de considerá-lo frágil, até mesmo nada, e neste sentido elidi-lo.

[24] "La direction de la cure", op. cit., pp. 630-633.

4. O trabalho do sonho na criança

Sabemos que as crianças estão muito mais diretamente confrontadas com o desejo do Outro, já que a ele ainda estão realmente assujeitadas, por sua dependência dos pais. Sua incidência na formação de um sonho talvez nos esclareça ainda mais quanto ao alcance desta questão.

Reexaminemos o sonho de criança original em Freud. Anna, aos dezenove meses, na noite seguinte a uma indigestão que pedira uma dieta, diz dormindo: *Anna Freud, morangos, morangos enormes, flã, mingau.* É um dos exemplos que permitem a Freud pensar que os sonhos realizam um desejo. Neste caso, é amplamente função do Outro, já que é dele que vem a idéia de que a indigestão é devida aos morangos, com a privação que daí decorre[1]. Este sonho não é apenas a realização de um desejo de morangos, mas também, como Lacan sublinhou, uma mensagem precedida do nome de seu autor. Ora, esta mensagem, notemos, se apresenta como pronunciada pelo Outro, nomeando a criança e parecendo citar as iguarias proibidas. Ela enuncia o discurso do Outro e, assim fazendo, interroga seu desejo.

Do mesmo modo, o pequeno Hermann, de vinte e dois meses, sonha *que comeu todas as cerejas*, depois de terem lhe pedido, na véspera, para

[1] Para os sonhos de crianças, podemos nos reportar a: S. Freud, *L'Interprétation des rêves*, op. cit., pp. 118-121, e *Introduction à la psychanalyse*, II[a] parte, cap. 8, Rêves enfantins, Paris, Payot, 1971.

levar um cesto delas para seu tio. O sonho realiza o desejo que esta demanda suscitou e questiona esta demanda do Outro, que provoca um desejo ao mesmo tempo que proíbe sua satisfação.

Da mesma forma, a filha de Freud, com oito anos, sonha *que o menino que foi seu companheiro num certo passeio faz parte da família. Sua mãe, chegando ao quarto, joga debaixo das camas enormes tabletes de chocolate.* Diante da crítica de seu sonho pelos irmãos, ela admite que o primeiro ponto é absurdo, mas não aquele relativo ao chocolate. Voltando do passeio, a mãe recusara dar às crianças tabletes de chocolate à venda numa máquina. O sonho realiza dois desejos: o de ter o menino junto dela e o de dividir com ele os chocolates. A mãe lhos jogaria, então, como faz uma máquina. O desejo do Outro, a mãe, está aqui interrogado por trás de sua recusa e o sonho cumpre o voto de que este desejo desapareça por trás do automatismo da máquina.

Os exemplos de sonhos de crianças dados por Freud nos mostram uma intervenção evidente do Outro no desejo do sonho. Seu desejo é questionado através de uma interdição, uma privação, uma ordem ou uma demanda. Ele se manifesta nos intervalos de seu discurso, de seus atos, em sua enunciação, que, sem cessar, evoca para a criança a questão daquilo que o Outro quer, para além do que pede.

Alguns sonhos de crianças em análise nos permitirão considerar isso mais de perto. Rapidamente mostram uma elaboração mais complexa, aproximando-se da dos sonhos de adultos.

Sonhos metafóricos

Uma menina de seis anos sonha *que um fantasma como "Gasparzinho" está batendo nela com um prato.* Este prato, precisa ela quando lhe perguntam isso, é o da escola, onde a professora fez com que comesse porque, sozinha, ela não conseguia. Ela mesma nunca apanhou, mas um de seus colegas lhe disse que seu irmão batera nele com um "negócio pontudo". Gasparzinho, aliás, diz ela, não bateria nela porque gosta dela. Esse fantasma bonzinho dos programas de televisão para crianças, que é um menino, substituiu, portanto, a professora. Ele adota igualmente o gesto do irmão do amigo, condensando o fato de fazê-la comer com o de bater nela, segundo essa bonita metáfora de bater com um prato. A recusa dos cuidados alimentícios dessa professora provavelmente evoca sua atitude diante da demanda da mãe, de quem ela igualmente recusa a comida. O trabalho do sonho apreendeu do acontecimento o que opera como um encontro do desejo do Outro. A sonhadora sofre quanto a isso uma sanção desse "pequeno pai" Gasparzinho, embora lhe confira a significação do amor. O fantasma constitui uma formação compósita de dois significantes condensados e substituiu tanto a professora quanto o irmão que bate. Embora criança, ele ocupa a função do mestre e seu significado próprio, a maldade do irmão, foi excluído. Ele tem agora por significado o desejo nutridor do Outro, cujo significante é o prato. Notamos que este significante "Gasparzinho", que tem o papel de agente de uma metáfora paterna, não é de modo algum um Pai, já que é, ao contrário, uma criança. O efeito da metáfora nem por isso deixa de ser obtido, pois o desejo do Outro está elidido e só subsiste na metonímia do prato.

Comparável é a estrutura desta série de sonhos de um menino de cinco anos e meio. Tendo entrado cedo na alfabetização por seus excelentes resultados, ele no entanto desenvolvia, neste contexto, uma gagueira e uma anorexia. A exigência da mãe quanto a seu aprendizado precoce obtivera portanto ganho de causa, não sem que este assujeitamento se marcasse por um obstáculo. O menino lia antes da hora e o que havia aceito da comida do livro parecia ter substituído a verdadeira, da qual não queria mais saber, vinda da mãe.

O primeiro sonho da série é o seguinte: *seu irmão joga-o no mar, mas ele nada. Seus pais olham, não acreditando que soubesse nadar.* Ele aprendeu a nadar graças a uma professora e este fato recente provavelmente fez parte da fonte do sonho. Esse irmão mais velho é muito duro com ele e muito mais forte, embora ele consiga ganhar do irmão em certos jogos. A cena do sonho reflete esta realidade que o põe às voltas com um irmão relativamente feroz, ainda mais porque a mãe aceita a autoridade que ele assume sobre o menino. Mas, diante dessas represálias e sob o olhar dos pais, o sonhador triunfa, graças à professora.

A organização desta fantasia vai radicalmente bascular no sonho seguinte. Sua interpretação foi seguida por uma resolução da anorexia e uma demanda da criança de comer na cantina. *Seu irmão está lhe batendo na barriga com um cinto. É porque ele lhe roubou um helicóptero elétrico.* Seu irmão, na realidade, não possui nenhum objeto dessa ordem e o menino, aliás, nunca, lhe roubou nada. A violência desse irmão recebe sua razão, agora, de um ato delituoso por parte do sonhador; ela se torna sanção. Não é mais para seu prazer, mas para puni-lo, como lhe é sublinhado, que ele é, desta vez ainda, violento. Ora, para chegar a esse resultado, foi preciso que o menino roubasse, em sonho, um objeto que esse irmão não tem.

Por outro lado, a verdade é que o irmão nunca bate nele com um cinto, mas que só o pai o faz. O sonho deu a seu irmão, como convém, o instrumento de punição de seu pai. Enfim, ele precisa que conhece esse helicóptero na realidade: é um objeto que viu numa loja, ao lado de motos e carros elétricos. Perguntou à mãe se podia ter um e ela disse que lhe daria um no próximo Natal.

Assim, o menino roubou desse irmão, no sonho, um objeto que este não tem e que ele mesmo vai ganhar de modo bem honesto de sua mãe, em nome de Papai Noel. A circulação deste objeto significante é complexa. Entendemos agora a razão desse roubo: dar a prova de que o irmão tem este objeto imaginariamente fálico. Ele o tem, simbolicamente, já que o roubam dele e que ele responde por uma sanção, em conseqüência. Ao passo que contrabandeado, de certo modo, o menino vai de fato ganhá-lo da mãe. O castigo pode ser aqui tanto mais severo por ser uma paródia. Quanto mais a sanção é exemplar, mais é dada a prova do lugar do falo, ao passo que aquele que apanha ri disfarçadamente. O desejo da mãe, que dispunha talvez com muita facilidade do Papai Noel e dos objetos fálicos que ele distribui, é substituído, no trabalho do sonho, pela sanção fraterna em nome do pai. O sonho demonstra que, se a mãe pode bem dar o objeto em nome de Papai Noel, ela só dá aí o que não tem. É a função do Pai detê-lo e é dele que se trata de tomá-lo; porém esta função paterna tem por agente um irmão. É uma formação compósita que ocupa a função do mestre, o irmão munido do instrumento de sanção do pai. Ele substituiu o significante do desejo da Mãe, em jogo na promessa do helicóptero. O significado próprio do gesto do irmão como golpes do pai, que até ali era a maldade, foi expulso. O novo significado deles é o desejo recalcado da Mãe com seu significante, o helicóptero.

A cena do sonho assim cifrada é uma espécie de simulacro que, sob a forma de uma fantasia de ares masoquistas, atesta que é bem da linhagem masculina que vêm o falo e a lei. O menino tanto mais se entrega a uma paródia de transmissão do falo, acentuando a sanção recebida por seu roubo do objeto fálico, porquanto para ele o falo está em outro lugar.

Esta estrutura complexa, testemunha da efetuação de uma metáfora paterna, pode dar conta da resolução do sintoma. Até ali ele só tinha, para manter à distância o desejo da Mãe ao qual estava ativamente assujeitado, o sintoma que proibia a esta a satisfação de nutri-lo. Além disso, pela gagueira, ele só tomava a fala, de certo modo, pela metade. A metáfora substitui o sintoma anoréxico como defesa contra a angústia. Assim fazendo, o desejo da Mãe não intervém mais nesta cadeia; é recalcado assim como o que o filho era para este desejo. Podemos notar que a eficácia desta metáfora paterna é perfeitamente compatível com o fato de que seu agente é um irmão, uma formação compósita que só tem do pai o instrumento. Como no exemplo precedente, a metáfora eficaz não tem por agente o Nome do Pai.

Algumas semanas mais tarde, o sonho seguinte mostra a colocação em função do desejo da criança, cuja emergência tal estrutura produziu. *Um menino lhe fala, dando-lhe bom dia, e eles se tornam amigos. Ambos não têm pais. Depois brigam, pois o pequeno comeu todos as balas que ele trouxera para lhe dar.* Ora, este menino não existe na realidade, embora ele conheça bem um menino com o qual troca merenda e bolos, sem nenhuma briga, aliás. O menino do sonho é mais novo que ele um ano, tem cabelos "amarelos" e olhos claros. A criança real é chinesa e tem os cabelos pretos como ele, que é árabe.

O trabalho do sonho forjou, portanto, um objeto, uma criança ideal conforme as exigências de integração da mãe. Este objeto é, para o sonhador, o que ele mesmo era para o Outro materno: aquele que é alimentado, mas também aquele que toma outra coisa e mais do que é dado. O que ele não é mais para o desejo do Outro, pertencendo agora à linhagem fálica do pai e do irmão, ele o tem nesta criança. A essência de seu objeto nada mais é senão sua própria essência como objeto, no tempo precedente. A metonímia substituiu a criança chinesa pelo significante da criança ideal de cabelos amarelos, ao passo que seu significado é o mesmo: a troca dos doces. *Vemos aqui nitidamente a função da metonímia, que consiste em pôr em função, no inconsciente, o objeto resultante da operação metafórica.* Este objeto *a* se constitui como resto da exclusão do gozo materno, de que a própria criança era até ali o objeto. É com a ajuda deste objeto, que é uma criação do significante, que a criança se separa. Ela encontra uma saída para a alienação ao Outro, denotada pelo fato de que ela não tem, no sonho, pais. Aqui ainda, o trabalho do sonho aplicou-se em tratar o desejo do Outro elidindo-o e vemos bem como o desejo do sujeito, no tempo seguinte, disso decorre. É o mesmo, mas deslocado de um furo.

A intervenção do desejo do Outro é tão manifesta quanto nos sonhos anteriores e seus efeitos mais ruidosos ainda no caso desta menina de quatro anos e meio. Esta criança achava-se muito revoltada contra seus próximos desde que a mãe lhe havia retirado, a conselho de um pediatra, a chupeta. Ela a usava, parece, com tanta intensidade que feria o lábio. O objeto lhe fora então restituído, mas nada mais podia consolar a criança, que soluçava e se opunha a qualquer pedido, tanto no contexto familiar quanto no escolar. Após algumas semanas de sessões de análise, a série de sonhos seguintes e sua interpretação iniciam uma resolução da crise. Ela é levada a forjar de urgência um esboço de metáfora paterna, o que faz de modo bem eficaz. *Ela se encontra num trem, sozinha com a irmãzinha de dois anos, e ambas encontram o Papai Noel.* Ela acha então que levou consigo a irmã para ir encontrar o Papai Noel, embora acrescente que ele não existe, exceto quando vem às casas. Ela viu, com os avós, um palhaço vestido desse jeito, de vermelho, e ele lhe deu medo porque queria fazê-la rir. Ela foi de trem para a casa deles, com os pais. O Papai Noel, ao qual o objeto é agora pedido, se situa no trajeto da casa dos avós, que são um recurso para além da mãe.

Pouco depois ela sonha de novo e desta vez *seus pais, sua irmã e ela mesma se acham todos na casa do Papai Noel. Há uma lâmpada de pé grande, decorada com uma porção de Mickey Mouse de massa que ele fabricou.* Eles lhe fazem pensar, responde ela quando é questionada, numa pelúcia sem a qual a irmãzinha não pode ficar para dormir. É uma Minnie Mouse, a versão feminina dos Mickey. Além disso, a mãe lhe disse que breve ela iria à Euro Disney. Enfim, ela viu o Papai Noel quando o pai a levou até a árvore de Natal de sua empresa. O conjunto familiar do sonho se acha agora reunido sob a égide do Papai Noel e sob sua bandeira, de certo modo, já que a lâmpada estampa como um letreiro os novos objetos do desejo. O anúncio materno de uma próxima viagem à Euro Disney suscitou a integração de Minnie na casa do Papai Noel. Este objeto transicional da irmã é agora tomado na metáfora do Papai Noel, na qual está multiplicado em sua versão masculina.

A metáfora paterna efetuou-se em duas etapas. A primeira seguiu o surgimento destroçante da fala proibidora, vinda não do pai, mas do médico apresentado como uma emanação da mãe. Ela levou a criança a se lançar literalmente em busca do objeto fálico, que um Pai de ficção podia lhe dar. Papai Noel substituiu a mãe, evocando ao mesmo tempo os avós. Seu significado próprio desapareceu e tem doravante por significado o desejo da Mãe, com seu objeto, a irmãzinha. Depois, num segundo tempo, a metáfora é completada e o Papai Noel cumpre seu papel, evocando o pai real no lugar de seu trabalho. Ele não substitui a mãe, mas a acolhe em sua casa. Ele integra, em sua significação, o conjunto da família e de seus objetos de desejo. Outro para além do Outro, ele inclui a mãe na significação que ele engendra, por redobramento da metáfora. O desejo da Mãe não está mais simplesmente elidido: ela própria se torna uma filha de Papai Noel, seu objeto *a*. Por isso é que observamos uma extraordinária condensação, em que todos os protagonistas dos dois tempos metafóricos sucessivos estão reunidos numa única cena. O conjunto dos objetos postos em função, daqui por diante, no inconsciente, isto é, na casa do Papai Noel, resulta desse redobramento. O objeto não tem mais valor transicional. A irmã levada no primeiro sonho substituiu primeiramente a chupeta, depois, no segundo, é a versão masculinizada, logo, falicizada, de sua pelúcia, que o foi. Esta báscula radical freia o desejo da Mãe, tal como ele surgiu como questão no seio da privação do objeto transicional, enunciada em nome do médico. Ela resolve os efeitos desta privação, que novamente questionara toda a ordem precedente e se apresentara como um gozo do Outro que causava uma devastação para a criança. Daqui por diante, este desejo é recalcado, ao passo que o amor pelo Pai, que dele a livrou, começa a ocupar esta nova etapa de sua vida.

Neste caso, assistimos quase diretamente à necessidade em que se encontrou o trabalho do inconsciente de recalcar o desejo do Outro primeiro. A criança nele fora de repente deixada, sendo privada do objeto necessário para disso se proteger, o objeto transicional. A cifração do sonho se exerce aí simplesmente no mesmo sentido que a efetuação de uma metáfora paterna, já que a observamos no momento em que acontece. Não se trata do retorno do recalcado, num compromisso com o recalque, mas da própria constituição do recalque. O agente dessa metáfora é o Papai Noel, que tem a particularidade de ser uma figura imaginária de pai universal. Ele tem uma única função: dar o que há a ser dado, o objeto fálico. A derrisão relativa a esta figura é sublinhada pela menininha quando ela o compara a um palhaço, embora o palhaço, destinado a fazer rir, lhe faça medo por essa mesma razão. Paródia de uma das funções do Pai, este personagem se mantém à distância de todos os outros. Não intervém diretamente na privação da Mãe, nem *a fortiori* em sua satisfação sexual. Bastou, porém, como agente metafórico, para que o processo se efetuasse com seus efeitos resolutórios.

Em quase todos os sonhos que acabamos de evocar, o desejo do Outro é elidido na cadeia e, por conseguinte, recalcado. Ele é substituído por um significante paterno, que para alguns estava em via de constituição. Vimos efetuarem-se modalidades diferentes de metáfora paterna em que o agente, isto é, o significante que substitui outro variava. Estes significantes, sejam quais forem, permitiam, pela substituição, o recalque do desejo da Mãe, ou do Outro. Desse modo, engendravam a produção ou reprodução do sujeito, embora não tivessem do Pai, por vezes, senão um único traço. Nenhum dos significantes que mantinham este papel, nos exemplos vistos até aqui, era, como tal, o Nome do Pai, exceto o deus Amor de Dante e os deuses egípcios do sonho de Freud criança. Só aqueles juntavam, embora numa outra ordem, as três funções de privação, gozo e dom do objeto fálico, intervindo entre o sujeito e o Outro. O trabalho do sonho produz metáforas eficazes de que é preciso apenas se apossar, na análise. Reinjetá-las no discurso devolve, de certo modo, a fala à letra do sonho.

Sonhos metonímicos

Na série que acabamos de considerar, figuravam metonímias, mas seus objetos resultavam da metáfora que as havia precedido. Nos casos seguintes, o trabalho do sonho não consiste em recalcar o desejo da Mãe, mas em ligá-lo a outro termo. Trata-se de crianças um pouco mais velhas. Uma metáfora paterna já está efetuada, mas é frágil e o sonho comporta um retorno insistente do significante recalcado.

Esta menininha de seis anos sofre de inibição motora, de lentidão extrema em cada uma de suas atividades e de atraso global em relação ao grupo escolar. Foi retirada há dois anos de uma mãe doente mental, que deixava os filhos sem cuidados e sem comida. Está sendo agora criada pelo pai e pela madrasta, mesmo assim vendo a mãe duas vezes por mês. Está constantemente às voltas com dois discursos rivais, de suas duas mães, a primeira lhe falando como a uma adulta, sem se preocupar com suas necessidades de criança, a segunda criticando a primeira e insistindo para que tenha tempo de ser criança.

Ela sonha *que está em sala de aula e não pára de fazer xixi na calcinha*, o que na realidade nunca fez, precisa. *Levanta o dedo para dizer isso à professora, que lhe diz para ir se trocar. Encontra então uma faxineira que lhe põe uma roupa limpa, igual à que sua mãe lhe comprou. Mas, além disso, lhe põe fraldas. A menina lhe diz que aos seis anos não se usam mais fraldas, mas a senhora as deixa mesmo assim, o que a entristece.*

O sonho comporta um sintoma que ela na realidade não tem, a enurese, e uma dupla resposta a este sintoma. Isto lhe permite, sem que se note, vestir-se de novo conforme o desejo da mãe, levando-a de volta à infância, conforme o desejo da madrasta. A elaboração do sonho mostra como, com a ajuda de tal sintoma de sua parte, é possível um compromisso entre os dois desejos de mãe com os quais ela está às voltas.

Em primeiro lugar, a enurese interpreta, realizando-o de maneira caricatural, o desejo da madrasta. Depois, lhe permite, de passagem, revestir o signo do desejo de sua mãe, ao passo que em um terceiro tempo a fralda se acrescenta, aparentemente supérflua, a fim de assegurar que é bem ao desejo de sua madrasta que ela se conforma, de acordo com o voto de seu pai. Há um aspecto paródico nesta insistência.

Neste caso, estamos às voltas com um retorno do desejo recalcado da Mãe. O que a criança é para este desejo se manifesta pela roupa com que ele a reveste. A segunda mãe, que interveio a pedido do pai para objetar à primeira e dar-lhe cuidados, traz assim a criança ao tempo primeiro da alienação. Vemos como os três significantes se sucedem. O significante que interpreta o desejo de sua madrasta, a enurese, permite ligar metonimicamente um segundo, significante do desejo de sua mãe, a roupa. Enfim, um terceiro significante, a fralda, é o retorno do primeiro.

Este círculo metonímico se desdobra, em seguida, no sonho seguinte. *Três feiticeiras põem três crianças no fogo e elas morrem, o que lhe deu muito medo.* Ela viu uma fita de vídeo sobre feiticeiras que queriam matar crianças com veneno. Sabe, por outro lado, que as feiticeiras são mortas no fogo, foi a madrasta quem lhe contou. O trabalho do sonho substituiu, portanto, o veneno pelo fogo, de modo que as crianças morrem por causa das feiticeiras como se elas próprias o fossem. Há agora três crianças em sua família, com seu irmão e a filha de sua madrasta, e três feiticeiras, em espelho, no sonho. A ronda dos significantes do sonho precedente se congela aqui, reduzindo a criança a uma posição de identificação em espelho à Mãe, com essa multiplicação de uns e outros. Bem longe de estar o desejo primordial elidido, a ele a criança está confrontada num face a face imóvel.

Estes sonhos mostram que o desejo do Outro real insiste em retornar enquanto uma metáfora não tiver sido suficientemente eficaz para recalcá-lo.

Tal retorno deste desejo está igualmente em jogo no sonho deste menino de oito anos, que acumula na escola as ações de oposição e de agressão. Vivendo sozinho com a mãe desde o nascimento até os seis anos, acompanhou-a numa melancolia que nunca se resolveu, culminando numa hospitalização. Ela se desencadeara com a morte do pai do menino, ao qual ela não era, no entanto, muito ligada – e que não desejara ser pai. O menino está desde então sendo criado por um tio que vive com o filho grande e mantém em relação à sua mãe um discurso cheio de desprezo. Manifesta docilidade a seu respeito, ao passo que se agita violentamente no contexto da escola.

Sonha *que está num estábulo durante a noite. Lá faz frio, pois faltam janelas.* Ele conhece o lugar, que faz parte de uma casa que seu tio está reformando na Normandia. Lembra-se de ter visto um desenho animado em que uma dona de casa, ou melhor, uma empregada, corrige-se, é punida pela dona da casa por não ter feito direito a faxina e deve assim dormir no estábulo. Se o sonho é o de uma sanção, é à maneira de uma empregada que o menino a recebe. Seu sonho lhe outorga a mesma punição e, portanto, como ele reconhece, a mesma posição na casa do tio. Aliás, ele não gosta, diz, de passar aspirador.

O significante da sanção, dormir no estábulo, cujo significado é a empregada punida, substituiu o desejo da mãe destituída. Mas este não está recalcado; ambos estão ligados metonimicamente e têm o mesmo significado. O sonhador se identifica com a mãe, comparável a uma empregada que o tio julga com severidade. Do objeto fálico que ele queria ser outrora para ela, resta-lhe ser imaginariamente a empregada para estes dois homens. Por esta identificação, ele renova o assujeitamento ao desejo primeiro, em vez de produzir sua elisão.

Nos dois casos, o significante do desejo da Mãe, voltando no sonho, não está recalcado, mas metonimicamente ligado a outro significante. Talvez por ter sido muito realmente excluído, ele insiste e mantém o sujeito numa identificação imaginária ao objeto deste desejo.

Este trabalho da metonímia aparece, de certo modo, a céu aberto, graças a um sonambulismo em que é enunciada uma ligação absurda. Um menino de doze anos acabava de conhecer o pai e achava-se por isso transtornado, embora estivesse decidido a não mais revê-lo. Sonha depois, sempre dormindo, levanta-se e *vai pedir à mãe para lhe dar uma colhezinha para lhe servir de marca-páginas.* Nesse momento, desperta. Esqueceu o sonho que comportava os termos deste sonambulismo. Temos por material apenas estes dois elementos pronunciados, estes dois significantes ligados pelo trabalho do inconsciente.

Sua mãe lhe deu, pouco antes, um marca-páginas recortado numa história em quadrinhos. Ele achou que era meio mole para aquela função. Por outro lado, durante o encontro com o pai, ele esteve num bar e, enquanto este tomava seu café girando a colher, ele bebeu um suco de laranja. Lembra que antigamente gostava de torcer as colherezinhas ao máximo, sem nunca quebrá-las.

Trata-se, portanto, de dois instrumentos, dos quais um, *duro,* que ele torceu mas não quebrou, que está ligado a seu pai, e o outro, *mole* demais, extraído de uma *tira* desenhada, que lhe vem da mãe. A significação fálica destes atributos, neste contexto, permite pensar que o enunciado sonambúlico trata da dialética fálica com a qual o menino estava então confrontado. Ele recebe da mãe um objeto fálico que, embora pretenda ser tal, não é utilizável. A intervenção do pai em sua existência lembrou a ele que o falo não está presente e que a mãe não pode pretender transmiti-lo. Entretanto, o menino recusou aquele que vem do pai, o qual, aliás, não lhe foi talvez oferecido. A decisão do inconsciente no enunciado sonambúlico consiste, num terceiro tempo, em voltar à mãe. Ele lhe pede então um e outro, o que deve vir do pai substituindo metonimicamente o que ela dá.

Os sonhos das crianças mostram-se assim rapidamente ocupados pelos mesmos processos que aqueles que encontramos no caso dos adultos. Sua dependência real da instância do Outro, constituída pelos pais, não parece mudar fundamentalmente os dados do trabalho do sonho em relação ao dos adultos. No entanto, a incidência do desejo do Outro ali está maciçamente presente, ao passo que a cifração metafórica ou metonímica que ele sofre é ainda mais evidente.

Segunda Parte
O cálculo do gozo

1. O desdobramento da lógica da fantasia

Em vários sonhos considerados até aqui, a realização de desejo se revestia da forma de uma fantasia. Esta dizia respeito à cena ou à ação na qual os elementos cifrados tomavam lugar. Ela própria não comportava associações e não derivava da condensação ou do deslocamento. Era, portanto, imediatamente legível. Freud considerava o desenrolar de um sonho como uma frase, com uma sucessão de orações, principais e subordinadas. Se mantivéssemos o princípio de tal frase, a fantasia diria respeito à sua sintaxe e não à sua parte léxica.

Em sua primeira abordagem do sonho, Freud restringia o papel da fantasia à elaboração secundária, que visava prover de significação de conjunto os elementos dispersos e incoerentes do conteúdo manifesto. Ele observava que a fantasia era a única parte do sonho que podíamos considerar conforme sua significação, sem termos que necessariamente decifrá-la. As outras deviam passar pelas associações para encontrar sentido e ele considerava pouco, inicialmente, esta significação, pois achava que ela provinha do pré-consciente. Ela nada mais era senão a ordenação que fazemos nos pensamentos durante o estado de vigília. Entretanto, esta posição de Freud quanto ao lugar da fantasia devia evoluir ulteriormente. Uma vez que se tratava de um roteiro de realização de desejo, tinha uma parte importante no sonho, já que o desejo nela se apresentava como realizado. A reivindicação pulsional inconsciente se constituía em desejo no pré-consciente, depois em fantasia realizando o desejo[1]. A fantasia estava no âmago do processo pelo qual o desejo do sonho permite ao desejo inconsciente exprimir-se no material dos restos diurnos pré-conscientes. Assim, ela podia se encontrar a um só tempo na origem do sonho, com a pulsão que se satisfaz, e em seu final, com a elaboração secundária de significação que ela representa. Entretanto, a realização de desejo não passava necessariamente por essa via e a fantasia não tinha forçosamente necessidade de um sonho para se desdobrar.

Elementos de lógica lacaniana

Freud observava que os pensamentos latentes eram primeiramente subtraídos de suas relações lógicas para serem condensados e deslocados e que, em seguida, o sonho restabelecia outras. *A questão dos vínculos lógicos restabelecidos só-depois diz estreitamente respeito à fantasia. Para estudá-los, podemos nos apoiar na lógica da fantasia, que Lacan elaborou em dois modos distintos.* Um é o isso, o lugar das pulsões, e o outro o inconsciente, duas tópicas sucessivas que Freud havia descrito a propósito dos diferentes níveis do funcionamento psíquico. Esta lógica afirma que o isso e o inconsciente dividem entre si as duas partes do sujeito quando ele se constitui como dividido. Estes dois pólos corresponderiam a dois modos inconscientes que coexistem. Não seriam dois enfoques sucessivos do mesmo problema, um devendo substituir o outro, como se poderia pensar ao ler Freud. Esta divisão do sujeito se faz entre o pensamento e o ser, que são os termos do sujeito cartesiano, conforme o Cógito.

Entretanto, esta divisão não corresponde ao Cógito, "penso, logo sou"; ela é seu avesso. Longe de o sujeito poder definir seu ser daquilo que ele pensa, como é o caso no consciente, fica claro que o sujeito do inconsciente não pode ser e pensar num mesmo lugar. A divisão do sujeito do inconsciente revela assim o engodo do Cógito. Para ter os termos da aliena-

[1] S. Freud, "Compléments métaphychologiques à la théorie du rêve", *Métapsychologie*, Paris, Gallimard, 1985, p. 135.

ção do sujeito, é preciso negar, sob um modo lógico, a proposição cartesiana. A alienação se enuncia então: "Ou não sou, ou não penso". Ou ainda: "Ali onde penso, não sou; ali onde sou, não penso[2]".

Estes termos da alienação são estritamente fundados naquilo que está na origem de um sujeito. A metáfora paterna, que produz o inconsciente e o sujeito, constitui o resultado de uma primeira alienação. A criança tinha primeiramente a escolha entre dois termos. Ela podia *ser* o falo como objeto do desejo da Mãe e, neste caso, não tinha *sentido* algum, estava entregue ao *non-sens*. Ou então podia receber um sentido do segundo significante, o do Pai, mas então não era este objeto e desaparecia como ser. A alienação primeira do sujeito é só poder surgir num lugar desaparecendo alhures. A escolha do sentido é quase sempre efetuada, notadamente na neurose e na perversão. Ela comporta, portanto, uma perda do ser, o do sujeito, mas igualmente o do Outro materno, marcado pela castração. Esta perda é correlativa àquela do gozo primeiro. Com efeito, o ser primeiro é um ser que goza e, se não goza mais, não há mais ser. A metáfora paterna é o resultado dessa primeira alienação e produz a separação do sujeito.

A alienação segunda se instaura na seqüência da efetuação metafórica. Deriva das conseqüências da primeira. Enuncia-se em termos comparáveis, entre o ser e o sentido. Não se trata mais do sentido conferido ao sujeito, mas do sentido que ele dá, o pensamento. Esta segunda alienação se coloca novamente como uma escolha: "ou não sou", ou "não penso". O ser é o que foi perdido anteriormente. O pensamento deriva estritamente das conseqüências da metáfora paterna. É um pensamento da diferença sexual, um pensamento do sexo. Ora, a escolha do sujeito, entre estes dois termos, é forçada porque ele de modo algum pode escolher não ser, ali onde este ser já foi perdido uma vez. O pensamento do sexo vai ser sacrificado e ele vai escolher o "não penso", na medida em que isso deixa aberta a possibilidade de reencontrar um semblante de ser. Mas este, este "paresser", conforme a palavra de Lacan, nem mesmo poderá ser reencontrado no nome do sujeito e não lhe pode ser atribuído. Ele não é um "sou", mas um "sou" algo, que não é próprio de "eu" [je]. É uma espécie de montagem do

[2] Para todo este desenvolvimento, podemos nos reportar a J. Lacan, *La Logique du fantasme,* seminário inédito, sessão de 11 de janeiro de 1967.

ser. Este "sou" que não é "eu" [*je*] está precisamente em ação na fantasia descrita por Freud "Uma criança é espancada[3]". Submetido ao efeito da metáfora paterna como queda do ser, o sujeito só pode escolher ser em estado de "talvez"*, sem que se trate de "eu" [*je*]. É só a este preço que ele reencontra um que lhe faz as vezes. Esta forma de ser está particularmente presente no sonho, onde todas as espécies de ações implicam o sonhador sob outros traços.

Consideremos em primeiro lugar a vertente do isso. O isso é a instância que resulta da escolha do "não penso". Aí está a parte lógica do sujeito, em jogo na fantasia e nas pulsões. O sujeito da pulsão é precisamente aquele que encontra um semblante de ser sob este modo. Ele tem seu lugar na estrutura do discurso, no nível da gramática, da mesma forma que nas relações lógicas do sonho. Ele diz respeito a toda a sintaxe, à exceção do sujeito da frase. Quando Freud analisava a gênese de uma fantasia ou de um delírio, ele de fato a articulava como uma estrutura gramatical, conforme uma série de reversões. Um sujeito que fez a escolha do "não penso", após ter encontrado o efeito da função do Pai, isto é, o "não sou", é um sujeito que está particularmente submetido à pulsão, já que é este semblante de ser que ele visa. A pulsão diz respeito, antes de mais nada, aos primeiros objetos, oral e anal. Depois, ela põe em jogo os objetos pulsionais com os quais o sujeito está às voltas no Outro, no momento desta escolha. São estes objetos que Lacan acrescentou à lista dos objetos *a*, o olhar e a voz, notadamente os do Outro. Trata-se portanto, bem especialmente, da pulsão escoptofílica, aquela que consiste em ver e ser visto, e sadomasoquista, aquela que faz intervir a voz à qual nos submetemos. São pulsões que se referem à relação com o semelhante e às modalidades imaginárias do ser.

O sujeito do isso se constitui assim fazendo a escolha do termo que comporta um possível reencontro do ser, ainda que ele seja artificial. Este

---

3 Esta fantasia resultava das transformações em três tempos da proposição fundamental inconsciente: o pai me espanca. Este gênero de permutação gramatical, agindo sobre cada termo da proposição inicial, caracterizava a constituição da fantasia. (S. Freud, *Névrose, psychose et perversion*, Paris, P.U.F., 1973, p. 219).

* Em francês, *peut-être*, a tradução costumeira é "talvez", mas a ênfase das aspas pode remeter a uma tradução literal (pode-ser), na frase em questão: *le sujet ne peut que choisir d'être à l'état de "peut-être", sans qu'il s'agisse de "je"*. (NR)

ser consiste em causar o gozo de um Outro, já que é a definição primeira do ser do sujeito. Mas só o fará, desta vez, com a ajuda de um substituto, de um objeto *a*. O olhar e a voz do Outro valerão para a relação com o objeto perdido, na medida em que o gozo do sujeito estava ligado ao da Mãe e que não mais está. Suscitar seu olhar e sua voz será o equivalente de suscitar seu gozo. O objeto *a* é o próprio desta economia, como substituto do gozo perdido.

No sonho do *helicóptero*, o menino se postula como o objeto *a*, humilhado, maltratado, entregue ao comando, à voz de um Outro que substituiu a Mãe. Trata-se de uma fantasia masoquista em que o menino é espancado por aquele irmão que condensa o instrumento de punição do pai. O ser que disso resulta como objeto de gozo, depois de sanção, é um "sou" (o objeto de seu amor, de sua justiça). Mas este "eu" [*je*] não diz inteiramente respeito ao sujeito, já que, vimos, o roubo na origem da sanção é uma espécie de paródia. O menino *se faz* o ladrão do objeto fálico, para *se fazer* sancionar e assim instaurar um Pai sob os traços do irmão, cujo gozo está presente no seio da sanção.

A outra vertente da escolha entre ser e pensamento está perdida, já que não pode ser escolhida: é a do inconsciente[4]. Ela coexiste com o sujeito do isso, ainda que sejam contraditórios. Sua posição subjetiva é a do "não sou", aquela que sofreu a queda do ser fálico, logo, do ser simplesmente[5]. Constatando as conseqüências da efetuação da metáfora paterna, este sujeito se enuncia "não sou" (equivalente ao objeto do desejo da Mãe, suscetível de satisfazê-la). Aliás, "ela tampouco é" (o ser que goza de tal objeto), já que o gozo primeiro, incestuoso, está interdito. A barra sobre o gozo, sua interdição, atinge o sujeito no mesmo passo que o Outro primeiro, de modo necessariamente ligado. A castração, da mesma forma, passa entre o sujeito e o Outro: o que ele não é equivale ao que o Outro não tem. É no inconsciente, e não na fantasia, que as conseqüências da metáfora paterna têm

---

[4] Designa-se pela expressão "sujeito do inconsciente" duas coisas diferentes. Uma é o conjunto do sujeito dividido entre inconsciente e isso, a outra é a parte de sua divisão relativa ao inconsciente.

[5] Podemos nos reportar ao desenvolvimento do mesmo seminário de Lacan, op. cit., sessão de 18 de janeiro de 1967.

curso. O inconsciente é o lugar onde se anuncia que o Outro, materno primeiramente, não é o que era suposto ser, pois não goza daquilo de que era suposto gozar: do falo ou da criança. Neste sentido, o Outro primeiro não existe e o sujeito primeiro tampouco. "Tu não és, logo, não sou", pois "tu não és nada senão o que sou".

A escolha do isso consistia antes em tentar retornar ao ser, após ter constatado a perda de gozo e de ser por causa da função paterna, pois esta perda é insuportável. O inconsciente, a vertente que não pode ser escolhida, consiste em aceitar este vazio do ser, relativo ao sujeito e ao Outro. O isso conhece os efeitos da função paterna, no sentido de um saber, mas ele nada quer disso saber. O inconsciente, este, os põe em ação.

O "não sou" do inconsciente deixa a possibilidade de um pensamento. Todas as espécies de pensamentos são emitidas, mas não serão atribuídas ao sujeito. O sonho é um exemplo maciço desta vertente lógica do sujeito divido, pois os pensamentos dos personagens que ele põe em cena são, na verdade, os do sonhador. Estão dispersos em tantas partes quanto personagens há no sonho, personagens que são simplesmente o sonhador, sob tal ou tal máscara. Este pensamento não é mais próprio de "eu" [*je*] do que o era o "sou", no caso do isso.

De que se trata nos pensamentos do inconsciente? Não, desta vez, do objeto da pulsão, oral, anal, escópica ou vocal, mas da sexualidade[6]. É o termo que foi decisivo para o êxito da metáfora paterna, já que ele funda o falo do Pai na satisfação sexual da Mãe. O sexo é também o que é instaurado como diferença sexual pela função paterna. Esta função funda a diferença apenas no falo, único termo sexual que figura no inconsciente, para os dois sexos. Ter o falo, e não sê-lo, será o desafio e a definição do masculino. O homem, a exemplo do Pai, pode tê-lo, ainda que, justamente, em relação a este Pai, ele não o tenha. Não tê-lo e eventualmente sê-lo definirá o feminino. Esta oposição simples, em termos de mais e de menos, é o pensamento do sexo forjado pelo inconsciente sobre o pedestal da função do Pai. Ela tem a eficácia das oposições binárias, comparáveis à utilizada pela informática. Tal significação não pode recobrir a realidade do sexo e a angústia de castração é precisamente a forma tomada pela falha que ela comporta.

---

[6] Ibid..

No sonho do *helicóptero*, o menino se esgota em fazer existir uma função paterna cujo agente seria o irmão compósito do sonho. Esta função poderia frear o desejo da Mãe, acalmá-lo um pouco. Por isso é que o gozo que o sonhador tenta suscitar neste personagem, pela sanção que lhe inflige, deve ser conseqüente. Assim são "emparelhados" dois termos inteiramente heterogêneos. Um provém do isso e constitui o modo segundo o qual o sujeito se faz o objeto dos golpes, da sanção, do gozo. O ser do sujeito, o objeto *a,* reside na ação de se fazer espancar; não está cifrado, não comporta nem condensação, nem deslocamento. O outro termo, o irmão munido do cinto do pai, é uma condensação proveniente do inconsciente. Ele é cifrado e resulta de uma metáfora que tem por efeito a inexistência do Outro primeiro, em razão de sua castração. Esta função é sustentada pelo gozo que é imputado a seu agente na ação de espancar. A fantasia é feita da conjunção destes dois termos heterogêneos.

O trabalho do sonho teria assim, à sua disposição, duas lógicas possíveis. Uma, a do isso, da pulsão, não conhece nenhuma diferença sexual, mas apenas o objeto *a*. Ela encontra um semblante de gozo e confere assim ao Outro, como ao sujeito, um semblante de ser. Leva em conta as conseqüências da resolução do Édipo, segundo a metáfora paterna, apenas sob um modo que as nega. A outra, a do inconsciente, comporta uma diferença sexual unicamente segundo a oposição ter ou não o falo; é seu pensamento do sexo, mas o gozo dela está excluído e o Outro primordial está tão vazio quanto o sujeito. Ali reinam as conseqüências da instauração de um significante paterno, seja ele qual for. Estas duas lógicas se recobrem diversamente no sonho e, por vezes, se sucedem.

O terceiro sonho do menino do *helicóptero* trata do objeto produzido pela efetuação metafórica do sonho precedente. A relação com o menino de "cabelos amarelos", segundo o ideal da mãe, instaura-se na troca oral, aquela que o sonhador recusa, doravante, à sua mãe. Este objeto nela se comporta como ele mesmo quanto a seu irmão, de acordo com o roubo. O lugar daquele que procura se fazer espancar mudou de encaixe: o do sonhador, no tempo precedente, agora está ocupado pelo "pequeno". Ele mesmo tem, desta vez, a função que sua mãe preenchia diante dele, o dom do objeto oral. De orientação obsessiva, esta nova fantasia dá ao sujeito o lugar do Outro, uma vez que seu gozo foi proibido e sua inexistência revelada, e ele encontra, no objeto o que ele era anteriormente, um equivalente fálico. O sujeito deseja apenas, em seu objeto, o objeto que ele foi para o Outro. O gozo deu lugar ao que causa o desejo e doravante divide o sujeito entre o que ele não é mais, para o Outro, e o que ele encontra em seu objeto. É ele, nos dois casos, se podemos dizer, mas não no mesmo momento. Passou-se aí do desejo de que o sujeito é o objeto, o gozo da fantasia primeira, à causação do desejo do sujeito, uma vez que ele não é este objeto. É o mesmo desejo, entretanto com um desnível, produzido por uma metonímia do que ele não é mais. A fantasia é, por excelência, a estrutura que articula o desejo do sujeito com o do Outro, o objeto fazendo a junção dos dois desejos. Este é o que foi forjado pelo inconsciente para fazer as vezes do gozo perdido, o objeto *a* como tal.

O sonho de *Gasparzinho* mostra, da mesma forma, um arranjo significativo heterogêneo, uma fantasia forjada para dar sentido ao desejo do Outro e suportar-lhe a intimação. Ele comporta a sonhadora como um ser que consiste em *se fazer* espancar e não é cifrado. O agente da fantasia é o da metáfora e resulta da cifração. É a fantasia no lugar do irmão, tendo por instrumento o prato, como metonímia do desejo da professora, e, para além, da mãe. Aí, também, o gozo que lhe é atribuído tenta sustentar sua existência.

Todas estas fantasias mostram-se constituídas por dois termos ligados entre si. Um é o sujeito tal como ele *se faz ser*, sob a forma de se fazer espancar ou ver, etc. O outro é o agente de uma metáfora paterna que não é o Pai como tal, logo, não o protótipo da função. Não é definido como aquele que tem o falo, muito pelo contrário. Nos exemplos vistos precedentemente, tratava-se quase sempre de um irmão, às vezes até de um caçula. No entanto, este agente é chamado para assumir o mesmo papel na metáfora e obtém certos efeitos comparáveis. Substitui por sua pouca existência o desejo do Outro primeiro, que não existe mais enquanto completo e cujo gozo está excluído. Mas, embora o sancione, herda parte deste gozo. O sujeito está presente nestas fantasias sob uma forma de ser, ou melhor, de "paresser", uma vez que não pensa, isto é, não articula a diferença sexual.

É sob este modo que se organizam, no sonho, a posição lógica do sujeito e sua relação com o Outro e com o objeto. A lógica da fantasia[7] substitui, assim, a sintaxe dos pensamentos latentes, visto que foi suprimida. O texto do sonho, isto é, o relato do conteúdo manifesto comporta uma ou outra parte lógica do sujeito, conforme ele estiver na vertente do isso ou na do inconsciente. Numerosos sonhos assim se apresentam, numa única seqüência, num estado unicamente da fantasia ou do inconsciente. Outros comportam uma sucessão de seqüências, que Freud considerava como as diferentes orações de uma mesma frase.

Hipótese sobre as proposições do sonho

Para tentar compreender a articulação das diversas seqüências de um sonho, podemos igualmente nos apoiar nessa lógica da fantasia. Lacan elaborou um esquema de desdobramento de suas duas vertentes e do recobrimento delas ao longo de uma psicanálise[8]. Este desdobramento é inaugurado pela alienação secundária do sujeito, correlativa da constituição do inconsciente, resumida à alternativa "ou não sou, ou não penso". O sujeito, confrontado primordialmente com esta escolha, foi conduzido a optar, vimos, pelo "não penso", o do isso. De modo que o inconsciente é para ele a vertente perdida da escolha. É nestes termos que um sujeito se apresenta à análise. Uma análise pode ser concebida como uma releitura da parte lógica do isso na língua da outra parte lógica do sujeito, a dos pensamentos do inconsciente. Ela relê o "não penso" na língua do "penso alguma coisa". O desenrolar de uma análise comporta maciçamente a reintrodução da significação fálica da diferença sexual, antes que, a termo, ela acabe sendo ultrapassada.

---

[7] O termo "lógica da fantasia" designa o conjunto das duas partes lógicas do sujeito, a do isso e a do inconsciente. Corresponde entretanto, mais particularmente, à lógica do isso.

[8] A partir de um modelo lógico dito do grupo de Klein, desenvolvido na sessão de 11 de janeiro de 1967 do seminário *La logique du fantasme*, op. cit.. Seu esquema é o seguinte:

No desenrolar de uma psicanálise, afirma Lacan, uma vertente lógica do sujeito acaba pouco a pouco por recobrir a outra em eclipse, num sentido ou no outro. Por exemplo, o ser do isso acaba por ocupar o campo vazio do sujeito do inconsciente e repositivá-lo[9]. Quando este recobrimento termina, o ser do isso, vindo no lugar do "não sou", positivou-o num "sou isso". Ele revela, a termo, a função do objeto *a* na medida em que é o único ser possível do sujeito. Este sujeito não tem outro ser senão o que ele primordialmente perdeu, o objeto do gozo do Outro, do qual restam apenas os objetos que o substituem, os objetos *a*. Notemos que é um modo de recobrimento particularmente em jogo no neurótico obsessivo, que leva a seu termo a lógica da fantasia.

Ao inverso, o pensamento do inconsciente pode vir a recobrir o campo do isso que implica um "não penso". Neste caso, este pensamento do sexo revela sua inadequação, já que delimita a realidade sexual unicamente segundo a significação do falo. A mulher não se resume a ser ou não o objeto fálico do desejo, nem o homem a possuí-lo ou não. Descobre-se então um furo nesta significação, que toma a forma da castração[10]. Pode-

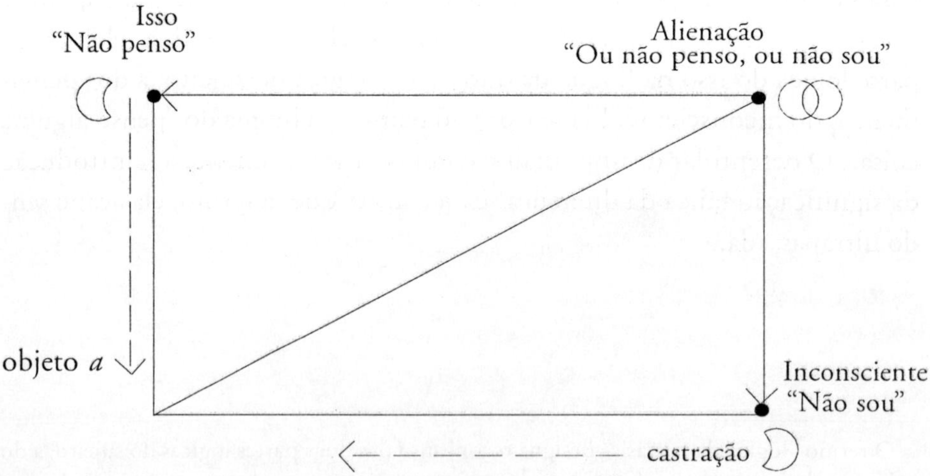

[9] Ibid..
[10] Ibid..

mos observar que é freqüentemente o caso do recobrimento em jogo na análise do neurótico histérico, que desenvolve até seu termo a lógica do inconsciente.

Lacan afirma igualmente que, no quarto tempo, um recobrimento dos dois resultados precedentes, o objeto *a* e a castração, pode ocorrer e faz dele o princípio de uma sublimação possível em fim de análise.

Ora, as diferentes seqüências de um sonho parecem ordenar-se de acordo com os mesmos princípios. O sonho poderia ser concebido igualmente como uma releitura de uma alienação lógica numa outra lógica. Podemos encontrar, nos sonhos de várias seqüências ou numa série de sonhos, uma sucessão de proposições lógicas desta ordem. Podem ser observadas proposições comparáveis, como se o trabalho do sonho efetuasse tal desenrolar lógico de modo selvagem. Um desdobramento e um recobrimento, mais ou menos completos, das duas partes do sujeito dividido se mostram abreviados, de modo análogo ao que uma análise permite operar na duração. O sonho apresenta aliás, freqüentemente, em curto-circuito, processos que a cura desenvolve pouco a pouco. Uma interpretação analítica requer muito tempo para produzir seus efeitos e por vezes já surgiu há muito tempo, num sonho. Por isso, não é impossível encontrar um processo lógico, a título de antecipação, em certos sonhos. Ficou claro para certos autores que os sonhos de várias seqüências podiam ser considerados como uma sucessão de proposições lógicas[11]. Mas isso não foi estudado como tal, no sentido em que se poderia ter entendido de que tipo de lógica se trata. Um passo poderia ser dado, nesta direção, com a ajuda da lógica lacaniana da fantasia.

Vimos que o sonho de *Irma* se apresentava em várias proposições, o de Dante igualmente, numa medida mais restrita. No sonho de Irma, é como mestre que Freud se apresenta em primeiro lugar, diante de *Irma.* Mas este ser do mestre não é inteiramente o "eu" [*je*] do sonhador, pois este gesto é aquele efetuado por M., a este respeito, diante de outra paciente. Depois deste tempo lógico ter se chocado com a angústia diante da garganta de Irma, esta primeira posição do sujeito cessa por completo. O segundo tempo se inverte então, para o sujeito, em "não sou". Notadamente "não

[11] Por exemplo, Donald Meltzer, *Le Monde vivant du rêve,* op. cit..

sou o mestre" quanto aos sintomas desta mulher, ao passo que ele apela para os colegas. Neste campo do sujeito agora vazio, ocorre a imisção dos outros sujeitos que vão falar em seu lugar. Eles são mestres do corpo da paciente como o é o médico, mas esta mestria é finalmente recusada como irrisória. Esta segunda posição lógica é, por sua vez, parcialmente abandonada. O último tempo, enfim, realiza uma fantasia na qual se injeta um produto na mulher. Aparentemente, o sonhador não está mais em questão. No entanto, na injeção da solução insinua-se sua responsabilidade. O olhar em jogo na cena parece captado ao se estampar a fórmula do produto, a trimetilamina em que se resume a culpa. O agente da injeção, Otto, recobriu o sujeito vazio do segundo tempo. Este ser "de injetador" não é aquele do "eu" [*je*] do sonho e, no entanto, lhe diz respeito bem de perto. Uma série simples de inversões lógicas e de recobrimentos caracteriza, portanto, o desenrolar do sonho.

No sonho de Dante, é, antes de mais nada, de uma fantasia que se trata. Uma mulher nua é forçada pelo deus a ingerir o coração, extraído do sujeito que olha. O ser do mestre inaugura, portanto, o sonho, mas ele não é o do sonhador, este "sou" não é "eu" [*je*]. Sob sua égide, o desejo suposto de Beatriz parece receber satisfação. Entretanto, quando acontece seu rapto para o céu, o sujeito fica privado e castrado. Está entregue ao "não sou", ao esvaecimento final, embora estivesse se aproximando de seu objeto. A castração realizada caminha junto com a entrega do gozo a um Outro, o mestre Amor ou Deus. O sujeito do sonho de Dante tampouco se quer o mestre quanto à mulher, mas quer que haja um.

Esta sucessão de tempos lógicos pode também se desdobrar numa série de sonhos, em vez de constituir as diferentes seqüências de um só. O sonho do *sem-teto* situa primeiramente a jovem mulher como objeto do gozo de um homem definido por sua castração. A escolha deste primeiro parceiro da fantasia, na ordem do gozo sexual, implica esta condição. Este tempo lógico se inverte sob o efeito do desejo da Mãe, encontrado realmente no intervalo. No segundo sonho, um gozo fálico masturbatório o substitui. "Ser" o objeto do gozo de tal homem é abandonado. Esta posição é invertida em auto-erotismo, "ser aquela que goza do órgão como próprio". Depois, culmina num "não sou", o desaparecimento do sujeito na queda mortal.

Em cada um destes sonhos podem ser balizadas posições do sujeito legíveis na lógica das duas partes de sua divisão. É raro que um único sonho comporte cada um dos dois tempos e seu recobrimento, como no caso de *Irma*.

Exemplo de construção da fantasia a partir de um sonho

Certos sonhos se ordenam de acordo com uma série lógica assim constituída, que pode, por exemplo, se desdobrar durante uma etapa da análise. Vejamos o que traz quanto a este ponto o fragmento de uma análise, empreendida há dois anos por uma mulher que havia encontrado uma inibição severa no momento de voltar a estudar a fim de ensinar. Ela dedicara uns dez anos a diversos ofícios e à fundação de uma família, com a educação dos filhos. No início da análise, havia tentado um concurso muito difícil, mas tivera que desistir depois de ter passado mal. Pôs-se então a se preparar para outro, menos difícil.

Ela conhecera, até a adolescência, o que chamava uma felicidade edipiana triunfante, pois seu pai não escondia devotar à filha única um amor ideal. Inspetor do ensino, havia assim distribuído os papéis: à filha, a sedução, aos meninos, o saber. O que ele atribuía a cada um dos filhos fora determinante para as escolhas da analisanda. Sua escolaridade conhecera um desenrolar desta ordem, com uma infância de "má aluna dotada", como a mãe na mesma idade, aliás. Depois se sentira exilada do amor paterno quando seu corpo entrou na puberdade e começou a se aventurar mais seriamente no terreno do saber. Pensava que uma espécie de proibição de seguir os passos do pai era ativa, pois ele sentia qualquer saber de outro como uma ameaça ao seu. O irmão, por sua vez, havia brilhantemente seguido os caminhos do saber até o concurso para professor adjunto numa Universidade, quando foi reprovado. Desde então, ensinava num colégio e vivia ao mesmo tempo no isolamento e num quase mutismo.

Esta alternativa entre sedução e saber nada mais era senão a escolha entre o ser e o pensamento, já que a sedução consiste em se fazer objeto do desejo, ao passo que o saber comporta exercer o pensamento. Assim estes dois termos se lhe apresentavam, com uma certa culpa. Tendo conduzido bem a tarefa da sedução, com a formação de uma família, tinha agora em vista ganhar igualmente o outro terreno. Parecia-lhe não deixar ao irmão mais nada só dele quanto à atribuição paterna.

Este conjunto de reflexões lhe viera notadamente no comentário do sonho seguinte. *Ela está fazendo as provas do concurso para o qual se preparou e, pouco satisfeita com a escrita, chega à oral. No júri se encontra um homem,* que parece com um de seus antigos professores de faculdade, com o qual ela teve uma ligação há tempos. Ele também é um pouco gordo, como seu marido.

Ele se desculpa por ter cometido um erro a seu respeito. Depois lhe dão como tema a torre de Babel, o que a faz lembrar que mostrou há pouco tempo, ao filho, as torres da Défense*, onde seu marido trabalhava quando ela o conheceu. Mas isso a faz lembrar também os problemas de mutismo de seu irmão.

Ela responde ao júri sobre a impossibilidade de se comunicar, depois lembra que esqueceu de mencionar que era uma punição divina. A prova seguinte deve testar suas capacidades de mãe de família com a utilização de uma máquina de lavar. Essa máquina é tão pequena quanto a de seu irmão, mas, principalmente, ela tem uma descarga automática, como a de sua avó paterna.

Enfim, ela percebe que um botão enorme lhe é enfiado na testa e que, ao se apertá-lo, sai pus, manchando suas roupas para se apresentar diante do júri. Este botão lembra a ela que o irmão teve, no ano anterior, um tumor no cérebro e que por isso foi operado. Ela pensou então numa espécie de criança imaginária entre ela e ele. Além disso, seu filho cortou recentemente a testa.

Fica facilmente claro para ela que Babel é a punição que atingiu seu irmão por ter querido, caso tivesse se tornado professor na Universidade, elevar-se até o pai. Ela mesma se sente sancionada pela mesma razão e não pela sedução imaginariamente incestuosa que exerceu sobre seu professor.

---

* Bairro moderno, na periferia de Paris, onde estão instalados os escritórios das grandes firmas francesas e estrangeiras. (NT)

Parece-lhe que a sedução está autorizada em todos os casos, já que não era isso que seu pai lhe proibia, mas o saber.

O sonho mostra, portanto, como o trabalho do inconsciente tratou a escolha, entre sedução e saber, da atribuição paterna. À alternativa "ou um, ou outro", ele respondeu "não um sem o outro". Não há concurso sem sedução, sem este passe-livre que lhe é permitido. Num primeiro tempo, portanto, ela se apresenta a júri nestes termos, diante de um homem que evoca um amante ou um marido. Mas é interrogada sobre a punição divina que espreita aqueles que se elevam até o Pai, ainda que ela tentasse esquecer isso. Como o irmão, ela quer atingir o saber do pai e, como ele, é sancionada. O saber visado, em contrabando, por trás da sedução permanece interdito.

Num segundo tempo, é uma outra solução lógica que o trabalho do sonho vai elaborar. Não se tratará mais de um saber suscetível de ameaçar o pai, nem de seu ser de filha sedutora, mas de seu saber de mãe de família. Este tem por metonímia a máquina de lavar, tão pequena quanto a de seu irmão, embora funcione como a da avó paterna. Estes termos desmontam o obstáculo colocado ao que ela desejava precedentemente: não há mais interdição sobre o saber, já que é o da maternidade, dos frutos da sedução, e o instrumento deste saber nada mais tem a ver com o do pai: é o da avó paterna. Além disso, ele é suficientemente pequeno, como o de seu irmão, para não ser ameaçador.

O terceiro tempo do sonho comporta o produto da operação do segundo tempo. Uma marca, um botão, que tem a ver com o tumor de seu irmão, inscreve-se em seu corpo, como um filho incestuoso. Esse "tu morres" evoca seu corpo como o da avó morta e é segundo este ser que ela se apresenta, doravante, ao júri.

Este ser do Outro, a avó morta, de que o sujeito de certo modo se revestiu, vai se desdobrar nos próximos sonhos. Por exemplo, no seguinte, em que *seu filho mais velho mata alguém, por acidente, e ela fica desesperada ao pensar que mais uma vez isso não pôde ser impedido.* Este "mais uma vez" tão estranho, que lhe é sublinhado, se refere ao que aconteceu duas gerações acima. Seu pai e o irmão deste foram rivais ferozes, provavelmente por causa do discurso da mãe deles, que proclamava: "Só um lugar conta: o primeiro". O texto do sonho situa, portanto, o ser da sonhadora como o da avó, o Outro do pai, que outrora sustentava este discurso.

Estes elementos mostram que estão lançadas as bases de uma construção da fantasia conforme termos "programados", de certo modo, pelo primeiro sonho. Apresentando-se primeiramente no lugar do saber como objeto de sedução para o desejo do Outro, no caso, um Pai, ela encontrou o interdito. Sob o efeito do significante paterno Babel, efeito de esvaecimento para o sujeito, sua posição inverteu-se em: "logo, não sou" (este objeto do desejo). Este tipo de desaparecimento subjetivo é provavelmente o que provocou sua perda de conhecimento no dia do concurso. O conteúdo do sonho, no segundo tempo, apresenta um recobrimento desse vazio insuportável do sujeito por um ser que não é o seu, mas o da avó paterna. O campo vazio do sujeito do inconsciente é assim preenchido pelo ser do isso, da fantasia, este Outro que é uma morta, e é no seio de seu corpo, que lhe toma o lugar, que se inscreve o resto da operação, o botão.

Para estudar o devir destes elementos na seqüência imediata da análise, consideremos dois sonhos ocorridos alguns meses mais tarde. *Seu ex-companheiro*, há muito abandonado na realidade, *está com ela sob o modo da cumplicidade e lhe diz que está doente, depois lhe pede uma lavagem. Ele tem na parte de baixo das costas uma bolsa, um orifício, e lhe passa um frasco com um líquido para introduzir, o que ela aceita a contragosto. Fica surpresa ao descobrir naquele homem algo de feminino e isso se apresenta como uma espécie de ato sexual invertido.* Ela sempre teve horror do gosto pela escatologia manifestado pelo pai. De mais a mais, lembra-se da cumplicidade da mãe com os médicos, antigamente, para fazer com que aceitasse não lavagens, mas sondas urinárias. Deu, enfim, na véspera, uma ducha no filho e pensou num recente programa de televisão sobre abusos sexuais com crianças.

Este ex-companheiro, com quem ela dividiu a vida durante sete anos, tinha um gosto imoderado pelo gozo das mulheres; logo, teve numerosas aventuras. Foi por essa razão que ela o deixou, apesar de seu apego. Sempre pensou que não teria a um só tempo família e gozo e, desde então, escolheu a família. O sonho, que transforma este Dom Juan num doente pedindo uma lavagem, representa, portanto, uma torção radical. A cumplicidade da sonhadora, para isso, substituiu a cumplicidade da mãe com os médicos, antigamente, para sondar-lhe a alma*. Ela está portanto, mais uma vez, no

* Loc. bibl.. *Sonder les reins* [sondar os rins] *et les cœurs* [e os corações]: o inconsciente, o instinto e os sentimentos. (NT)

lugar do Outro nesta fantasia. O que ela foi para a mãe, como corpo a ser cuidado diversamente, esse homem se tornou para ela nesse contexto. É agora um sedutor reduzido a uma sexualidade enferma, evocando indiretamente seu pai, pela escatologia, e seu filho, quanto aos cuidados tingidos de erotismo. Este desvio do gozo sexual para os cuidados do corpo e para o objeto anal indica com bastante precisão o modo como a fantasia coloniza seu campo. Ela substitui o gozo sexual pelos objetos da pulsão. Dali por diante, este campo não é mais sexual, mas pulsional. O recobrimento do sujeito vazio do inconsciente pelo ser do isso fez-se a este preço.

Observa-se assim um prosseguimento da construção de uma fantasia de acordo com os termos lógicos elaborados no primeiro sonho. O sonho seguinte, ocorrido quatro meses mais tarde, mostra o apogeu desta construção, apresentando, além disso, uma tentativa de nela introduzir um pensamento do sexo. *Ela sente dor no seio e, olhando aquilo de que se tratava, de lá retira objetos ligados ao mar, um osso de siba e uma espécie de carcaça de peixe em bronze, cortada em dois como um molde para crianças. Ela não sente dor ao retirá-los, como se seus seios fossem de espuma.*

Uma tia-avó paterna, com a qual ela parece, segundo diz a família, foi um dia, num país tropical, picada no joelho e dele retiraram uma pequena cobra. É o que lhe evoca esta extração. Seu filho, por outro lado, brincou no dia anterior com conchas tiradas de um cesto. Ela pensa que os dois objetos do sonho são como símbolos, dos quais um mais masculino, o osso de siba, que ela catava antigamente com o pai. O outro, que ela olha com admiração, mais feminino, lembra a ela que a mãe fez uma tese sobre os bronzes em tal civilização. Assim ela tem a sensação, com estes dois objetos saídos de seu seio, de simbolizar um ato sexual pela relação de dois objetos significando o macho e a fêmea, seu pai e sua mãe. Ela tem, com este símbolo, a impressão de aceitar enfim ser o produto de tal relação. Ao mesmo tempo que observa, é claro, que esta origem parece sofrer uma torção, já que foi de seu corpo que este casal simbólico saiu.

O ser da fantasia a situa novamente, portanto, duas gerações acima da sua, tia-avó ou avó morta. Daí, ela esquenta, em seu seio, não a cobra saída do joelho, mas o símbolo da cópula mental de que ela resulta. Fazer-se o Outro do Outro, a mãe do pai, na fantasia, culmina logicamente por incluir sua própria procriação. Na mesma oportunidade, uma relação problemática com sua mãe desaparece, pois sua identificação feminina se opera por sua inscrição na linhagem das mulheres do lado do pai.

É neste mesmo período que ela faz o concurso, é aprovada e parece, assim, que a construção dessa fantasia permitiu suprimir a inibição precedente. Esta era apenas uma colocação em ato do sujeito vazio do inconsciente, um desaparecimento subjetivo que até ali a submergia a qualquer aproximação oficializada do terreno do saber, colocando-a nas pegadas do pai. Este efeito "Babel" foi eliminado conforme termos presentes no primeiro sonho. Não é mais o ser subjetivo de uma filha que se propõe tomar esta resolução, mas aquele do Outro da avó que era referência para seu pai. Daí um certo número de relações se redistribui: o homem não é mais o Outro paterno cujo desejo faz dela uma filha incestuosa ou rival, tornando-se semelhante à criança que ela mesma era no tempo precedente. A construção da fantasia, tempo necessário antes de vir a ser atravessado, resolveu a alienação encontrada no desejo do pai. Constata-se igualmente a preeminência nova de um objeto, produzido pela operação. Ele causa o desejo a partir de diversas demandas, a criança incestuosa no que diz respeito ao irmão, o gozo anal do ex-companheiro, a oralidade do seio fecundo para seus pais. Ela é, doravante, aquela que dá, ou não, o objeto dessa demanda. A fantasia assim construída durante essa etapa da análise saiu de uma sucessão lógica totalmente contida no primeiro sonho. Se os sonhos vão mais rápido que a análise, as soluções lógicas que seu trabalho elabora exigem tempo para se desdobrarem no desfiar da análise.

A literalidade lógica do sonho

Como a interpretação dos sonhos considerados até aqui foi conduzida? Evidentemente, nada era concebível, nenhuma interpretação, sem um mínimo de associações e de contexto. Tanto que estivemos primeiramente às voltas, de modo análogo ao que Freud encontrara, com o primado absoluto da associação na interpretação analítica de um sonho. Estas associações definiram, para cada elemento do sonho, os pensamentos latentes, isto é, o outro significante para o qual o significante presente no conteúdo manifesto representa algo. Depois voltamos à organização do conteúdo manifesto do sonho. Uma vez munidos do outro significante, reconsideramos o primeiro em função dele. Mas este retorno ao conteúdo manifesto, num segundo tempo da interpretação, sempre se referiu ao plano sintático ou lógico e não léxico. Foi sob este modo então, e sob este modo apenas, que o conteúdo manifesto contou para interpretar estes sonhos. Só as associações deram a cifra do sonho, ao passo que seu agenciamento lógico revelou-se por um retorno à letra de seu texto. Era, dessa vez, uma literalidade lógica, um puro encadeamento de proposições.

Freud observava que com freqüência, no caso em que a fantasia é inconsciente, a fachada do sonho mostrava também diretamente seu núcleo[12]. Entre os sonhos de uma única seqüência que apresentam uma fantasia, o sonho da mesa da hospedaria põe em primeiro plano uma cena onde uma mulher seduz o sonhador. Freud não tem em vista associação relativa à sedução; ele a interpreta como a realização do desejo de gozar de um amor gratuito. O sonho se divide em dois tempos. No primeiro, o sonhador rechaça uma sedução talvez custosa. No segundo, a mulher, filha de tal pai, parece desejar o sonhador por seus "belos olhos". Ele está, desta vez, em posição de objeto desejado em si mesmo. Consente por um instante, mediante certas condições, na nostalgia do ser, no ser o objeto fálico do desejo, afastando a hipótese de tê-lo. Entretanto, este ser só é o do sonhador pelo viés da criança, que, como ele outrora, não come espinafre e tem belos olhos. Este ser não é por completo aquele do sujeito, aquele de "eu" [*je*]. O sujeito passa, assim, de uma lógica a outra. Numa, não é o objeto do desejo, mas o tem; na outra, o é, mas não em nome de "eu" [*je*]. Mesmo num sonho breve a uma seqüência, podemos ver articular-se a passagem de uma lógica a outra, do inconsciente ao isso. Ela se apresenta no conteúdo manifesto, legível no desenrolar preciso do texto do sonho.

Foi apegando-se à literalidade lógica sob este modo que Lacan releu o sonho de um paciente de Ella Sharp[13]. Trata-se de um homem sofrendo de inibições diversas, das quais uma diz respeito a tomar a palavra, o que o atrapalha em sua profissão. Ele tem o seguinte sonho: *está viajando com a esposa e uma mulher lhe propõe um jogo sexual. Acha conveniente que* seja ela

[12] S. Freud, *Sur le rêve*, op. cit., p. 106.

[13] J. Lacan, *Le Désir et son interprétation,* seminário inédito, 1958-1959, sessões de 21/1/59, 28/1/59, 4/2/59.

a tomar a iniciativa. Ela está sobre ele, tentando fazer entrar seu pênis nela, mas ele resiste e ela fica extremamente desapontada. Ele então pensa que deve masturbá-la e, enquanto o faz, vê uma espécie de capuz pender de seu sexo e ele o reinvagina com o dedo.

As associações mencionadas por Ella Sharp evocam a fantasia que teve o paciente antes de entrar no consultório de seu analista. Ele coçava a garganta com medo de perturbá-la enquanto ela estaria, por exemplo, fazendo algo de constrangedor. Lembrava que um cão uma vez se masturbara na sua perna e que ele não o havia impedido; ora, alguém poderia ter entrado. Enfim, o paciente considerava que o movimento relativo ao capuz do sonho lembrava uma espécie de escrita.

Ella Sharp interpretava uma culpa do sonhador por ter impedido a relação sexual dos pais, conforme aquele medo de atrapalhar e conforme uma última seqüência em que o carro do sonhador impedia o carro do rei e da rainha de passar. Ela via, em tal fantasia, um temor do perigo de seu sadismo urinário diante de uma mulher munida de pênis.

Lacan sublinha que convém tomar ao pé da letra o que é dito pelo paciente. Se o movimento descrito parece com uma escrita, ele é, portanto, um elemento simbólico a ser interpretado como tal e não, segundo sua forma, como um falo da mulher. E considerando, ao pé da letra, o jogo masturbatório de reinvaginação do capuz, Lacan observa que ele evoca um gesto de mágica. Trata-se, com efeito, de fazer aparecer ou desaparecer algo, como o ovo com a bolsa. Disso deduz que o movimento é feito para que o falo não esteja presente ali onde é esperado, o do homem no ato sexual. A mulher quer introduzir em si o pênis, o homem não quer e, em seu lugar, ele põe o dedo naquela espécie de capuz. Lá só põe, com efeito, o dedinho.

Tanto que Lacan conclui: na relação com esta mulher, é de uma identificação em espelho que se trata, como mostra bem a expressão "masturbá-la", embora o verbo seja reflexivo. Neste casal identificado narcisicamente, o falo não está presente: ninguém o tem, por isso é que o homem não quer introduzir o pênis que ela espera. O falo não está presente porque está na mulher do paciente que olha a cena. É ela o Outro que dele tem a guarda, por isso é que o homem não dispõe dele na relação com a outra mulher. O que ele quer é ser este falo e não tê-lo; também não quer que sua mulher não o tenha, que ela seja castrada.

Ao fazer esta interpretação, Lacan volta ao texto preciso da cena do sonho, seu conteúdo manifesto. Mas ele o toma num sentido literal e lógico, não como uma imagem. Esta literalidade não se deve à condensação ou à metonímia, mas ao agenciamento sintático dos corpos e da ação. Assim fazendo, Lacan extrai a lógica dessa fantasia e dela deduz a posição do desejo. Estamos no caso evocado por Freud, em que a fachada do sonho mostra também diretamente seu núcleo.

Estas proposições lógicas reintroduzem vínculos entre os pensamentos que são objeto da cifração no lugar dos vínculos que o trabalho do sonho previamente destruiu. Às vezes é possível estudar com mais precisão a supressão das relações dos pensamentos latentes e sua substituição pela lógica da fantasia. É o caso, por exemplo, quando o resto diurno que suscitou o sonho é um enredo já construído. Pudemos observar dois sonhos, radicalmente opostos, nas duas crianças que os referiam ao mesmo filme. Vemos neles como as relações sintáticas do enredo foram reorganizadas para pôr em seu lugar uma posição lógica, muito diferente em cada caso.

Um menino de doze anos, que é tomado há alguns meses por medos constantes, não ousando fazer o trajeto de seu domicílio ao colégio, tem o seguinte pesadelo. *Uma cobra o morde e, logo depois, uma multidão de cobras invade seu quarto. Ao sair para buscar socorro, percebe que não há ninguém em casa, nem fora, nenhum ser humano, mas cobras por toda parte.* Desperta angustiado.

A propósito de cobras, a única coisa de que se lembra é que viu um filme, intitulado *Crocodile Dundee*, em que um homem segue uma mulher que vai para a floresta, a fim de protegê-la. No momento em que ela passa ao lado de uma cobra enorme escondida numa árvore, que ia pular sobre ela, o homem mata a cobra e joga-a na água. Não havia portanto ninguém, em seu sonho, para protegê-lo, ao contrário da mulher. Neste caso, um único traço do enredo é utilizado pelo sonho: a cobra, traço que pulula por causa da ausência do homem salvador. O sonho, ou a fantasia o precedendo, provavelmente começou por fazer do sujeito o objeto da proteção do homem, a exemplo da mulher. Aliás, o menino deseja esta proteção de seu irmão maior, embora de sua parte só encontre prazer maligno em lhe fazer medo. Ser a mulher para um homem é uma maneira de renovar, junto ao homem, a posição de objeto fálico para a Mãe, uma vez que a função paterna o proibiu. O sonho não comporta este ser da fantasia, mas apenas o resultado de seu fracasso. Não há herói, o sonhador não é este objeto do desejo; ele é apenas um sujeito vazio como o vazio que o cerca, ao passo que as cobras afluem. A fantasia fracassa em suturar a angústia; nenhum ser pôde preencher o "não sou" do sujeito e ele desaparece.

Um outro menino, de sete anos, menciona igualmente um sonho de cobra após ter visto este filme. Este menino sofre de uma inibição grave, que o deixa incapaz de dirigir a palavra ao professor, até para lhe responder, e sua lentidão extrema ao efetuar qualquer tarefa torna problemática sua participação nas aulas. No sonho, *ele está com a mãe e vê uma cobrinha no teto do elevador, que mostra a língua e faz barulho. Mas ele não tem medo e a pega no colo.* Ele viu, portanto, o mesmo filme, com um senhor, uma senhora e uma cobra. Quando a mulher sentiu medo, o homem cortou a cobra em duas. Se o homem cortou a cobra em duas, segundo seus dizeres, é então esta metade de cobra, tornada inofensiva pela divisão, que o sonhador pega no colo sem ter medo. Eis por que a cobra é pequena: é apenas uma parte do falo e lhe foi dada, de certa forma, na divisão pelo homem.

Vemos a solução radicalmente diferente elaborada em cada caso. O primeiro sonho retoma a posição imaginária da mulher, salva por um homem, e fracassa ao reproduzi-la. O segundo sonho cuida apenas da cobra morta para recolher-lhe uma parte. A solução que fracassa no primeiro caso está num registro histérico e a que tem êxito, no segundo, num registro obsessivo. Este último venceu a angústia e forjou um objeto que agora causa o desejo do sujeito. Nestes dois sonhos, o material diurno foi remanejado para ser integrado em lógicas muito distintas. As relações não são mais sintáticas, mas ordenadas por uma lógica que se reduz à posição do sujeito dividido. Entre o pensamento do sexo segundo o falo, correlato do vazio subjetivo, e o ser pulsional da fantasia, a escolha dos dois sonhos diverge. Num caso, o ser fálico, a posição feminina em relação ao Pai insiste, mas encontra apenas o vazio do sujeito e do Outro. No segundo, o sujeito não cuida mais de ser o falo, sendo, a exemplo do Pai, aquele que tem o falo, embora pela metade apenas. A partir de uma mesma proposição como resto diurno, cada sonho apreende uma parte diferente de sua gramática, para nela situar o sujeito.

Poderíamos assim reconsiderar a importância do conteúdo manifesto do sonho, de seu texto preciso, conforme estes termos. Ele constituiria a literalidade de uma lógica desdobrada pelo sonho. O primeiro tempo da interpretação diria sempre respeito à decifração a partir das associações. Os pensamentos latentes reencontrados na cifra poderiam então, num segundo tempo, ser ordenados logicamente conforme o texto proposicional do conteúdo manifesto.

2. O tratamento do gozo

A dimensão do gozo e do real no sonho

Exploramos até aqui as incidências do desejo do Outro e o modo sob o qual a realização de desejo a ele responde, conforme a cifração metafórica ou metonímica e conforme a lógica da fantasia. Este desejo representa o retorno do recalcado. Evoca, igualmente, outra dimensão que deve ser levada em conta. Se este desejo fosse, como tal, realizado, o sonho entraria no campo do gozo e, neste caso, o do Outro. Primordialmente, este gozo é de ordem incestuosa e nem mesmo foi admitido na ordem simbólica, a da linguagem em que se fundou o sujeito. Ele foi radicalmente excluído de seu sistema. Neste sentido, pertence ao que Lacan chamou a categoria do real, para com ela designar tudo o que a linguagem, logo, o significante excluiu para fundar sua ordem. O real representa o impossível para o sujeito do significante. Ele consiste num irrepresentável, na medida em que o sujeito não pode voltar à ordem simbólica, na qual somente estaria representado. É constituído de um buraco, mas este buraco, se podemos dizer, não está vazio. Ele comporta o que insiste em retornar e ameaça o sistema do sujeito, organizado pelo significante até no imaginário.

Ora, os sonhos se apresentam como desejos realizados e não como desejos enunciados. Freud havia notado que estava aí o acento do sonho, o desejo não podendo exprimir-se de outra maneira a não ser sob a forma de sua satisfação alucinada. *Mas dele reteve, antes de tudo, a dimensão do desejo. Lacan igualmente pensou, primeiramente, que o desejo do sonho buscava fazer-se reconhecer. Este primeiro enfoque permanece necessário; entretanto, ele dá conta apenas de uma vertente daquilo que constitui o sonho. A realização de um desejo entra no campo do gozo, já que realizar um desejo é gozar.* Este campo não é estruturado da mesma maneira que o do desejo e não é simplesmente definível pela realização de um desejo. A satisfação elimina a tensão representada por um desejo. Ela pode, portanto, muito bem permanecer no campo do princípio de prazer e obedecer a sua homeostase, esta regulação de uma parte de nosso psiquismo que visa constantemente à mínima tensão. Mas o campo do gozo se estende além do limite do princípio de prazer. A realização de desejo não diz mais respeito, neste caso, à homeostase; ela pode ir até o traumatismo. Tal realização do desejo, longe de diminuir uma tensão, aumenta-a até o pesadelo e talvez nem seja mais uma realização de desejo. Este ultrapassamento do limite do princípio de prazer caracteriza, para Lacan, o campo do gozo, quando o isola como tal, situando-o desde as "cócegas" até o "pegar fogo"[1]. Não há solução de continuidade entre o gozo e o traumatismo. O que, para além do prazer, encontra a função da repetição e do trauma está, em regra geral, excluído do sonho. Pode estar em jogo, no entanto, em certas partes dos sonhos. A visão da garganta de Irma é um exemplo. O além do prazer se apresenta freqüentemente como um encontro fracassado, modo da repetição isolado por Lacan. É o caso da conclusão do sonho de Dante, no qual Beatriz é raptada, fazendo surgir a angústia.

Lacan ilustra o real enquanto encontro fracassado pelo comentário de um sonho mencionado por Freud: *Pai, não vês que estou queimando.* Este pai, dormindo após ter velado o filho morto, sonha que este lhe pega o braço e murmura, em tom de censura, *não vês, então, que estou queimando*, no momento mesmo em que uma chama vem, na realidade, invadir a mortalha[2]. Para Freud, para além da chama real que o suscitou, o sonho satisfaz um desejo: aquele do pai de ver o filho ainda vivo, advertindo-o

[1] J. Lacan, *L'Envers de la psychanalyse*, Paris, Seuil, 1991, p. 83.
[2] S. Freud, *L'Interprétation des rêves*, op. cit., p. 433.

como deve ter feito antes. Este sonho é, portanto, exemplar quanto à função que favorece o desejo de dormir: só ocorreu para tentar prolongar o sono.

Mas, neste caso, questiona Lacan, o que produz o despertar? Mais do que a realidade do que está acontecendo, não é antes outra realidade que desperta o pai? Aquela que está presente na mensagem do filho e que evoca um encontro ainda fracassado entre eles[3]? Se há aí, para Freud, uma confirmação da teoria da realização de desejo, o sonho não é somente uma fantasia cumprindo um voto. Esta fantasia, que realiza um desejo, não faz senão mascarar algo que se situa para além, cuja irrupção é traumática: é o real. O desejo de ver o filho vivo não é o essencial da questão; é sua mensagem, insustentável, que está em causa[4]. A fantasia é constituída pela visão da criança viva, mas uma repetição fundamental é mais determinante: é a do encontro fracassado do pai com o filho, o fogo na mortalha dando seqüência à morte, duplicando-a. A fantasia é a tela que dissimula o real, o da repetição e do traumatismo. O despertar foi produzido por esta mensagem provindo do real, ao passo que a fantasia favorecia o desejo de dormir.

Quando consideramos o que o sonho elabora em relação a este registro do real, a realização de um desejo de acordo com uma fantasia permanece no centro de seu trabalho, mas dele não aparece mais como a última palavra. O sonho satisfaz o princípio de prazer, mas pode desembocar em seu além, onde toma lugar o trauma. Seu trabalho implica, portanto, a existência dele, de um modo ou de outro. O campo do gozo o determina, apareça ele ou não. Num sonho bem-sucedido, a realização de desejo por certo comporta uma dimensão de gozo. Mas não é o gozo fundamental, aquele que foi excluído; é um que lhe faz as vezes. O termo gozo não convém, então, por completo, mas antes aquele que Lacan chamou o "*joui-sens*"*. Ele sublinha que o gozo permitido ao sujeito do significante é gozar do sentido produzido pelas formações do inconsciente. Quando o gozo

---

[3] J. Lacan, *Les Quatre Concepts fondamentaux de la psychanalyse*, Paris, Seuil, 1973, p. 57.

[4] Lacan o comenta assim: "Mas a criança morta segurando o pai pelo braço, visão atroz, designa um além que se faz ouvir no sonho". Ibid., p. 58.

* Jogo de palavras: *joui-sens* [*joui*, de *jouir*, gozar, e *sens*, sentido] e *jouissance* [gozo]. (NT)

surge de modo traumático, é que o sonho fracassou em sua função. O trabalho do sonho tomaria aqui um alcance novo por integrar-se num conjunto mais vasto, determinado por um real que lhe condiciona a estrutura. Ele elaboraria um material de suplência destinado a mascarar-lhe o furo.

O real pode se apresentar, portanto, como um encontro fracassado, no qual o acidente está por um fio. A aproximação do objeto ou a do Outro fracassa por pouco, aparentemente. Ela repete, no entanto, um fracasso mais essencial, como no sonho da criança morta. O real pode surgir conforme diversos modos traumáticos: perda fundamental, ausência, privação radical. O trabalho do sonho, neste caso, não evita o desvelamento da ausência do Outro, de sua falta, de sua inexistência. Mas o real pode tomar também a forma de um gozo insustentável, notadamente na relação com o Outro. Pode surgir no horizonte de uma fantasia e invadir o sonho até o despertar. O gozo excluído como tal do inconsciente é o gozo do Outro. Ele tem por objeto o sujeito, como ser de gozo, o qual é precisamente incompatível com seu estatuto de sujeito[5]. De modo geral, trata-se, com o real, do retorno de algo que tem a ver com o que foi primordialmente recalcado ou foracluído. Os significantes relacionados com a cadeia dos significantes primordiais estão, portanto, particularmente em jogo neste retorno. É deste ponto de vista que devemos agora demarcar com mais precisão o que o sonho cobre e mascara.

[5] Ele é o gozo como tal, irrepresentável. O gozo fálico, ou o do objeto *a* são de alcance bem diferente e, longe de ameaçar o sujeito, veremos, sustentam-lhe a função. Isto não aparece nitidamente nos termos utilizados por Lacan, nos quais, com freqüência, somente o termo gozo está em causa. Entretanto, afirmemos que é precisamente porque a partir de certa data, nos anos 70, trata-se de um pleonasmo, porque o gozo como tal é do Outro, que ele acaba por só utilizá-lo. Podemos encontrar esta implicação em alguns fragmentos, por exemplo estes: "O que pensa, calcula e julga é o gozo; e o gozo, sendo do Outro, exige que Um, aquele que do sujeito faz função, seja simplesmente castrado...". ("... Ou pire", *Scilicet* 5, op. cit., p. 9). Ou ainda: "Que sob o que se inscreve desliza a paixão do significante, é preciso dizê-la: gozo do Outro, porque, por ser extraído de um corpo, este se torna o lugar do Outro". ("Radiophonie", op. cit., p. 70). Na medida em que esta implicação fundamental não faz a unanimidade, utilizamos, por preocupação de clareza, a expressão, ainda que um pouco repetitiva, "gozo do Outro".

A cifração e a anulação do gozo

No *sonho de Dante*, embora a questão angustiante do desejo de Beatriz tenha sido eliminada por sua submissão ao personagem do Amor, a angústia sobrevém, no entanto, com seu rapto e desaparecimento. O deus foi convocado para realizar as condições que permitem a união para o sujeito e finalmente ele confisca todo gozo em seu proveito, deixando o sujeito do sonho privado de seu coração, assim como de Beatriz. A elaboração das condições possíveis do encontro culminou num encontro fracassado. A metáfora, que permitia ao sujeito elidir o desejo de Beatriz, desemboca numa perda fundamental, o desaparecimento do Outro. O real, até ali deixado de lado, coberto pelo trabalho do sonho, surge. Embora o gozo do Outro tenha sido excluído, o termo mesmo que o excluiu, um significante do Pai, vira e revela sua função de privação. Este real se desvela quando a cifração do inconsciente terminou seu trabalho e descobre a inexistência do sujeito e a do Outro.

No sonho de *Irma*, o real surge por um instante na visão de sua garganta. A metáfora que tentou vencer o desejo recalcitrante de Irma manifesta seu fracasso. Culmina na visão do furo constituído na representação pelo real, que toma aqui a forma da castração. Todavia, o sonho não vira pesadelo, pois outra metáfora se elabora, metáfora que tem por agente o mestre e não mais a mulher, ao passo que o sujeito não intervém mais.

Nos sonhos da jovem mulher anoréxica, o real em causa está mais próximo e mais ameaçador. A insistência do desejo da Mãe surge como uma vontade de gozo. Intervém brutalmente quando começava a se elaborar uma fantasia que ligava a sonhadora ao homem, o *sem-teto*, com a precaução necessária de sua castração prévia. O gozo encenado tentava sustentar a frágil existência de tal Outro. Depois que esta fantasia soçobrou, o trabalho do inconsciente só consegue opor ao Outro materno o gozo fálico nu, auto-erótico. Depois, esta defesa desaba, por sua vez, com o desaparecimento do sujeito. Estamos aí no quadro do fracasso do trabalho do sonho, tanto o da fantasia quanto o do inconsciente. Ele culmina na irrupção brutal de um real insustentável, cujo devir veremos mais adiante, ao tratarmos do pesadelo.

Na maioria dos sonhos, o real não se manifesta, pois a cifração consegue mascará-lo, mantê-lo à distância. A cifra pode, por exemplo, ser destinada a prevenir um gozo que deve permanecer excluído, embora, no mesmo tempo, ele seja visado no horizonte da fantasia. É o caso do sonho da *mesa da hospedaria*, que permanece no contexto da fantasia, sem permitir surgimento do real. Ele trata diretamente, para além do desejo problemático do Outro, de seu gozo. Apresenta um objeto feminino que está inteiramente voltado para Freud e manifesta um desejo gratuito. A senhora Freud, por sua vez, volta-se por vezes para os outros na mesa da hospedaria, dando-lhe o sentimento de não estar fazendo bom negócio. Este pensamento ressurgiu com a idéia de que a parenta causa despesas importantes. O conjunto tem a ver com a eventualidade do gozo do Outro, para além de seu desejo. Ele pode formular-se imaginariamente assim: este Outro, a mulher, gozaria do sujeito tomado como objeto. Este último seria aquele que tem que pagar, embora não obtenha mais a atenção, o desejo. Ele seria aquele que se deixa quando serviu, o resto, o dejeto de seu gozo.

Aqui, o tratamento, de certo modo preventivo, do gozo do Outro enquanto outro sexo é coroado de sucesso. A cifração do sonho antecipou e anulou-lhe a eventualidade. Substituiu o Outro por uma mulher que contradiz estes elementos, tanto pelo que é quanto pelo que diz. O gozo suspenso do Outro deu assim lugar a um objeto em si mesmo indiferente, mas que deseja conforme estes critérios e sua função é definida por sua correlação com um pai. A fantasia garantiu perfeitamente seu papel. Ela visou, na vertente do isso, a um gozo ao fazer do sujeito o objeto de um desejo. Mas, ao mesmo tempo, na vertente do inconsciente, o Outro era substituído por um objeto que não ameaçava com gozo algum.

A substituição do Outro por um objeto, que constitui um valor de gozo, é seguramente o processo mais eficaz do inconsciente. Este objeto corresponde ao que Lacan chamou um "mais-de-gozar", por analogia com a mais-valia de Marx. Ele representa um valor de gozo embora não seja gozo, temido como tal. Ao substituí-lo, introduz uma versão "aPeritiva"* do gozar, conforme a expressão lacaniana. Com efeito, ele é forjado a partir do Pai e trata-se apenas de abrir apetite, mal experimentá-lo, não muito mais que o espinafre. A senhora E.L. não é o objeto de um desejo, simples-

* A referência é a *père*, "pai", em francês. (NR)

mente ela satisfaz as condições de um desejo que não lhe diz respeito. Assim, o sonho visou, a um só tempo, a um modo de encontro do gozo e tratou a ameaça, para o sujeito, de ser objeto de um gozo do Outro de modo que ele fosse anulado. Um "mais-de-gozar" que, para o sujeito, causa o desejo foi como tal depositado no inconsciente, contabilizado, entesourado. O tratamento do gozo do Outro, como outro sexo, constitui uma parte importante do trabalho do sonho. Ele freqüentemente o anula graças à elaboração de um objeto "mais-de-gozar".

A maioria dos exemplos considerados até aqui é, com algumas exceções, de sonhos bem-sucedidos. A angústia é neutralizada, às vezes até antes de ter surgido. Ela o é na medida em que a economia do gozo chegou a um resultado nulo e o real permaneceu mascarado. O gozo do Outro foi anulado e os significantes paterno e fálico às vezes produziram um objeto que o substituiu. A cifração do inconsciente participa amplamente da anulação do gozo. Ela é o modo mais exemplar do trabalho que exclui o do Outro do sistema do sujeito. Ela coexiste, é claro, freqüentemente, com o trabalho devido à lógica da fantasia.

Entre os processos da cifração, a metáfora tem sobre o gozo um efeito decisivo, já que, no caso da função paterna, um significante freia e recalca o desejo da Mãe. Ela, por conseguinte, esvazia o Outro da própria hipótese de seu gozo e o substitui pelo sentido. O *sonho de Dante* mostra isto de maneira exemplar, antes que o sonhador seja privado de Beatriz. É igualmente patente no sonho de *Irma*. A metáfora que recorre aos confrades para tratar Irma de uma afecção orgânica permite eliminar seu desejo de histérica da causa dos sintomas. Nos sonhos de crianças, vimos o quanto a metáfora efetua um trabalho próximo ou derivado daquela que funda o inconsciente. O desejo do Outro é recalcado por estas metáforas e, por conseguinte, seu gozo é anulado. É o caso do sonho da *casa do Papai Noel*, em que a mãe fazia doravante parte da significação do Papai Noel, seu gozo não mais intervindo. O sonho do *helicóptero* havia igualmente forjado uma metáfora complexa para vencer o desejo da Mãe e acabar com a lei de seu gozo. Ela podia bem dar o objeto fálico: ele não lhe pertencia.

A operação da metáfora diz respeito ao sentido de antes do sujeito: o que ele era no desejo do Outro, não o que ele se tornou na significação fálica. Por isso é que este sentido se apresenta como um *non-sens* para o sujeito. O que Dante é, no desejo de Beatriz, é um *non-sens*, pois isso diz respeito ao que ele era no desejo do Outro primeiro, que é recalcado. A metáfora intervém ali e integra este *non-sens* numa significação fálica. Fazendo surgir o significante recalcado no significado, ela constitui o retorno do impossível, mas sob um modo que lhe assegura um novo recalque[6].

A metonímia opera forjando um objeto literal e deposita-o no inconsciente, onde ele vai substituir o gozo[7]. Ela pode intervir no produto da operação metafórica, o objeto que resta do que o sujeito era para o gozo do Outro. Separando o sujeito deste gozo, ela transfere o valor dele para o inconsciente. Assim, no *sonho de Dante*, o coração ardente é cortado do sujeito e "cota" o valor de gozo depositado no corpo de Beatriz. Vemos isso igualmente no sonho de *Irma*, no último tempo, com a injeção de um produto metonímico, a trimetilamina, no corpo de Irma. A metonímia está da mesma forma presente nos sonhos de crianças, nos quais, por exemplo, os Mickey Mouse constituem o objeto novo que é transferido para a casa do Papai Noel. No sonho das *fraldas*, a enurese permite ligar metonimicamente o desejo das duas mães, de modo que, uma anulando a outra, seu gozo dele seja afastado.

A metonímia produz fundamentalmente o objeto "mais-de-gozar" como valor de gozo e deposita-o no inconsciente, para lá fazer as vezes de gozo. A este objeto se suspende o desejo; é o que o causa. O desejo do sonho não é feito, portanto, para ser realizado, mas para substituir o gozo. O sonho da *mesa da hospedaria* é disso um exemplo, ocupado inteiramente pela sedução de uma mulher de quem o sonhador nada deseja. *O termo cifração, escolhido por Lacan, em vez de ciframento, para designar a fabricação de uma cifra pelo inconsciente, evoca o aspecto bancário, em termos de economia, desta operação de depósito de um valor de gozo no inconsciente.* Permite implicar o duplo aspecto do trabalho do inconsciente: um, a metáfora, intervém no sentido e o outro, a metonímia, em termos de economia, no gozo.

---

6 Podemos nos reportar ao desenvolvimento que Lacan dele faz em "Radiophonie", op. cit..

7 Lacan a define assim: "A metonímia, operando por um metabolismo do gozo cujo potencial é regrado pelo corte do sujeito, cota como valor o que dele se transfere". "Radiophonie", op. cit., p. 70.

A cifração tem, portanto, um papel eminente no que diz respeito ao real do gozo. Ela está, aliás, completamente infiltrada de gozo, se podemos dizer. Os significantes-mestres são sustentados por um gozo. Por exemplo, um significante do Pai só funciona como tal se puder ser suposto gozar do Outro como de um objeto *a*. Da mesma forma, o significante fálico tem por suporte o gozo dito fálico, auto-erótico no essencial. De modo que todas as letras formadas a partir destes significantes encerram um gozo e a cifração é já um gozar. Mas não é mais o gozo como tal; é um sentido que lhe faz as vezes.

Esta contabilidade não é específica do sonho, já que é própria do trabalho do inconsciente em geral, mas é, para ele, essencial. Ela aparece bem particularmente graças à figuração ou encenação. O sonho figura especialmente bem tudo o que consiste em utilizar os membros ou os órgãos, até mesmo os corpos inteiros como um alfabeto ou como uma moeda. Seus deslocamentos se apresentam como uma contabilidade em ato. Tal papel da encenação está em jogo de modo direto no *sonho de Dante.* A subtração de seu coração separa seu corpo de um gozo que, depositado no corpo de Beatriz, se torna um valor de gozo. Enfim, este corpo é entregue a Deus, como uma carta leva uma mensagem, mas também uma moeda[8]. Com os corpos ou os órgãos, trocam-se valores de gozo e os significantes transportados por cartas representam, no sonho, como os atores de um teatro[9]. A figuração ou apresentação em imagens, que é a especificidade do sonho enquanto que a cifração não o é, desempenha, portanto, um papel importante no que diz respeito ao gozo e a seu metabolismo. Voltaremos a isso mais adiante.

---

[8] M. Doueihi sublinha este aspecto da lenda do coração comido, mas também do cálculo do devir da carne em Santo Agostinho, op. cit..

[9] Dante não entende fundamentalmente de outro modo quando comenta assim a encarnação do Amor num corpo de homem: "Aqui poderia duvidar uma pessoa digna de ser esclarecida de todas as suas dúvidas, naquilo que digo de Amor como se fosse uma coisa em si, não apenas uma substância inteligente, mas como se fosse uma substância corpórea: coisa que na verdade é falsa; pois Amor não é em si uma substância e sim um acidente em substância". (*Vie nouvelle*, op. cit., pp. 62-64).

A fantasia e a visada do gozo

A lógica da fantasia também intervém amplamente nos processos do trabalho do sonho que contribuem para manter excluído o real. A vertente do inconsciente e a do isso comportam posições muito diferentes, até mesmo opostas, diante do gozo. O inconsciente o excluiu radicalmente e seu trabalho continua a anulá-lo quando ele se apresenta. O isso tenta reencontrar-lhe um modo, notadamente no Outro. Quando a falta do Outro ou o vazio do sujeito se desvelam, o trabalho do sonho pode visar a um gozo que lhes dá novamente consistência. Eles podem ser então recobertos pela elaboração de uma fantasia, suscitando o gozo do Outro ou sustentando a existência do sujeito pelo gozo fálico. Consideremos, conforme esta questão, alguns encadeamentos de sonhos efetuados por analisandos.

Um homem de uns quarenta anos decidira, bem no início de sua análise, separar-se de sua mulher e desde então estava entregue, de sua parte, a um desencadeamento de violência e de tentativas de sedução misturadas, o que o angustiava muito. Num primeiro sonho, *ele está com dois outros homens no alto de uma torre, preparando um golpe. Um dos homens experimenta sua pistola e dá um tiro, o que o assusta, pois aquilo pode matar alguém; e, com efeito, o tiro atinge uma moça de bicicleta. Preso com os outros, o sonhador é conduzido a uma enfermaria onde lhe fazem uma cutirreação e uma mulher lhe declara que ele está soropositivo. Ele então lhe conta que aos treze anos teve uma aventura com um homem que era seu professor e vê nitidamente a mão desse homem brincar com seus pêlos pubianos.*

Ele observa, a propósito da primeira cena, que ela deve ser entendida como uma angústia relacionada com o ato sexual: quando o homem "dá um(a)"*, uma morte pode vir depois. Ele lê esta cena, portanto, de acordo com uma simbólica sexual, quase sob o modo de um rébus. Mais precisamente, lembra que a mãe lhe havia contado que, adolescente, no inverno, ela ia para o colégio de bicicleta. No caminho, rapazes cuspiam nas moças e fazia tanto frio que os cuspes gelavam. A evocação dessa cena em seu

* *Tirer un coup* é tanto "dar um tiro" quanto "dar uma [trepada]". As preposições também mudam o sentido: *un coup sur* [um tiro em] e *un coup avec* [uma trepada com]. (NT)

sonho faz alusão, pensa ele, ao jato de esperma. O relato de sua sedução por um homem, durante sua adolescência, corresponde a um acontecimento real.

Ele conclui que este sonho trata dos achados de sua virilidade. Ela se apresenta, portanto, como ilegal. Ele considera que se trata da fantasia de um ato sexual com sua mãe, já que ele está entre aqueles maus meninos que "dão um(a)", cospem (ejaculam) nela. Por isso é duplamente sancionado. Pensa, aliás, que seu episódio homossexual, na adolescência, resulta mais de um medo do incesto do que de um desejo por homem, que não se confirmou desde então. Mais tarde desposou uma mulher viúva com filhos grandes.

Este sonho consiste, portanto, em tentar reencontrar o gozo incestuoso, sob uma forma eminentemente simbólica. Ele comporta a um só tempo o gozo e sua sanção. Uma alternativa se lhe apresenta sob a forma de um outro gozo, homossexual dessa vez. À posição subjetiva do ser quem "dá um(a)" em (com) a mãe, sem que se trate do sonhador, segue-se, após a sanção, uma posição que evoca o que ele foi no desejo do homem.

No sonho seguinte, *ele está no parque de um castelo onde um homem o aborda e o convida para uma reunião de homossexuais. Ele aceita vir, mas antes anuncia que vai pegar charutos no carro. No caminho, uma leoa surge de uma estátua e coloca a pata sobre sua cabeça; ele tenta não se mexer e acalmá-la. Ela o mantém assim e ele tem, no entanto, um sentimento de vitória por ter conseguido que ela não pulasse sobre ele, embora esteja sob o domínio dessa ameaça. Ao mesmo tempo e estranhamente, ele sente quase desejo pela leoa.*

Haviam comparado sua mulher a uma pantera, por isso ele a reconhece na leoa, essa figura que o mantém e o domina enquanto ele consegue impedi-la de pular sobre ele. Na sedução pelo homem, ele se lembra do imenso alívio que conheceu, adolescente, ao ser objeto de um desejo. Aquilo o libertaria da necessidade de ser conquistador com as mulheres, ou de seu terror pela mulher conquistadora.

De novo este sonho comporta o reencontro de um gozo, que dele faz, desta vez, o objeto do desejo do homem. É a intervenção da mulher, por trás , que desempenha aí o papel de obstáculo, até mesmo de interdito. É isso, aliás, que causa seu desejo. O sonho desdobra, portanto, a alternativa ao gozo incestuoso, a sedução homossexual em que o ser do sujeito é o de objeto do desejo masculino. Com efeito, esta posição prolonga, com respeito ao homem, aquela que foi proibida com respeito à Mãe. Depois, o sonho produz-lhe a objeção, que o traz de volta ao desejo da mulher.

Num sonho ulterior, *ele está se masturbando, seu filho lhe dizendo para parar.* Ele não pensa, no entanto, que se trate de um desejo de sua parte, mas da conclusão lógica de outro sonho, tido na mesma noite.

Nele encontra uma atriz de cinema, mulher mais velha que ele, com a qual teve relações calorosas no trabalho. *Ela o convida para ir à sua casa e lhe apresenta o filho, que traz o nome de seu pai. Ela faz entender ao sonhador, no entanto, que teve aquele filho dele, sem que ele soubesse, e é por isso que ele traz um prenome quase idêntico ao seu. Depois, ela acrescenta que o dono da casa, pai oficial do menino, não se zangará se ele lavar as roupas com as mãos. Ele se vê então lavando roupas, torcendo-as com as mãos, depois se dirige para o salão para ser apresentado ao dono da casa.*

Ele considera a roupa torcida em suas mãos, com o líquido pingando delas, como imagem evidente daquilo que estava em questão no sonho precedente, uma masturbação. O sonho utilizou uma simbólica que desta vez trata a ejaculação como uma lavagem. Por conseguinte, o que era proibido pelo dono da casa, não lavar a roupa à mão, significa seduzir a dona da casa. Ele aliás o fez outrora, já que dela tem um filho. Ele interpreta este sonho como o relato de um Édipo imaginário antigo, concluído pela permissão de se masturbar, mas com a interdição de novamente satisfazer seu desejo de natureza incestuosa. Entretanto, este filho traz o mesmo prenome que ele, o que evoca ele próprio, como se tivesse engendrado a si mesmo naquela relação. Aquela mulher mais velha lhe explica o enigma. Ele efetivamente cometeu uma espécie de incesto e a interdição segue-lhe a revelação.

O terceiro tempo desta série comporta, portanto, um retorno a um gozo incestuoso, imaginário desta vez, e o enunciado de sua interdição em nome de um Pai faz bascular a posição do sujeito. Ele não é mais o objeto do desejo, nem o sedutor do objeto proibido. Este sonho se apresenta como uma releitura dos termos em jogo no primeiro, num outro nível. Com a interdição paterna do gozo, vem o saber só-depois sobre o que ocorreu e o único gozo fálico que lhe é permitido, nesse contexto, é a masturbação.

Vemos aqui uma seqüência de três proposições culminando numa solução que satisfaz o sonhador. Os três sonhos visam, de modo diferente, reencontrar um gozo e suscitá-lo no Outro. Respondem a uma falta angustiante que a separação descobre no Outro, a esposa abandonada que não cessa de demandar. Por este gozo proibido que lhe é atribuído, o Outro pode retomar consistência. Mas, finalmente, cada um dos sonhos a isso objeta. O primeiro o sanciona, o segundo o defende em ato, o terceiro pronuncia-lhe o interdito. As posições subjetivas da fantasia são, sucessivamente, afirmar "sou" (aquele que tem o falo frente à mulher, até mesmo à Mãe), depois "sou" (o objeto do desejo do homem). Enfim, a interdição resolutória, agindo em um retorno do gozo incestuoso do primeiro tempo, inverte a posição do sujeito em "não sou" isso. Enunciada em nome do Pai, ela o aliviou da necessidade de causar o gozo do Outro para sustentá-lo.

Após um agravamento transitório de seu estado, as coisas se apaziguam na seqüência desse sonho e o curso da vida recomeça. A ameaça de sanção de um Pai, essa notificação de uma castração reduzindo-o à masturbação, produziu o apaziguamento e o saber. Desde aquele menino mau, que "dá um tiro" na mãe, até aquele que lava, obediente, sua roupa à mão, grato pela lei que lhe ensinam, há todo um ultrapassamento. Assim, as posições sucessivas da fantasia podem consistir em juntar as condições do gozo, antes que ele seja anulado sob um modo ou outro.

Um sonho tido uns dez anos antes, quando ele estava a ponto de se casar, nos dá uma idéia de seu sentimento de ter sido imaginariamente incestuoso ao desposar aquela mulher, viúva com filhos grandes. *Ele está de carro com ela e passa pela beira-mar, quando vê então, ao longe, uma chalupa que trazia nas laterais o nome ALLAH.* Mas ele estava seguro de que aquilo significava seu próprio nome, pois a inicial de seu prenome e a primeira sílaba de seu patronímico equivalem a esse conjunto fônico. Ele se sentia como Deus, casando com aquela mulher, ao passo que no momento atual ele tem o sentimento de Édipo de olhos furados quando a verdade se desvela e acolhe a interdição de um pai imaginário com gratidão.

A questão se apresenta de modo bem diferente nos sonhos daquela mulher que sofria por sua insensibilidade no ato sexual. O marido decidiu amarrá-la para que tivesse, disse ele, uma boa razão para não ter prazer. Ela teve, pouco antes, com a irmã e depois com a mãe, uma conversa a fim de saber se aquele prazer lhes foi igualmente recusado. Cada uma acabou por obtê-lo, fica sabendo. Aquela conversa sobre o gozo difícil das mulheres suscitou um sonho.

Ele comporta uma sucessão de três seqüências: *três homens, durante um acidente, entram em seu carro e ela pensa que vão violentá-la, mas é de sua bolsa que estão atrás.* Esta cena lembra a ela um episódio em que três homens haviam pegado sua carteira, mas ela nada dissera e simplesmente fora ao encontro do marido que a esperava. Na segunda seqüência, *ela está saindo da missa e diante da igreja há uma cama com dois homens esperando as mulheres para ter uma relação sexual com elas. Ela vê uma poça parecendo gema de ovo e pensa que eles ejacularam. Ela não sabe se irá lá. Enfim, numa terceira seqüência, vai buscar um homem, excita-o e despe-se diante dele.*

Ela lembra que aos oitos anos assim se despira diante de um espelho e se colara nele para imaginar as relações entre homem e mulher. Mas sua mãe havia chegado e, vestindo-se às pressas, esquecera de vestir de novo a calcinha. Atualmente, uma mulher de um grupo cristão, do qual ela participa, disse que só o amor por Jesus é perfeito, mas não aquele que ela encontra em seu parceiro. A analisanda pensou então que, com efeito, Jesus era o amor e que na terra só se vivia de trabalho de amador.

A sucessão das seqüências do sonho é precisa. É na medida em que o homem se interessa por sua bolsa e não por seu corpo, pelo que ela tem e não pelo que ela é como objeto do desejo que ela avança para o gozo sexual. Mas ela está então munida da referência do amor de Jesus, o Outro absoluto, e o gozo que vem do homem é, em comparação, apenas um trabalho de amador, só produzindo gema de ovo. O desejo da sonhadora é então encenado: provocar o desejo do homem como um semelhante, uma imagem em espelho, sob o olhar do Outro, a mãe. O homem não tem o falo suscetível de fazê-la gozar, pois ele está em reserva na mãe, ou em Deus.

O sonho seguinte precisa e prolonga a mesma solução. Ele veio após um incidente em que seu marido teve uma distensão* muscular. *Uma multidão espia um casal fazendo amor e a sonhadora está a um só tempo na multidão e é a mulher do casal. O homem continua por cima da mulher e ela vai de operação em operação. Fizeram-lhe uma episiotomia e ele ainda a penetrou e a rasgou. No final, devem pôr-lhe um tubo de borracha no lugar de uma trompa.*

* Em francês, *déchirure*: rasgo. (NT)

Ela se sente estranha àquela mulher, mas esta, da mesma forma que ela, está *rasgada* por dentro. Era feliz antigamente: a mãe, sempre por trás dela, não a perdia de vista e isso lhe havia dado uma força, a idéia de que é possível manipular os outros. Há algum tempo, seu marido pôs-se a pilotar um avião dizendo-lhe que era porque não estava satisfeito na vida sexual. Ele teve uma entorse, um *rasgo*, durante um vôo. Depois, seu monitor morreu em seu avião. Enfim, voltou muito tarde, na véspera do sonho, branco feito cera, pois acabava, por causa de uma pane, de pousar de emergência.

A obstinação do gozo do homem, no sonho, toma seu sentido conforme as associações. Ela é proporcional à castração que ele sofreu, já que o rasgo em questão foi primeiramente o seu, quando pilotava para encontrar um exutório para seu gozo sexual. Os dois parceiros do sonho estão igualmente rasgados, castrados no encontro sexual. Aqui, ainda, há identificação em espelho ao homem, segundo um jogo de retorção simétrica entre dois semelhantes. Além disso, a sonhadora olha, junto com a multidão. Este olhar sobre o casal é aquele do Outro que ela quer para si por marido, comparável ao que a mãe era para ela. Observando assim, ela permanece, quanto ao gozo, em reserva, ao passo que o que se desenrola diante de seus olhos, aquele gozo do homem tão obstinado e poderoso na medida em que o corpo da mulher é por ele destroçado, é uma paródia. O homem se solta, com efeito, ainda mais que é em vão: o falo ali não está em jogo, já que está no Outro que olha. Essa obstinação é também o olhar irônico da sonhadora quanto à vontade de seu marido de conseguir fazê-la gozar.

Assim, apenas o Outro primeiro, a mãe, ou Deus, a rigor, *tem* o falo suscetível de fazê-la gozar, ao passo que o homem *é* o falo, igualzinho a ela. O que ela não quer é que ele ocupe o lugar do Outro no sentido em que ele deteria a chave do gozo dela. Vale dizer que há aí uma recusa de gozar em relação à insistência do marido de tentar fazê-la gozar? Certamente, e o primeiro sonho articula com muita convicção as razões pelas quais ele não pode fazer isso; porém o segundo sonho constitui a busca de uma via para o gozo, que teria justamente por condição prévia os diferentes desmentidos que lhe são feitos. A sonhadora quer ser, desta vez, a metáfora do gozo do homem e, para fazê-lo, ela não deve gozar. A posição do sujeito implica que, para ser o significante do gozo de um outro corpo, seu corpo não goza. Um gozo seria aqui reencontrado sob este modo que, paradoxalmente, tenta dar certa consistência ao Outro enquanto outro sexo, o homem, com a condição de sua castração. Esta posição da fantasia vai ao encontro do sonho do *sem-teto*, que tentava igualmente sustentar a existência aleatória do homem pelo gozo sexual.

Nestes diferentes sonhos, as posições sucessivas da fantasia visam, em certas condições, ao gozo. Comportam essencialmente a lógica do isso, que sustenta um semblante de ser, para o sujeito e igualmente para o Outro. O real em causa não é tanto a ameaça de um gozo do Outro; é antes que não haja Outro que se mantenha no que se refere ao outro sexo. A lógica da fantasia tenta, mediante diferentes negações, que são ali a interdição, depois o desmentido, suscitar um gozo que lhe daria consistência.

Se a fantasia, no trabalho do sonho, constitui freqüentemente uma via para reunir as condições do gozo, seu devir é variável. Ela pode representar uma tela em face do real, mascarando a ausência do Outro, como nos exemplos precedentes. Pode também sofrer um desmentido do real, sob a forma do retorno de um significante primordialmente recalcado, paterno por exemplo. É o caso nos sonhos seguintes.

Esta mulher, homossexual desde a adolescência, almoçara na casa do pai, acompanhada da namorada, à qual ela queria mostrar as fotos de sua infância. Fora impedida disso, pois o pai chorava quando mostravam fotos de sua mãe, morta doze anos antes. Ela ficara furiosa por não poder fazê-lo e pensava que o pai, em vez de chorar agora quando a mãe estava em questão, deveria ter sido melhor com ela antes.

No sonho, *seu telefone toca e ela percebe que é muito tarde para ir ao trabalho. Dirigindo-se ao correio para telefonar e se desculpar, ela vai parar na casa dos pais e há alguém na cama deles. Ela pensava que era o pai, mas na verdade é a mãe. Sua morte não está em questão e a sonhadora simplesmente lhe diz que está atrasada para o trabalho. Ora, isso não inquieta a mãe, que tranqüilamente lhe faz café, o que é muito espantoso, pois, em circunstâncias parecidas, sua mãe teria ficado ansiosa. Ela está mais jovem, nos trinta, idade que tinha quando pôs a filha no mundo. A sonhadora está feliz por vê-la tão jovem e tão sorridente, como uma jovem mulher atraente, mais do que como sua mãe.*

Ela lembra que, criança, dormiu por muito tempo na cama da mãe, que não suportava dormir com seu pai. Mas mais tarde, tendo conseguido deixar a cama da mãe, seu pai foi cúmplice para lá pô-la de volta, lhe parece. Foi nesse momento, aliás, que ela teve suas regras, uma catástrofe; foi preciso resignar-se a ser mulher; em seguida deram-lhe o irmão para tomar conta.

Quanto ao trabalho para o qual estava atrasada no sonho, ela pensa precisamente em deixá-lo para achar outro. Neste posto, não tem meios de cumprir bem suas tarefas e suporta mal as mentiras lá correntes sobre disfunções. Foi obrigada a substituir, sem preparação, um colega que, no entanto, não pára de questionar o que ela faz.

O sonho invocou a época em que ela tomava o lugar do pai na cama da mãe. Está assim vingada por ter sido privada de mostrar a foto à namorada. Gozar da mãe outrora, ou ser seu gozo, foi a resposta do sonho diante daquilo que era imposto pelo pai. Ele opôs esta afirmação de gozo ao embargo do pai quanto à lembrança da morta. Ele responde, no mesmo passo, a outro constrangimento que ela vem sofrendo por parte de um homem, no trabalho desta vez.

Depois, na véspera do dia em que devia mostrar seu apartamento, o proprietário querendo recuperá-lo, ela sonha que *um casal instalou-se em sua casa. Ela está muito furiosa, martela o peito do homem a socos e pula várias vezes de pés juntos para pisotear um objeto, um peixe cuja espinha dorsal está eriçada e curva.*

Ela é bem menor que o homem, no sonho, feito uma criança, e só pôde alcançar seu peito porque ele estava caído no chão. O único peixe dessa forma que ela conhece é uma lâmpada que sua avó materna deu à sua mãe, há muito tempo, e ela nunca pensara naquilo. As relações entre as duas mulheres eram muito ruins, ao passo que ela, ela adorava a avó, a única pessoa com quem podia se sentir em segurança. A mãe às vezes a reprovava por parecer com o pai, o que era realmente o pior que ela poderia lhe dizer. Sentia o mesmo gênero de detestação que, no sonho, em relação ao homem.

Lembra, por outro lado, que a nadadeira do peixe era recurvada, o que a faz lembrar um documentário sobre as orcas. Elas têm uma nadadeira dorsal bem reta, ao passo que é recurvada quando estão em cativeiro. Ela se sente indignada com a idéia de que essas orcas, temíveis e soberbos predadores, viram animais de circo quando estão cativas. Talvez fosse esse cativeiro que ela estava pisoteando no sonho, pensa. Foi parada na rua para assinar uma petição sobre os valores familiares e respondeu que ainda estava na: "Famílias, odeio vocês"*.

Podemos entender agora a lógica do gozo em jogo nestes dois sonhos. O homem, nos diferentes casos, primeiro seu pai, depois o colega, enfim o homem do casal é aquele cuja pressão exercida sobre ela é insuportável. O primeiro sonho assegura que essa mãe, da qual o pai a impede de dispor em foto, numa troca com sua namorada, foi seu bem, seu gozo. Este gozo do Outro materno, genitivo objetivo tanto quanto subjetivo, desta vez, anula a interdição do pai. Este "sou" (seu gozo) da fantasia se afirma em face de um pai, que por isso desaparece. No segundo sonho, o homem volta em seu lugar num casal, o que constitui um desmentido em face da afirmação precedente. É o homem que possui o peixe, esse falo de que ela achou que podia livremente viver sem ele, como a lâmpada, de mulher a mulher, de avó a mãe, com ela mesma para encarná-lo. Este falo-orca é um temível predador quando está em liberdade, isto é, entre mulheres. E eis que ele é como o palhaço no qual a orca se transforma em cativeiro, em família, num casal heterossexual, quando é o homem quem o detém. O tamanho pequeno da sonhadora sugere que este desmentido lhe é infligido no passado, em relação a seus pais. O que quer que ela queira, é do pai à mãe que o falo circula realmente, ao passo que, entre mãe e filha, talvez ele esteja presente, mas puramente simbólico e, portanto, falso.

A inversão final num "não sou" (aquela que goza da Mãe, possuindo o falo que ela deseja) desvela o vazio insuportável do sujeito. A lei do Pai foi anulada num primeiro tempo, mas retorna com a castração do sujeito no segundo sonho, que vira pesadelo. O homem tem o falo que a mulher deseja e não ela. O primeiro sonho tratou a interdição tentando anulá-la pela afirmação de um gozo incestuoso – e nisso finalmente fracassou. Pode-se notar que o pai desafiado é um Pai como tal, aquele que tem o falo. Ao contrário, a maioria dos sonhos estudados até aqui tinha por agente de uma função paterna um termo bem diferente, não definido pela posse do falo. Parece paradoxal que, num caso em que o desejo comportou uma escolha homossexual radical e excluiu o homem do desejo, a função paterna em

* Frase do escritor André Gide. (NT)

curso pusesse precisamente em jogo o Nome do Pai, o modelo da função. Mas talvez, justamente, seja essa a chave do problema.

A lógica da fantasia tenta, com maior ou menor sucesso, prevenir o encontro de um real. Aqui, o sujeito do sonho afirma gozar do Outro, antes que um desmentido seja trazido pelo retorno de um significante paterno. A interdição deste gozo não tem o valor resolutório dos casos precedentes.

A fantasia pode igualmente sustentar a existência do sujeito por um gozo fálico quando o retorno de um significante o ameaça de desaparecimento subjetivo. Este gozo suporta eletivamente a função do sujeito. Certos sonhos de Freud comportam tal resposta em face do retorno de um significante paterno no acontecimento na fonte do sonho. São tão preciosos quanto os grandes sonhos já mencionados pela análise precisa que os acompanha.

Consideremos um fragmento do sonho do *Conde Thun*, por exemplo[10]. Freud ficara irritado, ao esperar o trem para sair de férias, com os privilégios de que esse ministro se havia beneficiado da mesma forma que outro personagem bem situado. Com efeito, ele próprio devia ficar numa sala abafada, não obtinha o compartimento que convinha e temia, por isso, não poder levantar-se durante a noite, em caso de necessidade. Descreve sua cólera da noite e todo o sonho, com sua interpretação, diz respeito a situações de revolta justificada ou de arrogância contra autoridades. Na última seqüência do sonho, *ele se disfarça acompanhando um velho homem caolho, de quem é o enfermeiro, e estende-lhe um urinol, comprado na véspera.* As associações referem-se a duas cenas de infância. Numa, tendo urinado na cama, consolara o pai dizendo-lhe que compraria uma cama nova "na cidade". Na outra, o pai zangara com ele dizendo "este menino não vai ser nada", quando urinara no quarto dos pais. Freud considera a última cena do sonho como uma inversão por vingança. O velho homem é seu pai, urinando diante dele na impotência da velhice, como ele mesmo havia feito. Assim, no sonho, ele zomba pensando que no entanto se tornou alguém. Isto alude a suas descobertas sobre a histeria, motivo de orgulho para ele.

---

[10] *L'Interprétation des rêves*, op. cit., p. 184.

Este desejo de vingança, realizado ao longo do sonho, efetua paulatinamente seu percurso até a infância. Submetido à regra de todos, Freud devia suportar um certo número de aborrecimentos e impedimentos ligados ao corpo, ao calor, à impossibilidade de urinar. Seu sonho convocou diferentes modos do que ele nomeia a revolta contra a autoridade paterna, designando assim o privilégio do Conde com o qual ele se irrita. O que o sonho trata diz respeito à irrupção de um Pai cujo gozo transgride a regra, quando o sonhador está privado do seu. Neste sentido, essa importante figura goza em seu lugar, contra ele. Por isso é que as alusões do sonho a fatos de revolta contra a autoridade paterna concluem-se pela vingança suprema contra o pai. As reprimendas deste último, quando o menino quis dispor do urinol parental, estão agora aniquiladas. O sonhador tornou-se o enfermeiro que dispõe do órgão diminuído, desfalicizado, do pai, que não é mais senão aquele de uma micção enferma. Este pai não é mais aquele que proíbe ao filho o acesso ao quarto conjugal, para dele gozar só; aliás, este pai não é mais capaz de gozar dele. Vemos como o sonho tratou o gozo de um Pai que desapossa o sujeito e, neste sentido, goza igualmente dele. Este significante paterno retornou num quadro subjetivo que o excluiu há muito tempo e o sonho trabalhou até que seu valor privador fosse desmentido, anulado. Gozar da castração do pai traz satisfação ao sonhador. A afirmação, pelo sujeito, de seu gozo do falo rechaça a ameaça.

Uma elaboração um pouco diferente a propósito do mesmo problema está em jogo no sonho já mencionado, *meu amigo R. é meu tio*. Neste caso, igualmente, uma "autoridade paterna" se apresenta como interditora e se trata de novo do retorno de um significante paterno com o ministro suposto recusar a nomeação de Professor a Freud. R. não foi nomeado por razões confessionais e o tio Joseph é um cabeça fraca. Aparentemente, o sonho só menciona pensamentos relativos às suas poucas chances de ser nomeado[11]. Já que, como seu colega, Freud é judeu, o ministério igualmente teria toda razão de afastá-lo. O sonho responde a isso invocando outras razões pelas quais seus colegas não foram nomeados. Fulano é cabeça fraca, o outro, criminoso, o que deixa a Freud toda a chance de sê-lo. Mas ele não reconhece ter uma ambição suscetível de justificar tal trata-

[11] Ibid., pp. 125-126.

mento de amigos que ele estima. Por conseguinte, a predição feita à sua mãe, quando ele acabava de nascer, depois a seus pais, quando tinha doze anos, lhe retorna. Disso conclui que, para se vingar por não ter sido ainda nomeado, ele se põe, no sonho, no lugar do ministro que sanciona seus colegas[12].

A resposta do sonho a essa injustiça, que o estigmatiza na aplicação da lei segundo seus méritos, não toma somente a forma da revolta contra a autoridade paterna. Trata-se igualmente de um desafio, no qual ele toma o lugar da autoridade. Daí, ele afirma que a regra é bem respeitada, já que seus colegas são afastados por outras razões que sua religião. Do mesmo modo que precedentemente, a solução do sonho se afigura satisfatória quando o sonhador se afirma de posse do falo, aqui a partir do lugar daquele que lho nega. Assim, o furo aberto pela recusa que emana da autoridade é, não preenchido, mas mascarado. O antigo desejo da mãe de Freud, transmitido pela via das predições, se realiza e é a posição a partir da qual o sonhador aborda a lei falaciosa dos homens.

O gozo do falo é aquele que sustenta a existência do sujeito. Enquanto o sujeito não tem mais consistência do que um significante, o gozo o ancora no real. Por isso está quase sempre em jogo, sob tal ou tal forma, no que o restaura em face de um real que o ameaça.

O mesmo ocorre com o sonho do *cavalo cinza*, que vimos citado por Freud como exemplo das fontes somáticas. A afirmação do gozo do falo intervém aqui no contexto da concorrência com um colega que o suplantou junto a uma paciente. Este sonho foi suscitado notadamente pela dor de um furúnculo na bolsa escrotal[13]. Freud sublinha o quanto a ação do sonho, montar num cavalo e manter-se em cima cada vez melhor, depois de seu colega P. ter-lhe observado que montava mal, é aquela que, por excelência, ele não podia efetuar nesse estado. Ela é destinada a negar e, portanto, a fazer com que esqueça sua dor durante o sono. Ora, este confrade P. "melindra-se"* com ele por ter sido preferido por uma de suas pacientes. Esta, aliás, levava Freud a seu devaneio, "como o cavalo faz com um cavalei-

---

[12] Ibid., pp. 171-172.

[13] Ibid., pp. 201-204.

* *Monte sur ses grands chevaux* ["monta seus grandes cavalos"]: melindra-se. (NT)

ro sem experiência". Disso Freud deduz que o cavalo inteligente que ele monta muito melhor e em cima do qual se sente em casa é essa paciente. Foi de sua casa, de onde está dali por diante excluído, que um outro confrade lhe disse, há pouco, que achava que lá ele estava "firme em sua profissão"*. Assim, a escolha do cavalo para negar a dor ocorreu na medida em que metáforas sobre cavalos já tratavam o acontecimento. Conduzido, segundo seu desejo, pela paciente, suplantado com arrogância pelo feliz rival, Freud sofre, além disso, em seu corpo, de uma afecção que encarna da melhor forma a impotência. Ele aceita o desafio de P. e consegue, no sonho, dominar o animal fálico, como as conotações sexuais evocam, na interpretação.

De novo esse gozo, de caráter fálico, sustenta o sujeito e neutraliza a castração imaginária, consecutiva ao ataque físico e à "traição" da paciente. Entretanto, o sonhador aprende aqui, com o rival, a se servir do instrumento, a fazê-lo seu.

Enfim, um modo de resposta comparável está em jogo no sonho das *latrinas do campo.* Não responde a uma privação, mas ao que se apresenta no outro como um gozo que ele teria do sonhador. Certa noite, Freud estava descontente com a aula que acabava de dar sobre a histeria e a perversão e, achando-a sem valor, foi descansar num café. Sentia-se cheio de nojo com a idéia de que "estava chafurdando nas sujeiras humanas", quando lhe faltavam os filhos que estavam de férias. Um ouvinte o seguira e começou a elogiá-lo, dizendo-lhe que ele havia "limpado as Estrebarias de Áugias da ciência das neuroses[14]". Aqueles elogios combinando mal com seu humor, o nojo aumentou e ele foi embora. Sonha em seguida *que está urinando sobre um banco na ponta do qual há um grande buraco comportando em sua beira montes de excrementos mais ou menos frescos. Um longo filete de urina solta-os facilmente, fazendo cair as sujeiras no buraco. Ao final, era como se algo ainda sobrasse.* Freud constata que todos os elementos de nojo da noite se encontram no sonho, mas que, durante a noite, um movimento contrário despertou. O mesmo material, utilizado de modo equívoco, afirma excessivamente sua personalidade e seus méritos. As associações se refe-

* *[Être] bien en selle* [estar bem na sela]: estar em posição firme na profissão. (NT)

14 Ibid., p. 399.

rem às Estrebarias de Áugias (onde, por conseguinte, ele é Hércules limpando os excrementos). Depois, ao banco oferecido por uma doente agradecida (e ele é, portanto, estimado por seus doentes). Enfim, o longo filete de urina limpa tudo (e a associação evoca, apesar da força pouco comparável do jato, Gargântua urinando de cima das torres de Notre-Dame sobre os parisienses). A derrelição em que ele se encontrava mergulhado, após sua aula, viu-se reforçada ao ser a presa de um lisonjeador. Ele podia sentir-se, neste sentido, objeto de um gozo para um homem e, mais além, para sua audiência em seu conjunto. Do próprio seio do gozo insustentável daquele Outro, em face do qual o sujeito se experimenta como um dejeto, elabora-se no sonho o que a ele responde. O gozo do falo, numa vertente urinária desta vez, restaura sua identificação necessária.

Assim, a análise da maioria dos sonhos mostra o que foi afastado ou mascarado por seu trabalho. A sustentação da existência do sujeito pelo gozo fálico, aquele que se afirma aqui "sou aquele que tem este falo" junto a um significante do homem, se acrescenta às outras defesas. Ela também participa da lógica da fantasia e dá consistência ao sujeito por um gozo. Este gozo não é, desta vez, o do Outro, do qual o sujeito seria o objeto, mas o do ter fálico perante um Pai ou o Homem.

Materialidade da letra

A literalidade do sonho forja-se particularmente a partir da imagem. A cifra metáforo-metonímica, que forma uma letra acoplando os significantes, é, na maioria do tempo, uma reunião de imagens de valor significante. Este acoplamento produz um sentido, mas outros modos literais se encontram. Freud sublinhara a exemplaridade do rébus, cuja imagem deve ser lida como um significante que ela escreve. Em seguida ele havia aproximado o deciframento do sonho do de uma escrita hieroglífica. A inscrição significante formada de reuniões não está mais sozinha em jogo, nestes modos literais. Eles dizem respeito ao corpo ou ao traço da letra, já que estão fora de sentido e que a letra barra o significante de qualquer sentido preestabelecido. Mas, se estes modos literais não estão maciçamente presentes no conjunto dos sonhos, seu estatuto é essencial, pois eles atestam uma função de borda da letra, que é outra coisa que sua função de produção de sentido. Neste caso, ela adere ao gozo e constitui sua borda comum com o significante[15].

Este modo literal tem uma função particular relativa à economia do gozo?

Vimos, na série de sonhos da *leoa*, o exemplo de uma simbólica sexual análoga a um rébus. "Dar um[a]" interpretava-se conforme a expressão popular, ao pé da letra. O sonho de *Allah* era ainda mais representativo dessa função da letra. O nome do deus era na verdade constituído da letra A, inicial do prenome do sonhador, e da primeira sílaba de seu patronímico, LA. Ora, esta série de sonhos se caracterizava por uma concomitância estreita entre a busca do gozo mais proibido e sua sanção. "Dar um [tiro]" na ou "dar uma" com a mãe era de fato tão ilegal quanto um ato assassino. A chalupa, como um imenso falo pousado sobre o mar*, trazia o nome do sonhador e o do deus ao qual ele então se igualava, mas também o do deus interditor. Assim, essa modalidade de letra vai no mesmo sentido que o propósito destes sonhos. Ela verdadeiramente adere ao gozo que visa, embora o proíba. A letra aí se apresenta como uma borda entre significante e gozo, que não é entre eles absolutamente nem uma separação, nem inteiramente um vínculo.

Eis um exemplo ainda mais preciso. Este homem, que se queixava de experimentar com freqüência um sentimento de confusão entre sua mu-

---

[15] O texto maior de Lacan sobre este ponto é "Litturaterre" (publicado em *Ornicar?* nº 41, Navarin), que foi pronunciado em seu seminário *D'un discours qui ne serait pas du semblant*, 1970-71, inédito. É, talvez, o modo de literalidade que foi até aqui mais bem estudado no campo lacaniano. Podemos nos reportar, quanto aos trabalhos dos psicanalistas lacanianos, a um artigo de Philippe Julien, no qual uma série de sonhos comporta os significantes "leão" [*lion*], "camaleão" [*caméléon*], "maçarico" [*chalumeau*]. A sucessão literal c.m.l. aí insiste, ao mesmo tempo que está presente no nome do pai do sonhador ("A verdade fala, o saber escreve", *Littoral*, nº 2, A mão do sonho, outubro de 1981). Ler, igualmente, o livro de Jean Allouch, *Letra a letra* (Rio, Companhia de Freud, 1995). Além disso, uma ampla ilustração deste manejo da letra está presente em numerosas obras de Gérard Pommier, dentre as quais, por exemplo: *Du bon usage érotique de la colère...* (Paris, Aubier, La psychanalyse prise au mot, 1994). Nesta podemos ler, entre numerosos outros casos, o de uma sucessão de dois sonhos de um analisando espanhol em que a proximidade fônica de duas palavras, *pata*, perna, e *patillas*, mecha de cabelos, organiza toda a dialética fálica do sonhador e sua encenação (pp. 208-209).

* *La mer* [o mar] e *la mère* [a mãe] são homófonos. (NT)

lher e ele mesmo, tem um sonho de que desperta angustiado, pronunciando a palavra "e"[16]. De imediato o associa ao "e" que ele costuma acrescentar após seu prenome, para a ele juntar o de sua mulher. Ele não se lembra do sonho, mas sabe que tinha a ver com um primo e sua família, fulano e seus filhos. Além disso, nota que costuma soletrar seu patronímico em dois tempos, um que é um nome de cidade, a que se acrescenta "iti". Ora, é desta maneira que se soletram em inglês as letras "e,t", que constituem o título de um filme célebre. Assim, por este procedimento literal, a conjunção que junta seu prenome ao de sua mulher está na verdade inclusa em seu patronímico, em vez de segui-lo, como se o vínculo com o objeto não estivesse fora do sujeito, mas fosse uma de suas partes, compreendida no nome do pai. Neste caso, igualmente, a letra realizou em si mesma o desejo do sonho. Aí também, o corpo da letra está estreitamente unido ao gozo. Esta literalidade tão particular é puramente topográfica e não é mais da ordem do sentido.

Tal materialidade é também sensível, às vezes, no que diz respeito ao aspecto numérico da letra. Vimos a importância de uma espécie de moeda na troca do coração do sonho de Dante. Mas podemos encontrar literalmente formas de operações. Por exemplo, no sonho a seguir. Esta mulher sonha que *está numa festa num castelo, sai e passeia pelo parque. De repente, dois gnomos jogam-se sobre ela como que para violentá-la, mas é na verdade para morder-lhe ou mamar-lhe o seio. Ela os acalma e lhes mostra como se deve fazer, suavemente.* Pensa de imediato, com respeito aos dois personagens idênticos, com um aspecto de adulto e de criança a um só tempo, que comparou seu companheiro a uma criança em razão do desaparecimento de seu desejo sexual e evoca com freqüência seu antigo amor, com o qual o desejo estava constantemente presente. Enfim, acalenta às vezes a idéia de ter um filho e diz a si mesma que a mamada seria erótica. O personagem do gnomo é, portanto, uma condensação de dois termos, o companheiro-criança e o antigo amante cheio de desejo. Como se o primeiro, acrescentado ao

[16] Este sonho foi mencionado em *Le concept du phallus* (G. Chaboudez, op. cit., pp. 76-77).

segundo, tivesse por resultado duas vezes o mesmo objeto, constituído de uma mistura dos dois. É bem próximo de uma operação deste tipo:

$$A \times B = \frac{1}{2} AB + \frac{1}{2} AB$$

O aspecto numérico do sonho diz respeito ao cálculo do objeto que causaria o desejo. É igualmente uma literalidade que adere ao gozo.

Uma outra estrutura da letra, ainda, intervém na economia do gozo. Falamos no conjunto, relativo à cifração, da reunião dos significantes dois a dois. Evidentemente, era o mínimo e eles eram em geral mais numerosos ao formar estas reuniões. Com freqüência, eram três. A repetição dos três no sonho de *Irma* foi amplamente notada, repetição relativa às pessoas e aos significantes que organizam o sonho, e a literalidade da fórmula da trimetilamina não deixava de ter relação, vimos, com o agenciamento dos gozos e de seu devir neste sonho. Mas, além disso, estes três não estavam simplesmente superpostos. Irma representava a senhora Freud e a governanta, por analogia, e era este conjunto que era substituído pela amiga de Irma. Portanto, era por intermédio de Irma e não diretamente que a senhora Freud e a amiga estavam ligadas na primeira condensação. Trata-se aí de um modo de nodulação que Lacan estudou, nos últimos anos de seu ensino, conforme o que existe em topologia sob o nome de nó borromeano. Ele permite dar conta do modo sob o qual se ligam os diferentes registros com os quais o sujeito está às voltas: Real, Simbólico e Imaginário, ou seja, respectivamente, gozo, ordem da linguagem e corpo. Da mesma forma que os três elos do nó borromeano, estes registros só estão ligados dois a dois por intermédio do terceiro. Assim, no próprio modo de reunião dos significantes, intervém o vínculo entre o gozo e o corpo. O trabalho do sonho a isso se presta particularmente em razão da especificidade de sua letra. Encontramos o mesmo princípio no sonho da *mesa da hospedaria*, em que, na origem da substituição da senhora Freud pela senhora E.L., uma terceira pessoa, a parenta, foi determinante. Ela é o intermediário que as nodula. No sonho dos *gnomos* mencionado anteriormente, a criança intervém duas vezes nas associações: a criança futura e aquela que o cônjuge se tornou. É ela quem liga os dois outros termos num único conjunto de que resulta o gnomo. Ela possui o erotismo do ex-amante e a natureza infantil do cônjuge. Podemos encontrar em numerosos sonhos uma nodulação dos termos assim, dois a dois, por intermédio de um terceiro. Ela corresponde bem de perto ao modo sob o qual se ligam os registros do gozo, do significante e do corpo para o sujeito.

O pesadelo e os sonhos de angústia

a) Observações prévias

O pesadelo é, por excelência, o sonho que não consegue afastar o real, mascarar-lhe o furo. Ele fracassa em elaborar a fantasia ou a cifra que convém para fazer isso. Por isso o real nele retorna, de modo mais ou menos maciço. Acidente na neurose, o pesadelo é freqüente nas abordagens da psicose, em que o real se desencadeia à medida do fracasso do trabalho do inconsciente.

O lugar dado por Freud ao pesadelo e aos sonhos de angústia, em *A interpretação dos sonhos*, é marcado por sua preocupação de mostrar que eles não objetam à teoria da realização de desejo, a serviço do sono. Paralelamente, neles encontramos regularmente a lembrança de que o pesadelo pertence à patologia das psiconeuroses e constitui o equivalente de um sintoma. A este título, ele não entra por completo no quadro da psicologia do sonho, que é o propósito de seu livro.

Freud não tinha nenhuma dificuldade em mostrar que não há aí, salvo exceção, objeção à teoria do desejo, uma vez que ele formulava a formação do sonho como um compromisso entre dois sistemas. A dificuldade representada pela realização do desejo inconsciente sob o controle do pré-consciente, apesar da deformação destinada à censura, explicava os riscos de fracasso. Era simples, sobre esta base, notar que o pesadelo é a realização não-deformada de um desejo inconsciente. Se o desejo que ele cumpre é maciçamente reprimido pela censura do pré-consciente, concebemos facilmente que produza desprazer e angústia. Os outros sonhos dizem respeito a um desejo consciente, ou cumprem um desejo inconsciente ao deformá-lo.

Freud sublinhava que a saúde psíquica se caracteriza por um bom domínio do pré-consciente sobre o recalcado. Portanto, era preciso que uma brecha nele se formasse e que se reforçassem as exigências dos impulsos de desejos recalcados para que o pesadelo ocorresse repetitivamente. Neste caso, ele podia ser considerado como um sintoma que constitui um mau compromisso, uma fobia por exemplo, substituindo uma angústia por um medo localizado. O pesadelo admitia então a mesma causalidade que as manifestações de angústia dos neuróticos: uma libido recalcada que insiste, desviada de seu objetivo. Quanto mais angústia o sonho comportava, mais se estava seguro de sua determinação sexual.

O pesadelo ou o sonho de angústia formavam-se primeiramente quando um desejo muito recalcado exigia satisfação, ao passo que o trabalho da deformação era nulo ou insuficiente. Podia, no entanto, ocorrer de modo bem diferente. Por exemplo, o trabalho do sonho retomava restos diurnos penosos, a partir dos quais um desejo particularmente recalcado tendia a se satisfazer. Freud afirmava que quanto mais esses restos eram penosos e intensos, mais o desejo realizado era um desejo fortemente reprimido. O pesadelo podia assim derivar tanto de sonhos "de cima", quanto de sonhos "de baixo", de acordo com sua expressão. Esta qualificava, no primeiro caso, os sonhos determinados a partir dos restos diurnos e que apelavam para um desejo inconsciente para reforçá-los. Aqueles que se formam a partir de um desejo inconsciente e utilizam o material indiferente da véspera para operar transferências representavam o segundo caso. O pesadelo ocorria igualmente após satisfações intensas e tinha valor de castigo para aquelas que eram proibidas. Dessa vez, o desejo de punição satisfeito não pertencia ao inconsciente, mas ao pré-consciente ou ao supereu. Ele podia igualmente sobrevir a partir de excitações somáticas, notadamente nas patologias cardíacas e respiratórias. O trabalho do sonho apelava então para a realização de um desejo muito recalcado, que teria provocado uma angústia comparável. Inicialmente temos a impressão de que Freud estabelecia uma diferença nítida entre o pesadelo, ao qual reservava o quadro da patologia e o estatuto de sintoma, e os sonhos de angústia, que se inscreviam na psicologia do sonho. Isso, na verdade, não é tão nítido e ele parecia utilizar os dois termos de maneira sinônima. Por exemplo, seu sonho de angústia da infância a propósito de sua mãe estava situado num contexto em que ele tratava do pesadelo. Em seu último texto sobre o sonho, em 1933, ele não retomava mais o termo pesadelo. Reconhecia uma exceção verdadeira à teoria do desejo: a dos sonhos que repetem um traumatismo, nos quais não há realização de desejo[17]. Os sonhos eram então de angústia, de desejo ou de punição. Todos, fora a exceção mencionada, constituíam a realização de um desejo, bem-sucedido, angustiante ou punido. Outra exceção dizia respeito à insistência, nos sonhos, das cenas infantis sexuais que foram fonte de desprazer e de angústia, até mesmo de traumatismo. Mas o trabalho do sonho tendia, ainda que isso fracassasse, a uma elaboração visando substituir a decepção por uma autorização. A diferença entre sonho de angústia e pesadelo situava-se essencialmente na elaboração e, portanto, na deformação. Praticamente nula no pesadelo, era mantida no sonho de angústia.

O ponto de vista de Jones sobre o pesadelo traz um elemento interessante. Ele retomava sua definição clássica, segundo traços fenomenológicos: além do medo extremo, um sentimento de peso sobre o peito, impedindo a respiração, e a convicção de uma paralisia[18]. Assim circunscrito, o pesadelo se distinguia de todo o conjunto dos sonhos de angústia e de desprazer e derivava de uma patologia, encontrada notadamente nas neuroses de angústia e nos primeiros estádios de certas psicoses. Encontrando-o quase sempre nos homens, Jones considerava que ele podia ser causado pelo recalque do componente feminino ou masoquista do instinto sexual. No conjunto, ele atribuía esse ataque de angústia a um conflito psíquico tendo por núcleo o incesto, suscetível de ser suscitado por quaisquer estímulos que despertassem este complexo[19]. Lembrava que a crença popular, até o século XVII, interpretava nos sonhos eróticos a ação de demônios lúbricos, íncubos ou súcubos, que visitavam aquele que dormia. O pesadelo ocorria quando o sonhador resistia fortemente. Assim, uma série era constituída, desde o sonho erótico até o pesadelo, com todos os intermediários de sonhos eróticos misturados com medo. Esta crença foi, a partir do século XVIII, suplantada pela hipótese médica, que imputava esses sonhos às ten-

---

[17] "Révision de la théorie du rêve", *Nouvelles conférences d'introduction à la psychanalyse*, Paris, Gallimard, 1984.

[18] E. Jones, *Le Cauchemar*, Paris, Payot, 1973.

[19] "A intensidade do medo é proporcional à culpa pelos desejos incestuosos recalcados que buscam uma satisfação imaginária e cuja contrapartida é um orgasmo, freqüentemente provocado por uma masturbação involuntária". Ibid., p. 297.

sões excessivas dos órgãos sexuais. Jones sublinhava que, ali como alhures, a crença popular estava mais perto da verdade, ainda que a projetasse sobre o mundo exterior dos espíritos.

Notemos que esta crença tinha um mérito, além daquele de pôr o acento na determinação sexual da angústia. Ela atribuía a causa do desejo ou da angústia ao gozo que um Outro tinha do sonhador. Este Outro era eventualmente demoníaco e monstruoso, ou então divino e voluptuoso, humano ou animal, morto ou vivo. A crença invocava à sua maneira um Outro bem real, cujo gozo persegue o sonhador. Ao designar no pesadelo a culpa pelo desejo incestuoso projetado sobre toda forma de perigo, Jones e a teoria freudiana não levam em conta a natureza real deste Outro. Este gozo do Outro não é apenas imaginário; ele é uma invasão do real na ordem do sujeito, um real definido como o que aí é impossível. O gozo que faz do sonhador seu objeto constitui o retorno daquilo que foi excluído do simbólico. O sujeito só pode dele ser destituído, já que se formou a partir da exclusão primeira deste gozo e do interdito fundamental que o condenou. Neste sentido, o gozo quase sempre tem, com efeito, um caráter incestuoso. *Há incompatibilidade e assunto de vida e morte entre este gozo que está no real e o sujeito que é representado por um significante no simbólico.* É assim que o vemos intervir nos pesadelos.

b) Fracasso do trabalho do sonho na neurose

Uma série de sonhos, progredindo do sonho erótico até o pesadelo, pôde ser observada numa menina de quatro anos que assustara seus próximos pela crueza de seus ditos eróticos. Ela dissera à avó que queria chupar ou chupava o "pipi" do pai, o qual, naqueles tempos de viva suspeita de pedofilia, se sentira violentamente ameaçado. Um dia, quando ela lhe havia posto a mão no sexo e queria segurá-lo, quando estavam vendo televisão, ele se levantara brutalmente berrando com a menina, o que a assustara. Durante as primeiras sessões de análise, ela menciona um sonho no qual *um macaco vem lambê-la na boca, o que lhe dava muito prazer.* Depois, à medida que as entrevistas comportavam uma constatação elementar da interdição do amor sexual entre crianças e pais, seus sonhos se transformam logo em pesadelos. *Um leão vem desta vez lhe comer os pés* e posteriormente, após cenas comparáveis, *ela chama a polícia, ou seu pai mata o animal.* A interdição do gozo incestuoso com freqüência transforma-o num desencadeamento de ferocidade, que é ainda gozo, mas já também sua sanção, antes que a lei e o recalque se instaurem. A maioria dos pesadelos de crianças se situa nesta virada e a oralidade que manifesta não está aquém do encontro traumático do sexo. É apenas o retorno a uma língua pulsional anterior, para traduzir um gozo marcado pelo interdito do sexo[20].

O pesadelo, na criança, é uma etapa quase obrigatória na via para o desejo. É o tempo em que o gozo do Outro primordial, a Mãe em princípio, insiste, até mesmo se desencadeia, tanto mais que, antes de desaparecer, a instalação da função do Pai intervém para excluí-lo. A transferência deste gozo para o Pai é disso o correlato. Os pesadelos manifestam essa luta intensa entre gozo e recalque.

O fracasso do trabalho do sonho é freqüentemente o da fantasia quando, visando a um gozo, ela fracassa em manter excluído o real, que por conseguinte entra à força no seio do prazer. Assim, no pesadelo desse menino de doze anos, de quem falamos anteriormente, *as cobras pululam, ao passo que não há mais um humano em volta.* A fantasia na origem do pesadelo consistia em ser, como a mulher do filme, salvo do perigo por um homem poderoso. O conteúdo manifesto do sonho comportava apenas o resultado do fracasso de tal proteção e a ausência de todo pai ideal se espalhava com as cobras.

Vimos a diferença de solução trazida, a partir do mesmo resto diurno, pelo menino de sete anos. A cobrinha do sonho não lhe causava medo algum, ele a pegava no colo. O homem do filme tinha, segundo ele, cortado a cobra em duas. Ele pegava, portanto, a metade que lhe cabia. Solução elegante, pois o falo paterno não se dá, nem se divide. Aqui, o ideal desempenhou perfeitamente seu papel, excluindo qualquer entrada à força do real, e esta elaboração torna o sonho isento de qualquer virada em pesadelo. Este exemplo mostra quais soluções, mais ou menos fracassadas ou eficazes,

---

[20] Em sua intervenção no Colóquio sobre o Centenário de A interpretação dos sonhos, organizado em Paris sob a égide da Maison des sciences de l'homme, de 28 a 30 de maio de 1999, Claude Boukobza afirmava que o sonho começa, na criança pequena, pelo pesadelo, o que parece muito pertinente.

elaboram o inconsciente a partir de uma mesma proposição. Ele sublinha o que é mascarado quando o sonho tem êxito, que só aparece quando ele fracassa.

O pesadelo evidencia, através de seu fracasso, aquilo que o sonho ordinário consegue anular. Está na imagem desse sonho de volúpia que, pelo interdito, se transforma em gozo de um Outro feroz, comportando o aspecto de uma sanção. Procede a um só tempo deste gozo e de seu interdito, desencadeado por sua própria exclusão. Neste caso, retorna uma figura derivada da Coisa, tal como Lacan chamou durante um tempo o Outro real da origem, na medida em que ela foi marcada com o interdito do incesto, mas seu gozo insiste em exigir satisfação do sujeito. O pesadelo realiza, na angústia, o desejo recalcado do Outro, uma vez que o encontro do real não foi evitado. Mas, em extremo, ele não representa mais a realização de um desejo, como nota a exceção freudiana, pois não consegue substituir esse gozo por um desejo qualquer. Quando ele se impõe de modo traumático, o desejo não tem mais lugar, não tem mais razão de ser. O sonho bem-sucedido, pelo contrário, situa-se para-além da instauração de uma metáfora eficaz. Ele levou em conta a exclusão do gozo, recalcou-lhe o interdito e anulou um e outro antes que fizessem irrupção.

O que nos mostram os pesadelos e os sonhos de angústia quanto ao que o trabalho do sonho visa afastar?

Uma menina de onze anos, confiada a uma tia na França para lá ser criada, sofre de depressão e de enurese. O pai e os irmãos ficaram na África após o abandono da mãe. Ela tem primeiro uma série de sonhos agradáveis, nos quais o pai dá mostras de autoridade para retomá-la, e conclui esta série decidindo que ela voltará para ele após os estudos. Pouco depois, ela tem um pesadelo. *Um bicho enorme vem tocar sua mão, o que faz seu nariz sangrar*. Desperta angustiada e de fato seu nariz sangrou. Ela viu o mesmo bicho num desenho animado, *A Bela e a Fera*, no qual a fera se torna um belo rapaz quando a Bela o ama. A sonhadora era, pois, potencialmente, a Bela. Os sangramentos de nariz tinham sido correntes em sua infância e era o pai quem cuidava dela então. Assim, uma fantasia de sedução continuou no sonho – talvez provocada pelo sangramento real –, no qual a Fera junto ao leito ocupava o lugar de seu pai outrora. Depois, sua natureza incestuosa provocou a angústia e o despertar. Tudo se passa como se este pai, invocado como recurso perante os caprichos maternos, fosse, por sua vez, o lugar de um gozo, sob a forma da sedução. A fantasia, ainda que vise um gozo, não está destinada a realizá-lo. Ela sustenta a existência do Outro cujo gozo é suposto, mas em princípio serve de tela a este gozo. Não conseguiu, aqui, mantê-lo à distância.

Um processo um pouco distinto está em jogo nos sonhos seguintes, de uma menina de doze anos. *Em sua casa, está uma pessoa, que ela não vê, que lhe diz para pegar o dinheiro na carteira do pai e da mãe, assim como todas as jóias. Se não o fizer, sua irmãzinha morrerá.* Ela está segura de que essa pessoa é um homem, pois ele calçava botas de *cowboy*. No entanto, conhece estas botas, que lhe pertencem. Foram presente da mãe e ela está muito contente por tê-las. Esse homem, além disso, deve ser alcoólatra, pois está segurando uma garrafa de álcool. Não é, porém, seu pai, cujos excessos com a bebida ela evoca há algum tempo, com inquietude. É antes um mendigo que ela vira bêbado na igreja, assustando todos ao fazer largos gestos.

Este personagem, que de modo superegóico a condena a um gozo proibido, é composto de modo preciso pela condensação. Ele tem botas de homem; ora, são aquelas que a mãe lhe deu de presente. Ele segura a garrafa do mendigo que, como seu pai, se embebeda. Encontramos, com este personagem, o seguinte conjunto proposicional numa condensação extrema: é porque seu pai está destituído, por causa do alcoolismo, que a mãe a convida para calçar as botas dele. Este pai, cujo papel ela adotou, retorna no sonho feito uma espécie de fantasma vingador, tendo recuperado suas botas. Ele enuncia uma ordem de roubar os pais, ou antes, a mãe, que é agora o único pai na família, de certo modo. Este ato ordenado à sonhadora é o desejo dela, conforme um quiasma no qual, após ter tomado emprestado seu papel, ela atribui ao pai seu próprio desejo. O gozo perverso do pai se desencadeia proporcionalmente à vingança reclamada por sua destituição e exige retomar o falo de uma mãe que não se deixa castrar. No rastro, um velho desejo de morte relativo à irmãzinha se satisfaz. A angústia é correlata a uma restituição da lei paterna, mas sob a forma de uma lei perversa. Há torção de uma fantasia que se apresenta como um castigo, para finalmente instaurar como lei um desejo proibido.

Alguns meses mais tarde, num momento em que sua evolução é nítida, ela tem outro pesadelo. *Há fogo na piscina, o que é idiota, diz ela, já que há água. Sua amiga tenta abrir a saída de emergência, sem conseguir, e o fogo volta.* Ela foi até a piscina pela primeira vez naquele dia e machucou o pé com uma pedrinha. Uma amiga, a mesma que a do sonho, levou-a até a enfermaria onde um homem lhe arrancou a pedra, depois passou álcool. Ele derrubou, ao irritar-se, o vidro de álcool e esfregou o chão com um pano. Ela pensou então que aquilo podia pegar fogo, pois o vidro, esfregando contra a pedra, pode fazer fogo, e o álcool ajudando... Este raciocínio absurdo por metonímia diz respeito ao modo pré-histórico de fazer fogo, de que ela ouviu falar. A ele se acrescentou o significante "álcool", evocando o outro álcool, aquele que causa a destituição do pai. O sonho apresenta apenas o resultado disso: o fogo manifestou-se na piscina e ela se acha prisioneira das chamas.

De novo o homem da garrafa de álcool, como no sonho precedente, é fonte de angústia, ainda que a similitude destes dois álcoois seja apenas a do significante. O raciocínio absurdo tem, no entanto, a importância de designar um tempo pré-histórico, em que seu pai ainda não era aquele cujas botas ela devia calçar, mas de fato aquele que a protegia, a socorria e a chama que ele podia provocar então era a do amor. Os pensamentos do sonho provavelmente começaram por uma fantasia de proteção, depois, de sedução, relativa ao homem da enfermaria, tanto mais que sua falta de jeito fora com certeza atribuída a uma perturbação de sua parte, logo, a um desejo proibido. A evocação de um pai sedutor, nessa figura imaginariamente paterna, submergiu a fantasia do recurso ao salvador. Quando se espera que vá curar, ei-lo, ao contrário, que põe fogo, no sentido próprio como no figurado. Ser a presa das chamas, neste caso, pode comportar um aspecto de sanção. O amor pelo pai está substituindo a identificação, mas a fantasia de sedução bascula num gozo proibido, cuja sanção se desencadeia. Em todos esses casos em que o sonho virou pesadelo, uma irrupção do real, implicando um gozo do Outro, não pôde ser anulada. Ainda que seja sancionada sob a forma de um acidente, ela guarda o valor traumático do gozo enquanto fundamentalmente interdito. Ela surgiu por trás da fantasia que a mascarava, revelando aquilo cujo resultado esta tentava proibir. Como se fazer-se o objeto do desejo do Outro paterno fosse, em primeiro lugar, encarado sem perigo e tivesse por efeito sustentá-lo, sobretudo quando sua função é frágil. Embora visando um gozo, a tela da fantasia ainda mascara o real. Ela cede em seguida, tal um dique que acaba sendo submergido pela insistência do gozo do Outro. O pesadelo do *fogo na piscina* deve ter começado assim, da mesma forma que o de *A Fera* e o das *cobras*. Não houve elaboração de um objeto "mais-de-gozar", este valor de gozo a partir do qual o desejo pode evoluir sem angústia. O Outro da fantasia era, em cada caso, o da sedução incestuosa.

O pesadelo manifesta o quanto o sonho não é simplesmente o desejo realizado do sonhador, mas também a via segundo a qual este desejo tenta tratar o do outro a fim de excluir seu gozo. O fracasso deste tratamento desnuda o real a ser tratado. Este gozo invade a cena do sonho quando o desejo fracassou, ou quando não há nem mais lugar para ele. O pesadelo sobrevém naturalmente após uma fantasia, na vertente do isso. A sustentação trazida pela hipótese de seu gozo à existência do Outro parece desencadear-se de repente num gozo incontrolável.

Nos adultos, a repetição dos pesadelos marca, em geral, a entrada numa patologia ou seu agravamento. Neles se lê com nitidez o combate travado. A distinção entre sonho de angústia e pesadelo aí se afigura particularmente justificada e necessária. A angústia pode acompanhar um sonho no qual a elaboração é insuficiente, ou, pelo contrário, acabada. No pesadelo, vemos a invasão constituída por um real bruto, que não pôde ser mascarado, anulado ou mantido fora do quadro. É o caso de uma série de pesadelos da jovem mulher anoréxica de que já falamos. Lembramos que o primeiro, após o sonho do *sem-teto*, viera após a intervenção de sua mãe depois do jantar, prescrevendo-lhe, em suma, vomitar, de acordo com o aviso para não fazê-lo. Ela caía pela janela, após ter gozado de modo masturbatório com um sexo de homem. Logo após esse sonho, suas regras tinham voltado depois de ter passado um ano e meio sem tê-las. Tendo-o dito à mãe, ficara irritada com sua satisfação e as havia bloqueado de novo, com um progestágeno desta vez.

Algumas semanas mais tarde, ela tem outro pesadelo.

Acompanhada de seus dois cães, ela chega, com dois amigos, numa cidade mal-afamada, onde os jovens têm pitbulls que ameaçam seus cães. Ela chega a uma arena onde se encontra uma espécie de montanha de cera amarela, com um círculo vermelho em volta. Seus amigos escalam a montanha de cera, mas ela tem medo por seus cães e não sobe. Os jovens chegam então com seus pitbulls e ela está presa na armadilha.

Ela nota que não quis ultrapassar o círculo vermelho, embora tivesse vontade, e que, saindo daquela arena, teria ficado a salvo. Ora, ela lembra que a mãe acaba de programar uma operação para fazer uma redução de seios. Finalmente, a montanha de cera do sonho a faz pensar na gordura que é retirada antes de fechar a pele. Com efeito, conhecemos a expressão "montanha de gordura". Ela lembra também que, no domingo anterior, quando foi ver seu irmão que mora no antigo apartamento familiar onde se situam seus sonhos recentes, passou com os cães diante dos jovens de pitbulls, que lhe propuseram um confronto dos cães. Ela seguiu seu caminho sem ter medo. Este irmão maior, treze anos mais velho que ela, é o único da família a considerá-la sem compaixão. Tem um filho de dezesseis anos por quem ela meio que se responsabilizou, para evitar que fosse fazer algo de errado com os jovens do conjunto habitacional.

Assim, o combate com o seio, na arena, representa bem o impasse em que ela se encontra. Este seio materno, por mais reduzido que seja, continua envolvido por um círculo vermelho que ela não pode ultrapassar para ir além. Ele é intransponível, ela não pode escalá-lo, passar por cima. Assim que melhora, a mãe lhe diz para não vomitar e ela se precipita para fazê-lo. Assim que as regras voltam, ela conta para a mãe, em confiança, depois não suporta a satisfação que aquilo lhe causa. A separação, que lhe permitiria introduzir outra lógica que a desta alienação ao desejo da Mãe, não se faz de maneira decisiva. É nesta medida que o Outro solta sobre ela os cães de seu gozo. Podemos notar a expressão "mal-afamada", que evoca literalmente o fato de que ela ainda não é mulher. Aquele seio, como uma montanha de gordura que ela não pode ultrapassar, constitui uma excelente metáfora de um gozo que não consegue ser neutralizado, anulado. A fantasia elaborada anteriormente, com a irrupção do *sem-teto*, tentava sustentar, pelo gozo, a frágil existência do homem nesse conjunto. Mas só manteve seu papel, para abrir a via do desejo do homem, até a volta da devastação causada pelo desejo da Mãe, de novo instalado.

Um outro pesadelo sobrevém em seguida. *Ela está numa savana, com o namorado, e de repente os "Viets" chegam e atiram neles. Ela se esconde atrás de uma árvore e sente as balas. O namorado fica ali, sentado.* Ela sentia o mesmo medo e a mesma impotência, com a convicção de morrer, que durante um sonho da infância em que Drácula a perseguia no meio dos túmulos onde estava escondida. Ela acaba de fazer, com o namorado, uma viagem à

Ásia que correu muito bem. Ora, o mesmo real insustentável se desencadeia, castigando-a por essa satisfação. Ela recua diante do momento de uma separação no que diz respeito à alienação à Mãe. Ela não pode manter seu desejo, nem sustentar esse esboço de "mais-de-gozar" que emergia no sonho do *sem-teto*, esse objeto após o qual pode enfim estar em questão o desejo. De novo, a devastação a submerge, incluindo, dessa vez, o namorado, igualmente oferecido em sacrifício. Podemos notar que "Viets" tem uma consonância próxima de "*vit*" e "*vié*", palavras que são expressões populares do pênis. Mas este pulular fálico evoca o que se manifesta da castração materna, Medusa reclamando vingança quando o sujeito falta em seu gozo.

Enfim, após uma visita aos pais em sua casa de campo, onde toda a família se achava reunida, ela tem o seguinte pesadelo: *está dando cambalhotas com o sobrinho e de repente sua mãe chega e diz: chega pra lá, eu vou fazer. Ao cair, a mãe pisa na garganta do menino e o esmaga. Ele fica sufocado e azul. Então, enlouquecida, a sonhadora procura uma esferográfica para lhe fazer uma traqueotomia, enquanto a mãe, que é gorda no sonho, embora tenha na realidade emagrecido de lá para cá, não está assustada.* Os dias passados com os pais foram horríveis; ela dormiu em seu quarto de pequena onde quase sempre vomitava ao lado deles. Aquele pequeno sobrinho apresenta certos sintomas desde que os pais se separaram, notadamente o de não falar, embora esteja na idade. Ela identifica este sintoma e esta revolta à sua, à sua anorexia. Sua mãe, é claro, na realidade nunca deu "cambalhotas"* com o menino, mas ela mesma o fez quando todos estavam à mesa. Esta mãe, diz ela, apossa-se de tudo o que ela gosta para destruí-lo. Por exemplo, quis ver o filme da viagem onde aparece seu namorado – e aproveitou para achar que ele estava barrigudo e ficando careca, como se estivesse com ciúmes e quisesse retomá-la, pensa ela. Aliás, a mãe aparece às vezes de calcinha para lhe perguntar se está melhor depois que perdeu peso e seios, como se quisesse agradá-la assim como a um homem.

---

* Em francês, *faire des galipettes*, expressão que literalmente significa "dar cambalhotas", mas em seu sentido metafórico, remete a "ter uma vida livre", ou mesmo ao "ato sexual" (na gíria ou na linguagem familiar francesa é muito comum a metáfora do "salto" para significar "ato sexual"). (NR)

As associações nos dão o sentido desse pesadelo que conclui a série. A morte do menino pela mãe obesa, por inadvertência, bem como o combate perdido com o seio gigante são notáveis metáforas da gênese da anorexia. Mostram a devastação do gozo do Outro materno que não cessa, não se anula. Uma posição fálica do sujeito aparece neste confronto, de acordo com uma significação incestuosa anterior. Esta é evocada nas associações e na expressão "dar cambalhotas com o menino", que finalmente a esmagam como o menino do sonho, ao qual ela se identifica.

Esta série mostra uma invasão progressiva pelo real do gozo do Outro correlata a um fracasso do trabalho do inconsciente, próxima daquela que observamos na psicose. Ela acontece no momento mesmo em que uma tentativa de elaboração de um "mais-de-gozar", com o sonho do *sem-teto*, estava tendo êxito e some com ela. A fantasia não pôde dar consistência suficiente a um Pai e a esse objeto e vemos, dia após dia, como esse gozo invade os lugares de seu desejo, o apartamento do irmão, a viagem com o amigo e os submerge. Nada pôde vencer essa repetição dos pesadelos nesta etapa, coincidindo com um crescimento das crises de bulimia seguidas de vômitos; e a analisanda pediu então para ser hospitalizada.

O pesadelo mostra com freqüência um real desse tipo, esse retorno do gozo excluído e a invasão que daí decorre. Surge quase sempre a partir de uma fantasia porque o gozo que a fantasia tenta reencontrar a submerge, ou porque ela não consegue substituí-lo por um objeto que o neutralize. Vimos este gozo em ação nos pesadelos de crianças e ele está presente nos sonhos de adultos na proporção da patologia em curso. Longe de ser a única manifestação possível do real no sistema do sujeito, ele parece ser disso, no entanto, o último termo. É ele ainda que vamos ver intervir nos pesadelos da psicose.

c) Fracasso do trabalho do sonho na psicose

Fica claro, nestes diferentes processos, que o desejo do sonho não é tanto o que deve ser cumprido quanto o que deve ser causado, elaborado, produzido. Quando um sonho forjou um objeto suscetível de causar o desejo e por ele substituiu um gozo que constitui o impossível, acabou seu ofício. O pesadelo representa o que acontece quando o desejo não consegue isso e deixa o gozo surgir[21]. Todos os casos precedentes se referem ao conjunto dos pesadelos ou dos sonhos de angústia da neurose nos quais, por mais temível que seja, o mau encontro sempre pode ser anulado pelo despertar. Segundo a palavra lacaniana, o despertar, neste contexto, permite, em suma, continuar sonhando. Com efeito, a vigília é animada pela fantasia da mesma forma que muitos sonhos e, quando no sonho a fantasia fracassa em mascarar o real do gozo, resta ainda despertar onde ela reina, se lá reinar.

Mas, num outro contexto, o da psicose, quando este real não é anulável pelo trabalho do inconsciente, ele não o é mais pelo despertar, no qual a fantasia não faz mais a lei. A maneira como ele entra em jogo nos sonhos seguintes, que são os de pessoas psicóticas, dá uma idéia do que é a defrontação com o gozo do Outro enquanto real e não somente na fantasia.

Um rapaz de dezesseis anos, cada vez mais fechado e cheio de esquisitices ao longo de sua adolescência solitária com a mãe, manifesta pouco a pouco perante ela um ódio igual ao que seu pai tinha ao deixá-la. Durante uma consulta, que foi a única, alguns meses antes do surgimento de um delírio, ele conta um sonho. *Está em seu quarto com a mãe e um amigo, brincando juntos na cama. Bruscamente, ele vê os dois saírem e fica só na peça. Então, esta vai ficando escura e de repente ele vê uma pilha elétrica sair voando, ou antes, pôr-se a flutuar. Depois, ouve o barulho de uma tampa que se fecha sobre uma panela. Ouve em seguida um outro ruído, o de uma sirene. Acorda angustiado.* Esta sirene não era o barulho de uma panela de pressão, nem de uma "sirene de polícia", pensa. Ele não sabe dizer o que era, mas, questionado sobre a atividade do pai, responde que este é marinheiro. Aquiesce ao fato de que isso provavelmente evoca então uma sirene de barco.

---

[21] É nestes termos que Lacan evoca o lugar do desejo, a propósito do sonho: "Se o desejo tem um interesse no sonho, Freud sublinha, é na medida em que há casos em que a fantasia, não podemos resolvê-la, isto é, ao perceber que o desejo... não tem razão de ser, é que algo aconteceu que é o encontro do qual procede a neurose, a cabeça de Medusa, a fenda há pouco diretamente vista, na medida em que ela não tem solução. É bem por isso que, nos sonhos da maioria, se trata, com efeito, da questão do desejo, na medida em que ela se reporta a bem mais longe, à estrutura graças à qual é o *a* que é causa da *Spaltung* do sujeito". (J. Lacan, "*... Ou pire*", Seminário inédito, sessão de 14 de junho de 1972).

É muito difícil para ele ter amigos, o que no entanto deseja. É, com efeito, a única muralha neste face a face tornado terrível com a mãe, após o abandono completo de seu pai. Quando a mãe, no sonho, leva esse amigo para outro lugar, numa espécie de sedução com ares incestuosos, já que ele tem a idade de seu filho, o sonhador mergulha então na catástrofe do gozo do Outro. Um desejo incestuoso se desvela ao mesmo tempo que o deixa só. A peça fica sombria e os objetos começam a flutuar, antes que se ouça a tampa da panela se fechar. Tudo isso mostra que ele está incluso num lugar que se tornou uma gigantesca panela, com água ou algum líquido, onde ele sucumbe, flutuando como a pilha. Ele está literalmente frito como uma carne que vai ao fogo, ao passo que no horizonte deste abismo ressoa um som sem significante que ele não pode identificar. No seio desse engolimento, o único sinal veio da sirene, afigurando-se sinal de seu pai. Bagaço significante reduzido ao estado de uma voz nua, é tudo o que resta de uma função paterna que foi rejeitada e não teve resultado. O amigo do rapaz constituía uma metonímia que lhe permitia ter, em seu objeto, o que ele é para a mãe e deslocar assim seu desejo. Mas ela fracassa no sonho, já que este próprio objeto é engolido no gozo da Mãe e o trabalho do sonho não chega a nenhuma metáfora que anularia este gozo.

Vemos aqui o que acontece quando o sujeito está realmente absorvido no gozo do Outro. Ele está absolutamente submetido, na realidade de seu corpo, à vontade e ao desejo da Mãe, suspenso quando ela está presente, abolido quando ela se retira, sem recurso algum. Ele se tornou o objeto de seu gozo, aqui em seu aspecto incestuoso. Seu corpo torna-se equivalente a um pedaço de carne destinado a ser consumido. A devastação é tão grande quando o Outro desaparece quanto quando ele novamente toma posse do sujeito. O sujeito é submetido, à sua ausência tanto quanto à sua presença, como a *diktats.* É este o efeito do fracasso da metáfora paterna, quando um significante não consegue nunca substituir o desejo da Mãe e, assim, inscrever o sujeito na ordem simbólica. O Nome do Pai foracluído surge apenas, no sonho, como uma voz no real, sem arrimo simbólico, sem fala, sem mensagem alguma.

O mesmo estatuto do corpo é percebido num outro psicótico, mais velho, que há vinte anos fica quase oito horas por dia diante da vitrine de um açougue, sem fazer nada e às vezes falando sozinho. Ele se coloca manifestamente como uma parte do talho do açougue, um pedaço de carne, que qualquer cliente vem comprar.

Um gozo devastador caracteriza os pesadelos da psicose, no sentido em que o corpo é submetido a toda espécie de tratamento no real e não mais na fantasia. Vemos o trabalho do sonho fracassar em anulá-lo, em absorvê-lo, o que é particularmente verdade com os sonhos que precedem um delírio. Uma mulher, que tinha até ali estado em perfeita saúde, foi vítima de vários episódios delirantes após um câncer fulminante. Justo antes de um deles, ela sonhou que *tinha morrido e seu corpo era balançado por um grupo de nazistas sobre um monte de cadáveres. Ela se via jazendo naquela carnificina.* A entrada no delírio se anuncia, assim, com freqüência, por uma submissão completa ao Outro feroz. Pode tomar às vezes o aspecto de uma fantasia agradável, como a de Schreber dizendo-se "Como seria belo ser uma mulher no coito", mas assinala, de qualquer modo, o momento em que o sujeito cede, desaparece, para ser absorvido no gozo do Outro. O trabalho do sonho apresenta uma última vez este gozo como uma fantasia, faz uma última tentativa para aprisioná-lo neste contexto, antes que o sujeito fique inteiramente entregue ao real.

A absorção de um tal gozo é maior ainda no sonho desta jovem de vinte anos, já hospitalizada várias vezes por causa de episódios delirantes. Ela está fazendo um trabalho analítico há um ano quando tem este pesadelo. *Um bicho monstruoso, enorme, está ali.* Ela não pode descrevê-lo. Lembra apenas tê-lo visto num filme em que, numa grota, ameaçava uma mulher. Como não pode nomeá-lo, pedem-lhe para desenhá-lo. Curiosamente, sua forma é evidente, é um polvo*. Ela precisa que sentia medo de um dos braços do bicho, o qual não a ameaçava, diz, pois ela felizmente não estava no sonho, mencionando-o como um lugar onde poderia ter estado e não como um pensamento que dela emanasse. O braço em questão, parte da multidão de tentáculos do bicho, deste se distinguia por ser reto e imóvel, ao passo que os outros se mexiam e estavam munidos, na ponta, de tetas. Estava, portanto, relativamente destacado em relação ao conjunto e ela se sentia petrificada ao vê-lo.

* É feminino em francês: *la pieuvre.* (NT)

Da cena do filme, o sonho suprimiu a mulher ameaçada. A Coisa, este ser de gozo não simbolizado, provavelmente materno em razão das tetas, incluiu portanto esta mulher como a sonhadora. Este braço imóvel do polvo, este que não tem tetas e que é reto, petrificado como ela ao vê-lo, representa-a, então. Ela é, com efeito, o braço direito* da mãe desde que esta excluiu o pai do conjunto familiar, embora ele continue a morar com elas. O aspecto fálico desse braço, no desenho, é evocado por sua rigidez. A absorção no gozo do Outro tomou aqui a forma da inclusão de um traço num corpo sem nome, ao passo que só a imobilidade e a rigidez o distinguem no seio desse movimento tentacular. O desenho dá um contorno a essa coisa que não entra nas palavras.

Alguns meses mais tarde, um novo pesadelo acontece. *Ela vê uma pessoa obesa parada atrás da cortina de sua janela e sua sombra é projetada por cima como sobre uma tela.* Acordando então, tem a sensação de vê-la ainda e corre para o quarto da mãe, perguntando-se como aquela pessoa pôde entrar, já que a porta estava fechada. Aquela corpulência é manifestamente a da mãe, mas ela não vê assim. Aquilo lhe evoca antes o fato de que ela mesma engordou de um tempo para cá. O único traço a designar este Outro, cuja presença a desperta, é, pois, sua obesidade. É por aí que ela se identifica com a mãe atualmente, o que lhe permite um esboço elementar de separação. A sombra chinesa, a forma reduzida a um traço não serve aqui, como na lenda de Tobias, para assegurar a presença do amado, já que é uma presença temível. Ela constitui o modo de simbolização do Outro que em retorno implica a sua e um começo de separação. Entre o bicho ondulante e aquela sombra imóvel na cortina, em que ela reconhece o que a identifica, uma resolução é tomada. A substância gozante, de que o corpo do Outro se esvazia, dá lugar ao traço significante.

Vemos nos pesadelos da psicose um gozo, o do Outro, incluindo um sujeito abolido, tão pouco modificado quanto é possível pelo trabalho do sonho. Ele constitui o real que se desnuda quando o significante, o do Nome do Pai ou algum significante que lhe faça as vezes não cumpre seu ofício. Em conseqüência, nenhuma metáfora pode anulá-lo e opor-se a ele.

* *Droit*, em francês [reto] e [direito]. (NT)

Isto sublinha o quanto o trabalho do sonho deve apoiar-se numa metáfora paterna, seja qual for, para eliminar o gozo do Outro quando ele retorna. Nisso fracassa com freqüência, na ausência de tal função, quando a psicose se desencadeia. Para ser eficaz, tal metáfora não precisa ter por agente o Nome do Pai, pois muitos outros significantes podem igualmente desempenhar o papel de substitutos. O que importa é que um deles possa substituir o do desejo da Mãe, que comanda a entrada e a saída de seu gozo.

É com a ajuda do Nome do Pai propriamente dito que este menino de oito anos vai, no trabalho do sonho, esboçar uma suplência à metáfora ausente. Sua psicose é patente desde quando era bebê. Manifesta um gozo irrefreável, risonho, gracejando constantemente, brincando e anunciando-se à consulta com gritos de animais. Nascido três anos após a morte do pai de sua mãe, que ainda traz luto por ele, não conhece o pai, que não o reconheceu. Ao nascer, espantara a mãe com um grito trêmulo, que ela chamava seu grito de avô. Após algumas sessões, como ele enfiava repetidas vezes um bonequinho de bebê pela chaminé de uma casa, disseram-lhe que era o Papai Noel quem costumava passar por ali e não os bebês. Como ele ria muito, acrescentaram que talvez estivesse confundindo o bebê com o Papai Noel, já que a mãe, quando ele nasceu, o havia comparado a um avô.

Pouco depois, ele tem um pesadelo em que ouvia um grito. *É Deus quem está gritando. Ele não sabe como, mas sabe que é Deus e sua cólera é muito grande. O sonhador vai rir, mas não pode, pois de repente toda a sua figura está paralisada.* Ele sente uma angústia enorme naquele momento. Não é espantoso que não possa rir quando Deus grita, lhe sublinham. No período seguinte a essa sessão, ele se comporta de modo nitidamente menos louco, mas soluça com freqüência por qualquer razão. Está mergulhado numa espécie de tristeza e de impotência em que a menor tarefa lhe parece acima de seus meios.

Esse grito de Deus apresentou-se como o sinal ou o anúncio de uma sanção vinda do Nome do Pai. Sem fala e sem mensagem, ele constitui o retorno de um significante paterno que foi foracluído. O menino se prepara para rir, para desafiá-lo, para rejeitar novamente sua autoridade e uma impossibilidade de fazer isso se manifesta pela paralisia de seu rosto. O surgimento desse grito no sonho, dando seqüência à interpretação, permite um advento de sentido que, por sua vez, provoca o abalo de uma identificação.

Algumas semanas mais tarde, ele tem um sonho agradável. *Vê voar um papagaio e segue-o. O pássaro volta-se então e diz "O que é que você está fazendo aqui?", o que o faz rir. Quando o pássaro se vai, ele o segue de novo até que pare e vire-se dizendo-lhe a mesma coisa.* O menino ri muito quando lhe dizem, com um gesto de polegar para cima, que se ele achar um "pai O.K."*, já que seu pai ele não conhece, não há dúvida de que vai de fato segui-lo! O riso, desta vez, referia-se à surpresa do sentido, produzido pelo equívoco homofônico sobre o papagaio. Não se tratava mais de um riso de gozo.

As coisas continuam assim com um sonho de angústia, algum tempo depois. Pouco antes, ele foi convidado à casa de um menino que tinha um "pássaro robô", e ele o furtou. Sua mãe lhe disse que o menino ficara muito irritado ao descobrir o roubo. Ele sonha então que *há deuses no céu. Um está fulminado de raiva e lança raios no céu e na terra. O outro sorri.* O roubo foi sancionado, portanto, de modo planetário, mas, num canto, um deus aprova ou desculpa este ato, o que lhe observam. Uma divisão se instaura no nível de um Pai e logo o sonhador encontra um lugar para o desejo. O gozo no qual estava mergulhado se atenua, nesse período. Ele começa a falar sem interromper seu discurso com risos, gritos de louco e palhaçadas. Cessa de pular sem parar de uma peça à outra, de um jogo a outro, numa agitação febril.

Vemos, no que é cifrado por esses três sonhos sucessivos, um primeiro esboço de anulação do gozo do Outro. No primeiro, o grito de cólera de Deus vai ser desafiado: sua cólera é risível como a de um palhaço e ela própria manifesta um gozo, mas, com a paralisia, uma contradição começa. Só o corpo, o músculo pôde marcar o que aconteceu de repente, não sem angústia, como uma interdição paterna e um esboço de sujeito. Ela sobreveio provavelmente pelo simples fato de tê-lo distinguido de seu avô, ao qual a mãe o referia sem cessar. No segundo, este significante puro que voa como um pássaro do céu é o sinal de Deus, surgindo no mesmo lugar que seu grito. Mas, desta vez, ele saúda o caminho percorrido, mostrando a via. Enfim, no terceiro, uma divisão se instaura no nível do Pai, o deus fulmi-

---

* Homofonia: *Perroquet* [papagaio] e *père* o.k. [pai "legal"]. (NT)

nante no qual se situa a sanção. Ele está agora acoplado a um deus sorridente, que fecha os olhos às manifestações de um esboço de desejo.

Alguns meses mais tarde, o menino sonha de novo *com um papagaio, o mesmo. O sonhador segue-o dizendo-lhe "Você é meu amigo"; então o pássaro diz "Você é meu amigo", repetindo feito um papagaio. Depois sai voando e ele o segue de novo. O pássaro volta-se e, com raiva, lhe diz: "Que porra você está fazendo aqui?". De repente, não repete mais. Mais adiante, na floresta, ele lhe mostra os macacos, mas um bicho feroz, um leão, surge para comê-lo. Então, o sonhador o salva pondo um pedaço de pau na goela do leão e o pássaro se torna seu amigo.* O sonho em parte ironiza o comentário do "pai O.K.". Ora, é apenas um papagaio, reafirma ele, já que não faz senão repetir as falas do menino. Ou, ao contrário, é um pai nada O.K., que não repete mais, mas fica irritado quando o seguem. Esta figura de um significante paterno está de novo dividida, esboço frágil que se trata de salvar da goela do gozo do Outro, insistindo em retornar. É o único modo sob o qual ela surgiu nestes diferentes sonhos, que tratavam antes da dificuldade em admitir um significante do Pai.

Vimos muitos modos de retorno do impossível no sonho e há outros ainda. Ele às vezes se deduz do trabalho efetuado, quando este consegue anulá-los. Quando o trabalho do sonho não triunfa, como no pesadelo, ele então se manifesta sob sua forma última. Trata-se com freqüência de um gozo do Outro ao qual o sujeito está entregue. É próximo do gozo excluído na origem, manifestando o fracasso do simbólico em absorvê-lo de acordo com o significante do Pai e do falo. Estes pesadelos não comportam quase nenhuma elaboração, mas apenas a cena da fantasia submersa pelo real que surge.

Mas encontramos igualmente casos em que a angústia acontece no sonho e pode causar o despertar, ainda que o trabalho do sonho seja muito elaborado e, poder-se-ia dizer, bem-sucedido. Uma angústia pode surgir, confinando o pesadelo, ainda que o processo de anulação do gozo esteja acabado. A cifração cumpriu no entanto, perfeitamente, seu papel e elaborou, por exemplo, um objeto suscetível de ocupar a função de causar o desejo e de substituir o gozo. É o que acontece no *sonho de Dante.* Embora o desejo de Beatriz tenha sido elidido, seu rapto abre sobre algo bem diferente. A exclusão completa do gozo da mulher inaugura outro gozo, como se o sonho tivesse basculado de um impossível a outro. O sujeito do sonho está agora privado pelo deus que, no entanto, pareceu sustentar seu desejo. Encontramos aí a angústia suscitada pela irrupção de um Pai que, proibindo seu gozo, parece, por sua vez, gozar do sujeito. Mas além disso o Outro desaparece. O término da cifração foi tão bem-sucedido que não se contentou em excluir o gozo do Outro: ele pronuncia sua morte. A falta do Outro não é mais a da castração que se conjuga com seu desejo: é a de sua ausência. Mais que de um pesadelo, trata-se aí de um sonho de angústia. Ele não se caracteriza por um defeito de elaboração, já que comporta uma, inteiramente acabada.

O sonho de angústia pode formar-se, não por falta de cifração, mas ao termo de uma cifração terminada. Das duas lógicas que partilham entre si o sujeito em sua divisão, uma, a do inconsciente, culmina no vazio do sujeito e do Outro. Ela pode vir recobrir totalmente a do isso. Neste caso, o sujeito do sonho pode estar confrontado com a inexistência do Outro.

Observamos um surgimento comparável da angústia após uma cifração terminada, no sonho, já mencionado, a *mãe de Freud*. O trabalho do sonho substituiu o desejo da Mãe pelo gozo dos deuses que a carregam para a cama. É então que o menino acorda. Freud afirmava que a significação da morte, relativa à mãe, mascarava o sentido sexual evidente da cena. Ora, esta morte é, ao contrário, o que resulta do fato de que o desejo da Mãe foi excluído, a ponto de fazer dela uma presa. De uma eficácia notável para triunfar sobre o desejo do Outro, este processo fez com que, no *sonho de Dante*, o Outro, uma vez seu desejo destruído, se apresentasse como destruído igualmente. Tudo se passa como se essa cena, destinada a anular o gozo da Mãe relativo ao sujeito, pelo gozo de que ela mesma seria o objeto, fosse bem-sucedida demais. O Outro, de fato, está sem gozo, ou isto pelo menos não está mais em questão; conseqüentemente, desaparece.

Dois pólos extremos se desenham: o pesadelo, por falta de anulação do gozo do Outro, e o sonho de angústia, quando a cifração do inconsciente o anula totalmente. *A única escolha do sujeito é ser entregue ao gozo que o destitui, ou então ver-se às voltas com a inexistência do Outro e ser, neste caso, tão aniquilado quanto ele.* A releitura da alienação da fantasia na lógica do inconsciente, operada com freqüência pelo sonho, protege contra o risco de gozo, mas pode descobrir o vazio do sujeito e a ausência do Outro. *Entre o gozo que pode ser encontrado sob certo modo, conforme a lógica do isso, e aquele que deve ser excluído, conforme a cifra do inconsciente, o trabalho do sonho tenta chegar a algo que se anula.* Pode-se observar que o sonho de angústia parece mais acontecer quando a cifra do inconsciente, terminando seu ofício de recobrimento do isso, descobre o vazio do Outro. O pesadelo parece antes resultar de ondas do gozo do Outro a partir da lógica do isso, sem que a cifra do inconsciente tenha podido contê-lo. Além do grau diferente de elaboração que Freud havia sublinhado, é neste ponto que pesadelos e sonhos de angústia poderiam ser distinguidos um ou outro.

A propósito da apresentação em imagens ou encenação

Demoremo-nos um instante no terceiro modo do trabalho freudiano do sonho, que esteve pouco em questão até aqui, embora esteja em jogo sem cessar. Lacan praticamente não interveio neste ponto, depois de ter mencionado, em "A instância da letra", que convinha, para maior precisão, traduzir por "consideração aos meios da encenação" o termo freudiano traduzido em francês por figurabilidade[22]. Isto, aliás, é muito próximo do termo que Freud utilizou em segundo lugar, traduzido por dramatização. Esta locução sublinha, melhor que o termo figurabilidade, o valor significante da imagem do sonho. Lacan designou, na apresentação em imagens, um simples suporte da cifra metáforo-metonímica, única diferença entre o sonho e as outras formações do inconsciente. Lamentou, além disso, que Freud, nas últimas edições de *A interpretação dos sonhos*, desse tanto lugar à simbólica, em detrimento do jogo das associações significantes. Concebemo-lo, já que a simbólica postula a existência de modos de representação que não seriam próprios a cada indivíduo e a cada sonho, mas comuns a todos no seio de uma mesma língua, até para além. Ela pouco faz intervir a representação do sujeito por um significante para um outro, o significante do conteúdo manifesto para aquele que está contido na associação.

Esta crítica de Lacan continua pertinente em seu contexto de reabilitação do significante quanto ao trabalho do sonho e do inconsciente em

---

[22] J. Lacan, *Écrits,* op. cit., p. 511.

geral. No entanto, convém tentar compreender o que levou Freud a se interessar pela simbólica. Além disso, a redução da figuração a um suporte quase anedótico da cifra é um ponto de vista lacaniano que data da primeira elaboração do trabalho do inconsciente. Coincide com a introdução da metáfora e da metonímia, embora não tenha sido retomada depois. Convém, portanto, reler os termos freudianos desse modo de trabalho do sonho para considerar seu papel nas perspectivas introduzidas pela teoria da cifração e do gozo. Veremos, assim fazendo, o lugar que lhe damos em nossa prática analítica do sonho.

Entre os pontos essenciais que Freud tratava com a figuração no sonho, encontra-se a questão das relações lógicas. Ele mostrava como a imagem toma valor significante, sob o modo sintático e não mais léxico. Estas relações não estão expressas no deslocamento e na condensação, que cuidam apenas do conteúdo do pensamento e não de seu encadeamento. Não há outro meio de representar as relações lógicas do pensamento do sonho a não ser os procedimentos de figuração. Freud corrigia assim sua primeira constatação, a de que o sonho não exprime as relações lógicas, precisando que ele, no entanto, possui certos meios de figurá-las. A existência de uma relação entre diferentes elementos era figurada por sua presença simultânea numa cena em que nada tinham a fazer juntos. A causalidade o era pela sucessão ou pela transformação da imagem. A contradição era freqüentemente representada por um impedimento físico, uma paralisia, o que encontramos, por exemplo, no sonho de *Deus que grita.* A semelhança estava implicada na condensação, com as imagens compósitas e as identificações. A alternativa não estava representada, mas os dois termos estavam justapostos. O equivalente de uma oração subordinada seguida de uma principal aparecia na sucessão de um sonho prólogo e de um sonho principal.

Entretanto, uma simples gramática de orações principais e subordinadas não basta para dar conta do que está em questão. O encadeamento destas seqüências nos pareceu, como o capítulo precedente desenvolve, corresponder a uma série de orações que podiam derivar da lógica da fantasia. Podemos encarar o sonho como um desdobramento de orações lógicas no qual uma alienação lógica acaba por ser relida numa outra lógica. A alienação do isso quase sempre é relida na língua dos pensamentos do inconsciente. A sucessão das seqüências, o recorte das orações restabelece uma lógica que não é uma gramática.

A apresentação em imagens é assim o principal suporte da lógica do sonho. O "não sou" e o "não penso", que constituem as duas partes da divisão subjetiva, não constituem uma lógica suscetível de se limitar ao contexto do discurso. A literalidade em imagem do sonho abre um campo que convém particularmente ao ser do isso, empenhado em reencontrar o gozo, e ao pensamento do sexo elaborado pelo inconsciente. O ser do isso consiste, em geral, no agenciamento quase sintático de um corpo com outro, ou vários outros, ou objetos. O pensamento do inconsciente põe em relação as diversas modalidades de significação fálica dos corpos, ou dos objetos, que se apóia na imagem.

É neste contexto que a simbólica adquire sua importância e vamos nela agora nos deter para tentar esclarecer sua função. A encenação deve substituir um pensamento abstrato por uma imagem concreta, sob um modo do qual Freud dava como exemplo o fenômeno funcional de Silberer. Este procede deste tipo de transformação: "Penso que devo corrigir num artigo uma passagem de estilo rude", símbolo: "Vejo-me aplainando as rudezas de uma peça de madeira[23]". Este princípio já é utilizado em múltiplos usos de expressões na língua, jogos de palavras são criados a partir dele, mas a figuração por símbolos impressionava mais particularmente Freud, a partir de 1912, em relação ao imenso catálogo do que pode figurar o material sexual no sonho. Somos tentados, dizia ele, a esboçar uma nova chave dos sonhos de acordo com o método de decifração[24]. Ele convinha que as pesquisas efetuadas o haviam convencido da existência de uma simbólica onírica, mas notava que esta simbólica não facilitava a interpretação, antes a complicava[25]. Os símbolos em geral não encontravam explicação nas associações do sonhador. Serviam, portanto, para completar a interpretação quando elas faltavam.

Freud fazia a lista dos símbolos que ele reconhecia, dos quais mencionamos os principais a fim de interpretar-lhes o valor. O rei e a rainha, os

---

[23] L'*Interprétation des rêves*, op. cit., p. 296.

[24] Ibid., p. 301.

[25] Ibid., p. 303.

grandes homens representavam os pais. Os objetos compridos, bastões, guarda-chuvas, facas: o membro viril. As caixas, estojos, armários, cavernas, navios, vasos, quartos: o corpo da mulher. As escadarias, as trilhas escarpadas, as escadas: o ato sexual, em razão do movimento que fazemos para subir. O chapéu, a gravata, o manto representavam o órgão masculino, da mesma forma que as máquinas. As crianças o representavam igualmente, ao passo que os vermes figuravam as crianças. A castração era representada por calvície, cortes de cabelos, perdas de dentes, decapitações e a maneira de preservar-se disso, através de vários símbolos de pênis. Os animais como o caracol, o camundongo, o gato, o peixe e, sobretudo, a cobra figuravam o pênis[26].

Esta lista pode parecer, à primeira vista, quase cômica, mas todos os que costumam interpretar sonho sabem que é assim que estas representações freqüentemente entram em jogo. *Percebemos, ao lermos os símbolos freudianos, que se trata de um conjunto inteiramente formado pela colonização dos objetos e dos corpos pela significação fálica.* Mais que do membro viril, trata-se do falo, seu significante, ou do objeto fálico e daqueles que tomam sua significação. Todos os símbolos que Freud reconhece dele derivam de fato, pois são função de sua equivalência ou de seu vínculo com o falo: contê-lo, tê-lo, sê-lo, etc. Para os objetos de forma pontuda, é evidente. Entre os animais mencionados, o gato e o pássaro são utilizados pela língua popular em referência ao pênis que sai voando e ao que o devora, no ato sexual. Trata-se de uma significação fálica, ainda, para os símbolos femininos como as caixas, estojos e armários, pois são definidos como o que guarda o falo no ato sexual. É também o caso para a subida nas escadas, com o movimento do pênis. A castração imaginária está em jogo, é claro, nas perdas de dentes, de cabelos ou de membro, por analogia com o falo que o corpo pode perder. A significação é igualmente fálica para o rei e o grande homem, já que são aqueles que têm o falo. A rainha entra nesta significação, uma vez que é o objeto de valor fálico do rei. Ser o falo, e não somente tê-lo, intervém amplamente, com efeito, na significação fálica. Freud o abordava no nível da criança, que significava o membro viril, o que tam-

[26] Ibid..

bém implica a mulher, que tem significação de falo em tal caso, ou qualquer sujeito, quando é identificado ao falo.

Não convém, portanto, discutir a existência dos símbolos escolhidos por Freud, mas antes constatar que eles têm uma extensão maior ainda. Objetar ou não ao lugar dessa simbólica na interpretação não é mais um debate de atualidade. Reconhecer essa significação fálica do inconsciente é necessário, mas de modo algum basta para interpretar, já que ela é o forte da maioria dos sonhos. A observação de Freud, segundo a qual a simbólica não lhe facilita a interpretação, é bem atual.

Podemos agora entender o que está em questão. A significação fálica invade, no sonho, tanto os corpos quanto os lugares e os objetos, pois é o trabalho do sonho a ela submetê-los. *Se o sonho consiste em reler uma alienação lógica numa outra e notadamente a do isso na língua da significação fálica do inconsciente, então o falo é o alfabeto comum de suas imagens.* Mais que qualquer outra formação do inconsciente, o sonho dobra a imagem, faz com que passe nos desfiles do significante fálico, submete-a à ordem do simbólico.

Qual é o resultado da passagem da imagem pela significação fálica? No primeiro lugar da imagem está o corpo, mergulhado no registro imaginário, mas também real, enquanto corpo gozante. O sonho tenta submeter, vimos, o gozo do Outro, que se situa na interseção do real e do imaginário, a um significante paterno e ao significante fálico. Este gozo é excluído do Outro, o que faz de seu corpo um lugar de inscrição simbólica. Ao inverso, um corpo de que o gozo está excluído torna-se o Outro. O sujeito, por sua vez, tem por suporte o corpo do gozo fálico, recortado conforme a significação fálica dos membros ou dos órgãos. Este gozo sustenta sua existência na ordem fundada pelo significante paterno. Situa-se na interseção do simbólico e do real e exclui a imagem do espelho em seu conjunto. Faz das partes do corpo equivalentes fálicos. Cortes destacam tal membro ou órgão, investido da carga do gozo, e dele separam o sujeito, como a extração do coração no *sonho de Dante*, por exemplo. Toda essa ordem funciona como uma tradução permanente. A significação do falo é produzida pela cifração metáforo-metonímica e se estende no imaginário até que o conjunto do campo das imagens tenha passado por esse crivo. A apresentação do sonho em imagens é particularmente adaptada para o tratamento do gozo, para tudo o que, em matéria de órgãos, membros ou corpos, é trocado como uma moeda.

Concebemos melhor em que a simbólica interessou Freud como um fato evidente, ainda que não seja decisiva na interpretação. Ela é, de certo modo, a marca de fábrica do processo fundamental do sonho, visando fazer entrar tudo o que se apresenta do real e do imaginário na ordem fálica do inconsciente.

Muitos dos símbolos utilizados pelo sonho provêm da língua, que é o maior reservatório dos símbolos. O sonho os utiliza mais sobre esta base do que forma um símbolo segundo a forma ou a função. No exemplo seguinte, dois animais são interpretados pela sonhadora como personagens sexuados. Correspondem, além disso, a expressões populares do ato sexual[27]. Uma jovem mulher, de uns trinta anos, havia empreendido uma análise em seguida a uma depressão ocorrida após uma queda de cabelos, a qual tomara para ela a significação de uma castração. Ela sonha que *um passarinho se acha numa gaiola. A sonhadora coloca um gatinho ao lado dizendo-se: ele não pode comê-lo. E, de um golpe, vê a cabeça do pássaro sair e pegar a cabeça do gato.* A analisanda interpreta a cena como o símbolo de uma relação entre homem e mulher, ela sendo o pássaro e o homem, o gato. Ela costuma denunciar o modo como o homem submete e devora a mulher, mas o sonho a isso objeta, já que é o pássaro quem devora o gato. Além disso, "pássaro" e "gato" designam respectivamente os órgãos masculino e feminino no ato sexual, no qual a vagina parece devorar o pênis. É, portanto, ao inverso, como pássaro-pênis que ela devora o homem feminilizado, efetuando com muita exatidão o que ela denuncia nele. O uso da língua motiva assim a escolha que o sonho fez destes dois símbolos, trazendo-lhes uma significação suplementar na interpretação da sonhadora.

Uma terceira observação diz respeito ao caráter de mostração da apresentação do sonho em imagens. É aí que seu caráter de encenação é mais sensível. O material do sonho não é veiculado por um discurso, ainda que seja constituído de linguagem. Ele não toma o canal da fala, mas o da letra formada a partir da imagem, a que se acrescentam todas as outras imagens que não são letras. Ele produz, por sua elaboração, o saber literal do incons-

[27] Este sonho foi mencionado em *Le Concept du phallus*, op. cit., p. 101.

ciente, que não é o mesmo modo de saber que aquele que é transmitido pelo discurso. Encenado na imagem de valor literal, ou às vezes nas imagens simples, o saber do sonho suscita o olhar do sonhador de modo bem diferente da imagem da vigília.

Lacan observava que somos seres olhados no espetáculo do mundo e que há preexistência de um dado a ver em relação ao que é visto. No entanto, o mundo não provoca o olhar; há, portanto, elisão daquilo que isso olha, mas também daquilo que isso mostra[28]. No sonho, a imagem mostra, o sonhador está suspenso. Esta função de mostração do sonho é em si mesma, em geral, elidida. O trabalho do sonho produz um saber mostrado, não um saber transmitido pelo discurso. Com respeito a um saber sobre o gozo, podemos afirmar que essa mostração tem, de certo modo, um caráter de iniciação e de sugestão. Ela age à maneira daqueles rituais que transmitem o saber sobre o gozo pela mostração e não pela fala, como o acasalamento sagrado dos Mistérios antigos, por exemplo. Ainda que possa fazer o relato de seu sonho, o sonhador é, ao despertar, um pouco como aqueles "mystes"*, que ficavam mudos sobre o que haviam visto. Era por certo proibido falar disso, mas, mais fundamentalmente, isso está fora de discurso. A fantasia tem, em relação ao discurso, essa posição de exterioridade radical, que explica que ela não seja dita; porém, ela é o que comanda a enunciação na fala.

Por este fato, os objetos e acoplamentos significantes elaborados e mostrados no sonho, assim como a lógica de seu desdobramento, têm um efeito bem particular. A sugestão que o sonho produz pode se manifestar até na vigília, tal esta menina que, aos sete anos, sonha que está nadando de costas, embora não saiba nadar, e que, no dia seguinte, se lança num nado de costas muito bom. Mas, quando se trata de voltar à borda, devendo

---

[28] "... o mundo é *onivoyeur*, mas não é exibicionista – ele não provoca nosso olhar. Quando começa a provocá-lo, então começa também o sentimento de estranheza. O que isto quer dizer? – senão que, no estado dito de vigília, há elisão do olhar, elisão disto que, não só isso olha, mas *isso mostra*". J. Lacan, *Les Quatre Concepts fondamentaux de la psychanalyse*, op. cit., pp. 71-72.

* Antig. Gr.: adepto de uma seita religiosa, integrista. (NT)

passar a um nado livre, não sabe e afunda. Há, para além dos efeitos da cifração, algo da iniciação e da sugestão no efeito do sonho sobre o sonhador[29].

A especificidade da imagem como suporte da cifra do inconsciente no sonho comporta portanto uma função particular. Ela tem por encargo a reintrodução da lógica depois que o trabalho do sonho separou seu material de suas relações. Ela constitui, além disso, a matéria-prima do recorte dos corpos e dos objetos produzido pelo trabalho do sonho conforme a significação fálica. Depois, ela preside à troca e à compatibilidade dos valores de gozos que eles representam. Enfim, a apresentação em imagens dá ao saber elaborado pelo trabalho do inconsciente uma eficácia particular, que procede da mostração.

---

[29] Este efeito de sonho, amplamente notado pelos neurofisiologistas, parece ter sido interpretado como um efeito de programação, no sentido genético, até mesmo informático do termo. Ver, mais adiante, a discussão de certos avanços neurobiológicos.

3. O trabalho do sonho e o outro sexo[1]

O tratamento do gozo do outro sexo

Uma parte do trabalho do sonho ainda não apareceu, embora quase sempre presente nos exemplos considerados. É a última, e não a menor, do que devemos considerar a respeito da estrutura e da função do sonho. Vimos, a propósito da introdução do campo do gozo, que este comportava uma parte situada para além da fantasia, podendo ir até o traumatismo, constituída de um furo central na representação. O trabalho do sonho se revelava como um material de suplência vindo envolver este furo. A elaboração desta suplência suprimia, ou tentava suprimir o efeito traumático do irrepresentável do gozo na ordem da linguagem. Visava evitar a irrupção do real, elaborar uma defesa diante do retorno de um recalcado fundamental. Em última instância, tal efeito traumático mostrou, quase sempre, estar em relação com o gozo do Outro, aquele que tem por objeto o ser de gozo do sujeito e o abole como sujeito do significante. Essa função do Outro podia ser, na clínica, sustentada de diversas maneiras: nas crianças, pela mãe, o primeiro Outro, às vezes pelo pai, para o qual esta função é transferida, notadamente para as filhas. No adulto, o Outro era em geral suportado pelo parceiro apaixonado, o Outro enquanto outro sexo, o que se pode

[1] Certas passagens deste capítulo fizeram parte de uma comunicação no Colóquio, já mencionado, do Centenário de *A interpretação dos sonhos.*

dizer o "Outro sexo". Se este gozo do Outro inclui o do outro sexo e se ele é bem o elemento essencial que o inconsciente não pode integrar, isso comporta conseqüências radicais quanto ao sexo. É o que vamos estudar agora.

Sabemos, doravante, para além da psicanálise, que há para os falantes um defeito fundamental no sexo. Ele se manifesta tanto no que diz respeito à identidade sexual, quanto na relação com o outro sexo, quanto no gozo sexual. O neurótico se esgota no que acredita ser um fracasso individual, uma derrota singular. Nisso se experimenta, quando vem à análise, até perceber que está se chocando com uma impossibilidade comum, perante a qual pode então posicionar-se de outro modo. É bem especialmente na relação com o outro sexo que aparece esta falha. Sinal dos tempos, estudos estatísticos americanos afirmaram, a partir dos anos 70, que o ato sexual não comporta, no que diz respeito ao aspecto orgânico do gozo, nenhuma complementaridade dos sexos. Alguns afirmaram que o orgasmo da mulher nele não acontece na maioria dos casos. Foi o que conduziu o feminismo a pensar que se tratava apenas de uma falta de jeito do homem e que bastava reivindicá-lo. O conceito de gozo que manejamos é outro bem diferente, já que está condicionado, até mesmo elaborado pela linguagem. Ele comporta a presença, na mulher, de um outro gozo, suscetível de colocar de maneira diferente o problema do que pôde ser assim chamado sua frigidez, mas não é absolutamente sem vínculo com o aspecto orgânico dos gozos.

O aforismo "A relação sexual não existe", que Lacan promoveu a partir dos anos 70, funciona como uma metáfora designando o conjunto do que não vai bem no sexo. Esta expressão joga com o sentido habitual da relação sexual para sublinhar que o ato que traz este nome, a copulação, não é justamente da ordem de uma relação, no sentido estrito, entre os dois sexos. Tal relação inscreveria uma relação de tipo matemático entre duas letras representando um e outro sexo, e isso não existe. Este aforismo é sem dúvida tão justo que constitui, com efeito, uma metáfora pertinente daquilo que tropeça no sexo. Mas trata-se apenas de uma metáfora, ou será então ao pé da letra que o trabalho do inconsciente não consegue escrever tal relação? Lacan parece afirmar, numa breve passagem, que a cifração do inconsciente substitui o gozo sexual, constituindo por aí mesmo um obstáculo a este gozo. Por via de conseqüência, ela seria igualmente um obstáculo à "relação sexual", como relação suscetível de ser escrita pela literalidade do inconsciente[2]; porém, ele não diz como uma cifração da "relação sexual", segundo ele, se apresentaria. O que poderia definir uma relação cifrada com o Outro sexo? O pensamento do sexo do inconsciente segundo o falo forma, de fato, uma relação, mas não sexual no sentido estrito, já que é elaborado a partir do significante de um único sexo. Com efeito, as significações do ter e do ser fálicos, repartidas entre homem e mulher de modo complementar, produzem antes uma relação sexuada do que sexual, antes uma "homessexualidade" do que uma heterossexualidade[3]. Seria preciso então estabelecer os critérios de uma escrita da "relação sexual" pelo inconsciente. Por exemplo, esta deveria comportar uma articulação dos gozos dos dois parceiros. Se um sonho elabora a cifra de uma relação de dois gozos entre termos que representam o casal, disso poderíamos deduzir que se trata de uma "relação sexual".

Vamos, portanto, tentar avaliar o que o inconsciente produz quanto a este ponto. O sonho é para isso material privilegiado, ainda que não seja o único. Nenhuma formação literal é mais continuamente elaborada, à medida que o sujeito encontra os impasses do gozo. Uma analisanda chamava seus sonhos de faxes recebidos durante a noite, o que é uma boa maneira de designar o que pode constituir um sonho, uma vez que é analisado.

O que ocorre com a cifração do inconsciente relativa ao sexo, nos sonhos que estudamos? O sonho da *injeção em Irma* ordena-se em torno da cena pivô que é a visão de sua garganta doente. Nesta visão, que comporta as significações do sexo e da morte, a relação com o Outro sexo, para além da paciente, é marcada de repente por uma impossibilidade radical. No que precede esta visão, o desejo problemático das mulheres está em questão. A

---

[2] Encontramos esta frase em "Introduction à l'édition allemande des Écrits", *Scilicet 5*, op. cit., p. 14: "Que na cifração está o gozo, sexual por certo, está desenvolvido no dizer de Freud, e bastante para disso concluir que o que ele implica é que está aí o que faz obstáculo à relação sexual estabelecida, logo, a que se possa escrever esta relação: quero dizer que a linguagem nunca faça dela marca outra que de uma chicana infinita".

[3] Esta palavra foi proposta por Lacan para sublinhar que tal "homessexualidade" é o próprio do homem. [A referência é à palavra *hommosexualité*, que, na ortografia francesa, se escreve com apenas um *m*; *hommo*, assim, remete a *homme* (homem); daí nossa escolha de "homessexualidade"]. (NR)

primeira metáfora, vimos, fracassa na angústia diante do que essa garganta apresenta. A metáfora seguinte tem, desta vez, o grupo dos médicos por agente e o desejo das mulheres não mais intervém. No início agente de um desejo, as mulheres se tornam o objeto de uma ação, a injeção, que a simbólica sexual indica como um gozo fálico. A metáfora substituiu o desejo do Outro sexo pelo agente desse gozo masculino. O gozo da mulher não está mais em questão, já que seu desejo está elidido[4]. Tanto que essa metáfora de ato sexual precisamente não é uma "relação sexual". Ele não articula dois gozos, mas apenas o sujeito do gozo fálico ao objeto *a* que Irma se tornou e, para além, a mulher.

Um processo bem diferente está em jogo no sonho da *mesa da hospedaria*. Uma parada diante da questão do sentido sexual, que se situa de imediato no trabalho de substituição, ocorre previamente ao sonho. Ela é breve porque a fantasia que comporta vai direto ao objetivo. O sonhador, vimos, nela é seduzido por uma mulher indiferente. Poderíamos pensar que ocorre aí a elaboração de uma relação comportando dois gozos, já que se trata de uma cena de sedução em que a hipótese do gozo da mulher está em primeiro plano; mas, justamente, esta mulher não é o Outro: ela é um

---

[4] Este processo, vimos, é comparável ao de uma metáfora paterna, aquela que funda o inconsciente. Ora, ela é a primeira a instaurar, no que diz respeito ao Outro, uma relação que se quer sexual e é aquele que exclui o gozo da Mãe. O pai é assim o Um único, no lugar onde se diria a relação, segundo a expressão de Lacan.
A falha na "relação sexual" torna-se, nos dias de hoje, cada vez mais evidente, à medida que a função do Pai não lhe assegura mais, sob um modo universal, a suplência. Podemos ser tomados por uma certa vertigem diante da extensão dos remanejamentos produzidos pela desconstrução da função paterna, por um sentimento de catástrofe ou de nostalgia. Com efeito, ela permitia crer, afinal, na existência de uma "relação sexual". Talvez este sentimento seja ainda mais sensível no campo lacaniano, onde aprendemos a reconhecer sua função fundamental para liberar a criança da alienação ao desejo da Mãe e assim fundar o sujeito da linguagem; porém foi também Lacan quem observou que o Nome do Pai, como suplência, devia ser deixado de lado para sempre e que a questão era antes saber ficar sem ele, com a condição de dele se servir. É precisamente o que nos mostram as formações do inconsciente, onde pudemos estudar a eficácia desta função, seja qual for o agente da metáfora em jogo. No sonho de *Irma*, notamos, não é um mestre ou um Pai que é finalmente escolhido como agente da metáfora, ainda que para acusá-lo do erro, mas um novato, Otto. A metáfora eficaz dispensa aqui o pai, como na maioria dos sonhos que vimos, embora utilizando o processo que permite a elisão do desejo do Outro.

objeto teórico, abstrato, fundado num modo metonímico como filha de tal pai. Outro gozo está, portanto, bem no horizonte, mas se anula, pois não é o do Outro[5].

Se considerarmos justo que a cifra de uma "relação sexual" consistiria em articular entre si os gozos dos dois sexos, eis desde já dois casos que a isso objetam. Estes modos de elaboração, pelo trabalho do sonho, de uma relação fazendo as vezes de "relação sexual" não constituem uma relação. Num caso, o desejo do Outro sexo é elidido, no outro, é deslocado para um elemento indiferente, o que de qualquer modo exclui seu gozo. A visada do sonho está satisfeita, pois a economia do gozo culmina, assim, numa anulação. Em conseqüência, a cifra, que se apresenta como uma relação com o outro sexo, tem o efeito de apaziguar a angústia de defrontação com o gozo do Outro, mas também o de perpetuar um mal-entendido ou um impasse. A relação de substituição cifrada pelo inconsciente no lugar da "relação sexual" parece aí mascarar sua ausência, embora a reatualize. Ela não tem por parceiro o Outro sexo como tal, mas um substituto forjado pela significação fálica ou constituído pelo objeto *a*.

Podemos encontrar um processo comparável no sonho de Dante. O desejo de Beatriz, manifestado no encontro por sua saudação inesperada, desapareceu. O gozo que o deus tem dela, já sublinhamos, substituiu esse desejo. O sonho cifrou uma relação, a do gozo do mestre com a mulher como objeto *a*. Para fazê-lo, excluiu o gozo desta, do qual a saudação abria a hipótese. Àquela que, como a dama da cortesia, indicava o caminho de seu gozo, o sonho respondeu de modo equívoco. Satisfaz a ele feito uma paródia, entregando-lhe o coração, depois o faz literalmente engolir de novo este gozo. O agente da metáfora é aqui um deus, que opera, em última instância, por conta de Deus, entregando-lhe a mulher[6]. Este sonho, exem-

---

5 Além disso, a sedução é rechaçada. O recurso ao Pai na formação do objeto é invocado, mas finalmente recusado.

6 Dante, contrariamente a Freud, não recusa o recurso ao Nome do Pai. Isso nos dá uma idéia do impacto do protótipo da função paterna, com o qual praticamente não estamos mais às voltas, menos ainda que Freud no início do século XX. Vemos que ele não facilita o acesso ao desejo e ao gozo do outro sexo, muito pelo contrário. Este significante do Amor permitiu a exclusão do gozo do Outro, como todo significante paterno, mas, se parece primeiramente operar a serviço do sujeito e constituir uma mediação para a união sexual, ao final se revela como aquele que priva o sujeito da mulher, em nome do Pai.

plar do impasse sexual, comporta uma báscula subjetiva de um modo de suplência à "relação sexual" a outro. Os discursos de cada época maior de uma civilização comportam uma articulação da relação com o outro sexo. Isso não implica, salvo exceção, o Outro sexo como tal, mas um substituto que lhe faz as vezes. Estas suplências estão mais ou menos afastadas daquilo que constituiria uma "relação sexual". Na erótica cortês, ao preço de um obstáculo ritualizado ao ato sexual, o Outro sexo é encontrado e o gozo da dama é aquele que une o casal. No dogma cristão, o Pai, único depositário do gozo, constitui uma relação somente consigo[7].

Nestes diferentes sonhos, o gozo do Outro sexo está excluído em conseqüência do recalque ou do deslocamento de seu desejo e da substituição por um objeto que faz seu ofício. Para o inconsciente, não há, propriamente falando, outro sexo, mas objetos definidos pela linguagem como feminino ou masculino, dos quais um permanece à deriva quanto a seu gozo. Isso tem por efeito, de diversas maneiras, criar obstáculo à "relação sexual", embora a suplemente. Aí fica claro que a cifração não forja apenas uma significação que apazigua a angústia ao enfrentar o gozo do Outro. Ela instaura também o que barra o acesso do Outro sexo para dele encontrar apenas um substituto. Este obstáculo reproduz um encontro fracassado, no qual o real insiste como impossível.

Obstáculo e suplência à "relação sexual"

Muitos procedimentos, vimos, são utilizados pelo trabalho do sonho a fim de obter uma anulação na economia do gozo. Devemos, portanto,

---

[7] Na seqüência da morte de Beatriz, uma nova articulação da relação com o Outro, uma nova metáfora de "relação sexual" trabalhará. Ela é sensível na grande obra da Comédia, onde a solução cortês é posta sob a égide de Deus o Pai. O acesso a Beatriz se revestirá com o aspecto das provas impostas ao trovador para ganhar, não seu quarto, mas o paraíso onde ela está. Ali será o lugar onde o homem poderá se unir à mulher, conforme o gozo dela. Não é mais, por conseguinte, a erótica cortês, mas uma solução nova para o impasse da "relação sexual", que estava desde já cifrada pelo sonho do coração comido. Ela inclui a articulação de uma "relação sexual" de acordo com o gozo feminino, tal como a cifrava a cortesia, num novo conjunto comandado pelo Um, o Nome do Pai, como equivalendo, ele sozinho, à relação.

examinar suas conseqüências no acesso ao Outro sexo. Consideremos, por exemplo, a maneira como procedeu a série de sonhos de *a leoa*. Lembramos que o primeiro sonho se apresentava como um "tiro", que tinha valor de incesto, referente à mãe adolescente. O segundo comportava uma escolha forçada entre a homossexualidade e o gozo do Outro, a leoa. O terceiro retornava ao incesto, sob uma forma imaginária que não se referia mais à mãe e era revelado, depois proibido no futuro. O conjunto era organizado em torno da fantasia, segundo a lógica do isso. Visando a um gozo, comportava, no entanto, sua sanção ou sua interdição.

É aí que esta série pára, como se a solução dessa vez fosse satisfatória. Ora, qual é ela? Ela declara incestuoso o gozo do Outro sexo, nos dois sentidos do genitivo, e o proíbe. Depois autoriza o gozo fálico, auto-erótico. Não há mais nenhum ato sexual, mas, por outro lado, uma "relação sexual" é enunciada como a que não deve acontecer. Esta relação existe realmente, mas apenas sob a forma em que um pai a proíbe ao sujeito. Este processo sustenta uma "relação sexual" sob o modo do interdito e é, sem dúvida, o modo mais direto para tentar cifrar o gozo do Outro sexo. Ele permanece anulado, mas unicamente pela interdição. Não sofre substituição, pois, neste caso, o trabalho do sonho não elaborou "mais-de-gozar".

Porém todos os sonhos precedentes põem em jogo modos masculinos de suplência à relação. Vale dizer que as necessidades do gozo masculino são únicas a renovar o impasse da "relação sexual"? Vejamos, em alguns dos sonhos interpretados, como as mulheres elaboram uma relação com o Outro sexo.

O sonho do *gatinho e do pássaro* se apresentava como uma relação entre dois termos sexuais simbólicos. O pássaro-mulher devorava o gato-homem ali onde o inverso era esperado, logo, o pássaro-pênis devorava o homem feminilizado em gato. Sublinhamos a estratégia complexa implicada por tal relação, em que a sonhadora ocupa, diante do homem, a posição exata que nele denuncia: colocar o princípio de um gozo temido do Outro sexo, depois infligir-lhe uma castração graças à qual ela mesma então gozaria sustenta esta estratégia. É a cifra inconsciente de sua relação com o Outro sexo, que não deriva de uma "relação sexual" e condiciona-lhe o insucesso. Ela determina a conduta sintomática da sonhadora em relações amorosas que, de hábito, acabam fracassando.

Um cálculo comparável está em jogo no sonho da *lavagem*, na analisanda cuja construção da fantasia estudamos. O sedutor, detentor do falo que faz gozar as mulheres, sofre, neste sonho, um tratamento particular que tem por efeito primeiro excluir seu gozo de homem. Ele é feminilizado e infantilizado, pedindo uma lavagem. Nesta fantasia, o homem não está somente castrado; o sexo desapareceu, rebatido no gozo anal no qual a sonhadora ocupa o lugar do Outro ao dar os cuidados. Esta solução pode fazer as vezes de relação num casal mediante a nostalgia do gozo sexual, mas ela exclui abertamente a "relação sexual" e cada parceiro é apenas o da pulsão.

O cálculo do gozo, nos sonhos da *gema de ovo*, é, de modo mais manifesto ainda, uma cifração sobre a "relação sexual". Vimos que o primeiro sonho, de três seqüências, é uma espécie de preliminar à elaboração da posição do sujeito diante do gozo do Outro. Em seguida, a sonhadora ali se oferece, uma vez estabelecido que o homem não tem o falo, que não pode de modo algum fazê-la gozar. Ela está entregue aos ataques de uma potência parodiada do homem, ainda que seja, comparado ao amor de Jesus, trabalho de amador. Na verdade, seu corpo não deve gozar, a fim de ser a metáfora do gozo do Outro. A fantasia sustenta o Outro pelo gozo, ainda que o barre. Como o que se passa em sua vida mostra, esta cifração constitui claramente um obstáculo à "relação sexual".

Encontramos assim, nos sonhos das mulheres, um impasse também muito preciso. Lacan observava que nenhum dos dois sexos, finalmente, aceita tomar sobre si a castração, a qual no entanto constituiria a condição necessária para o êxito do encontro. Reduzir o Outro sexo a um objeto *a*, ou infligir-lhe uma castração são condições de gozo extremamente difundidas nos dois sexos, cada um de acordo com modos distintos. Elas são instituídas como tais pela função do Pai e de todo o sistema de significação que disso decorre. É particularmente verdadeiro na histérica que, como no caso do *gatinho e do pássaro*, recusa a castração que o discurso atribui à mulher, mas para simplesmente depositá-la na conta do homem. O caráter radicalmente impossível de sua marcha explica que esteja especialmente confrontada com o problema da "relação sexual". Essa suplência desajeitada, se podemos dizer, deixa-a bem próxima do real dessa falha no sexo. Entretanto, ela não tem o apanágio da recusa da castração e vimos que em outros exemplos, em que não se trata de histeria, a castração era da mesma forma, no entanto, atribuída ao homem, como condição de um gozo da mulher.

No caso da jovem mulher anoréxica, é ainda mais nítida a necessidade de o homem ser castrado para ela poder gozar. No sonho do *sem-teto*, é um mendigo quem em suma lhe revela o gozo sexual. Ele aparece até como um substituto efêmero do órgão para um gozo auto-erótico, pois dele está logo em seguida munida. Aqui o sujeito, como Um único, substituiu a "relação sexual".

Lembremos ainda os sonhos do *peixe pisoteado*. O primeiro é uma objeção ao pai, que impediu a sonhadora de dispor da lembrança da mãe junto da namorada. Ele afirma que ela gozava outrora da presença da mãe, no leito parental, mas o sonho seguinte é, em si mesmo, um desmentido a esta afirmação. Ele sublinha que o peixe-falo pode bem circular entre mulheres, uma vez que é um objeto simbólico, mas que no real está, no entanto, entre homem e mulher. A sonhadora quer "salvar" o falo da domesticidade masculina e assegurar o gozo de um Outro, que não é aqui o outro sexo. Ora, o Pai mantém sua função de obstáculo a este gozo. A relação visada pela sonhadora é a que faria de seu objeto o que ela mesma era para o Outro, a mãe. Ela culminou, neste caso, por suprimir toda relação com o outro sexo.

Nestes exemplos, novamente, fica claro que o gozo do Outro sexo deve ser anulado, o que se apresenta como uma constante que diz respeito igualmente às mulheres e dá conta do modo sob o qual a ausência da "relação sexual" é sem cessar renovada. Modos diversos de suplência, construídos ali também segundo a dialética fálica, ocupam seu lugar. A castração do homem, até mesmo sua equivalência a um objeto *a* constituem as condições de um gozo excluindo o do Outro, a exemplo do que se mostrava nos sonhos dos homens; porém um gozo feminino, outro que aquele desta dialética fálica, existe. Ele consegue enfrentar o gozo do Outro sexo sem excluí-lo. Corresponde ao que Lacan elaborou sob a forma de um gozo suplementar da mulher, que é, portanto, dividido entre os dois. Quando uma abordagem do Outro é levada a seu termo sem excluir seu gozo, ela na verdade descobre que o homem não goza do corpo da mulher como tal. Isso implica a inexistência do Outro, já que é o gozo que postula a existência dele. Uma mulher pode então instaurar uma relação com o significante desta ausência, desta falta do Outro. Nada exclui, neste caso, que uma "relação sexual" como tal seja cifrada por um sonho.

Sejam quais forem, no que nos mostra o sonho, as estratégias em jogo para suprir a relação, todas elas têm por efeito, à exceção do caso evocado acima, impedi-la. *O furo na representação envolvido pelo trabalho do sonho e do inconsciente em geral diz portanto respeito, fundamentalmente, ao gozo sexual.* Na verdade, este não existe, pois só mereceria este nome uma articulação literal dos gozos dos dois sexos.

Esta impossibilidade já estava contida nos termos lógicos utilizados pelo trabalho do sonho. Ele dispõe apenas, vimos, de duas lógicas possíveis quanto à posição do sujeito e do Outro. Ora, ambas, de maneira distinta, não atingem o sexo. A do isso não conhece nenhuma diferença sexual, mas apenas o objeto *a* na vertente da pulsão. Ela encontra um semblante de gozo e o Outra, por conseguinte, um semblante de existência. Nos sonhos que comportavam fantasias, a pulsão ocupava o campo do gozo sexual, ou então era um "mais-de-gozar", ou ainda o gozo como proibido ou desmentido. A fantasia visa os encontros do gozo, mas só obtém um valor de gozo.

A lógica do inconsciente, esta, comporta um pensamento do sexo que é a diferença sexual, conforme a oposição ter ou não o falo. Mas isso não pode recobrir a realidade sexual e funda apenas uma relação sexuada e não sexual. A castração da mulher é a condição disso e esta relação se articula de modo complementar: o homem é aquilo que tem e tem aquilo que é, a mulher. O gozo está disso excluído e o Outro nele é tão inexistente quanto o sujeito. Quando a cifração do inconsciente domina, como no *sonho de Dante* notadamente, vimos em que desaparecimento do Outro culmina o desdobramento da função fálica. Estas lógicas são ambas apresentadas na maioria dos sonhos, mas uma ou outra predomina. Elas organizam igualmente a elaboração significante dos gozos dos dois sexos. O gozo masculino privilegia mais amplamente o do isso, em sua relação com o objeto *a*. Os dois modos de gozo feminino comportam antes o do inconsciente, em sua relação com o falo ou com a falta do Outro.

É, portanto, ao pé da letra que não há, salvo exceção, escrita da "relação sexual" no trabalho do sonho – e não é somente uma metáfora assim enunciá-la. Em todos os exemplos precedentes, pudemos constatar o que é efetuado pela cifração quanto à "relação sexual", substituindo-a, porém estes sonhos tratavam direta ou indiretamente do sexo. Temos que estudar agora o que acontece em sonhos que não implicam o outro sexo.

Consideremos esta questão em certos sonhos de Freud que concerniriam à posição do sujeito perante o homem, no âmbito profissional ou na esfera pública. Nós os estudamos a propósito do gozo fálico que eles punham em jogo, diante do que se apresentava como um domínio sofrido. No sonho do *Conde Thun*, a revolta contra a autoridade paterna, que culmina na vingança contra o pai, nada tem a ver com o outro sexo. Junto do homem, é patente que o sujeito do sonho recusa ter um mestre, embora aparecesse, nos sonhos implicando o outro sexo, como aquele que recusava sê-lo.

O mesmo propósito tem curso no sonho do *tio*, no qual, rejeitando o *diktat* do ministro, é em seu lugar, que ele ocupa de acordo com o desejo antigo de sua mãe, que o sonhador distribui as sanções. O que ele foi para o desejo do Outro determina a posição de onde ele aborda a lei dos homens. Vemos, embora a cifra deste sonho não seja nem um pouco a da relação com o Outro, em que ela a completa e a ela se articula. Um vínculo comparável é suscetível de existir com o Outro sexo, já que este herda a função do Outro.

O sonho das *latrinas do campo* toma a forma de uma jubilação fálica urinária, embora interpretando de modo irônico a frase lisonjeira do ouvinte. Não há aí sombra de uma questão relativa ao outro sexo, já que é ao gozo do admirador e, para além, da audiência que o sonho responde. Mas Gargântua, que as associações evocam, urina sobre os parisienses de cima das torres de *Notre-Dame*. De novo, uma articulação se revela, na qual, simbolicamente, é de cima da posição que ele ocupa para a mulher que o sujeito do sonho aborda o homem e urina sobre os excrementos.

Enfim, o sonho do *cavalo cinza* procede de um movimento análogo de reconquista fálica. A ele se acrescenta, desta vez, um elemento sexual, já que a paciente infiel é evocada pelo cavalo. Aqui, o sonho põe em cena, diante do desejo independente da paciente acoplado à arrogância do rival, uma fantasia de mestria do objeto fálico à qual equivale a mulher arredia. Este sonho não é, pois, somente uma resposta do gozo do falo reafirmado junto ao homem. Ele cifra igualmente uma fantasia relativa ao objeto fálico feminino, na qual, como em cima do cavalo, o sonhador se sente "em casa".

O Outro não está em jogo e não é uma "relação sexual". O sonhador é o mestre deste objeto, como parece ser seu colega: é a partir de sua identificação ao rival que ele instaura este domínio. Há aqui, de novo, uma articulação com o que diz respeito ao outro sexo, mas ela é de outra ordem, bem diferente. A relação com um objeto feminino é elaborada a partir do homem e não a relação com o homem a partir do Outro sexo.

Em quase todos estes casos, o sonho cifra uma posição do sujeito que diz respeito à sua abordagem do significante fálico em função de outra determinação significante. O sujeito do inconsciente exige dois significantes para ser definido e não um apenas. Ele é representado junto a um significante por outro significante. A abordagem do homem ou do Pai, logo, do significante fálico, é articulada conforme a posição que o sonhador ocupa para o Outro, materno ou enquanto Outro sexo. O mestre que ele recusa ser junto ao Outro feminino, ele recusa tê-lo no homem, ainda que a título do Nome do Pai. Em compensação, ele pode ser metaforicamente o mestre, representado pelo significante do rival, no último caso, relativo a um objeto que não é o Outro.

Na maioria dos sonhos, a articulação de um significante que representa o sujeito junto a outro significante é legível. Tem por efeito manter o texto do sonho num certo vínculo com outro significante, como se comandasse a enunciação de um discurso no qual não figura e ao qual aparentemente não está relacionado. Este outro significante implica freqüentemente o Outro sexo quando este não está em questão no sonho, de modo que podemos presumir que todo sonho está em vínculo direto ou indireto com o que, para o sujeito, cifra sua relação com o Outro sexo.

Podemos assim observar ao pé da letra o que o sonho produz na relação com o sexo e vemos que não é uma cifra da "relação sexual", mas todo um conjunto de relações de suplência que o contornam. A afirmação um pouco enigmática de Lacan sobre o obstáculo à "relação sexual" diz respeito a algo que podemos ler nitidamente em numerosos sonhos[8]. Esta

[8] Em seu comentário do pequeno texto de Freud intitulado "Os limites da interpretação", Lacan precisa este processo. Ele escolheu, da visada de Freud neste texto, o termo "limite", embora o inverta. Freud fala de limite da interpretação. Ora, a interpretação, por definição, não decifraria mais que aquilo que o sonho pode cifrar e o limite a considerar

ausência de uma cifra sexual constitui um intransponível obstáculo estrutural, fundamental, que ordena em retorno, de perto ou de longe, o conjunto daquilo que é cifrado pelo sonho. Não podemos segui-la em todos os seus pontos, mas podemos avaliá-la. Muitos sonhos não são sexuais, mas todos seriam determinados direta ou indiretamente pelo limite da cifração. Este limite, constituído pela impossibilidade de elaborar literalmente o gozo sexual, parece mais sensível à medida que a cifração do sonho dele chega mais perto, o que o sonho mostra nos informa com nitidez sobre o que é reconhecido alhures, seja nos sintomas ou nos lapsos.

Assim, o inconsciente parece renovar incessantemente as conseqüências da operação pela qual se fundou. A metáfora paterna instaura na origem, para o sujeito, algo que faz as vezes de "relação sexual", ligando os dois termos parentais. Ora, já sublinhamos, um único termo subsiste na cadeia do discurso uma vez que ela é efetuada. O outro é recalcado no inconsciente e a totalidade do gozo é depositada na conta do Pai. Que a Mãe acabe por ser equivalente, como objeto sexual para o Pai, ao que o filho como objeto *a* era para ela, eis a dupla articulação que a termo inscreve a função paterna. Forja-se, de Um a Outro, algo que não é uma relação de dois gozos, mas dois termos ordenados por um único gozo. Aquele que tem a ver com o Pai e com o falo acaba por integrar, em seu sistema, um objeto feminino como valor de gozo. Por conseguinte, esta operação inscreve o

---

seria mais o da cifração que o da decifração. A cifração não pode produzir uma inscrição da "relação sexual" e, por conseguinte, do sentido sexual. Quando lhe acontece ter que escrever o sentido sexual, fazer-lhe a inscrição ou matema, o sonho não consegue. Seria, portanto, um limite interno, comandado pela própria estrutura do que está em jogo na cifração. Ele seria próprio ao trabalho do inconsciente, no mesmo sentido do limite de uma função matemática: "... isso pode aumentar tanto quanto quisermos a variável, mas, de qualquer modo, a função não ultrapassará certo limite". Diante da expiração do sentido sexual: "... o sonho esvazia, vale dizer que cessamos de sonhar e que o sono fica ao abrigo do gozo. É por isso que, no fim das contas, vemos seu termo". (*Les non-dupes errent,* seminário inédito, sessão de 20 de novembro de 1973).
Na verdade, em numerosos exemplos que vimos, o sonho não cessa forçosamente diante da expiração do sentido sexual. Ele "esvazia", com efeito, como diante da garganta de Irma por exemplo, onde ele não cifra o gozo do Outro, mas prossegue substituindo o por outra coisa.

sujeito numa ordem em que o que faz as vezes de "relação sexual" não é realmente sexual, no sentido de heterossexual. O que funda o sujeito, na linguagem, é também o que exila para ele a "relação sexual". Um filho, como produto, provém de uma relação sexual, no sentido de uma copulação, mas não um sujeito, enquanto sujeito da linguagem. Este resulta de uma operação entre dois significantes de que um único gozo subsiste[9]. Quando a metáfora não tem por agente o Nome do Pai e sim outro significante, uma dupla fabricação comparável é encontrada, ainda que não se refira aos mesmos termos, do mesmo modo que, no protótipo da função, a Mãe é, para um significante dado, o que o filho é para ela. A metáfora eficaz comporta o recalque de seu desejo, o que afasta a questão de seu gozo, e o resultado é organizado em torno de um único gozo. O retorno do recalcado, que faz o texto dos sonhos, sofre de novo este recalque, salvo exceção. Assim se perpetua o impasse sexual, que mantém um gozo, o do Outro, em sua exclusão de partida. As formações do inconsciente, notadamente o sonho, funcionam de acordo com esse aparelhamento do gozo pela linguagem. Tudo o que produzem, na ordem da literalidade que as caracteriza, cede a essa energia que põe primordialmente todo o gozo sob um significante paterno para satisfazer o interdito fundamental do gozo incestuoso.

O saber sobre o gozo, assim produzido pelo trabalho do sonho, parece ser próprio de um sujeito e é o que dá lugar à suposição de um sujeito a este saber, sobre o qual se apóia o processo analítico, porém há aí apenas cálculo do gozo, nos dois sentidos do genitivo. É para ele, com efeito, que o cálculo acontece, mas é ele quem "calcula, pensa e julga" a fim de ser suscetível de um depósito no inconsciente, sob uma forma que o anula e utiliza seu valor para causar o desejo. Não há outro pensamento do sonho a

---

[9] É isto verossimilmente que participa do papel da fantasia fundamental da cena primitiva. Esta consiste na elaboração do gozo do casal parental com os significantes que aí se desdobram e se ordenam. A fascinação que ela exerce não diz respeito essencialmente à questão de saber de onde é oriundo o sujeito como produto. Ela se endereça a esta operação significante sobre os gozos: como o gozo da Mãe pode desaparecer deixando lugar para um objeto *a* do gozo do Pai? Em outros termos, a fantasia da cena primitiva articula o modo segundo o qual se fabrica o "bicho de dois dorsos", ou seja, como de "dois dorsos" se faz um único "bicho", um único gozo.

não ser este. O sonho é apenas um "trabalhador" entre outros, que "sabe o que tem de fazer[10]". Este cálculo do gozo não é específico do sonho. As outras formações do inconsciente dele procedem igualmente.

Uma psicanálise faz a exaustação deste incessante trabalho de bricolagem significante, que contorna e mascara o vazio central da "relação sexual". O inconsciente fomenta-lhe a cifra, que o sonho transcreve, suplências mais ou menos judiciosas, obstáculos mais ou menos radicais, metáforas e metonímias úteis. O sonho não emite nenhuma cifra da "relação sexual" como a mensagem divina que lhe atribuíam provavelmente trazia a esperança; ele lhe forja substitutos que trazem de volta sua ausência.

[10] Este ponto é assim considerado por Lacan no artigo "... Ou pire", *Scilicet 5,* op. cit., p. 9.

Terceira Parte
Função e prática do sonho

1. Reflexões sobre a função do sonho

A função do sonho em psicanálise

A função do sonho que nos interessa em psicanálise diz respeito aos efeitos de seu trabalho, a partir do material que ele trata. Estes efeitos podem se integrar em processos fisiológicos, como o sono, mas dele são distintos.

Encontramos três funções da cifração do inconsciente. A primeira é a metáfora, que produz a condensação. Ela opera sobre o sentido de antes do sujeito e visa prevenir o surgimento de um gozo, excluído do sistema do sujeito. O termo "ciframento" conviria neste caso, já que consiste no estabelecimento de um criptograma a partir de um texto. A metonímia é a segunda, que produz o deslocamento. Ela deriva antes de uma cifração propriamente falando, no sentido em que permite a redistribuição do gozo em termos de "mais-de-gozar". Ela constitui uma operação econômica e energética, com depósito dos valores de gozo no inconsciente. Enfim, a terceira função da cifração, ligada, é claro, às duas precedentes, diz respeito a seu estatuto em relação ao sexo. Salvo exceção, ele só cifra relação substituindo a "relação sexual" sem sê-la, sem dizer respeito aos dois gozos que tal relação deveria articular. É o que se pode chamar uma relação sexuada, mas não uma "relação sexual". Esta terceira função da cifração poderia ser dita "copulação de significantes", retomando uma expressão tardia de Lacan.

Isto permite evocar o fato de que só os significantes copulam no inconsciente, mas não os sexos, e que seu jogo de substituições faz as vezes de "relação sexual[1]".

Assim, o trabalho do inconsciente, bem especialmente o do sonho produzindo continuamente esta cifra, está no âmago do problema da relação entre o sexo e a linguagem. Será por não haver relação inscritível com o Outro sexo que o inconsciente cifra-lhe constantemente um substituto, uma suplência? Ou será porque o inconsciente, efeito da linguagem, produz uma escrita que não é suscetível de inscrever o sexo que não há "relação sexual" na linguagem? Ou será, enfim, por não haver relação entre os gozos orgânicos do homem e da mulher que a linguagem acontece e forja-lhe uma suplência[2]? Seja como for, o sonho constitui um lugar privilegiado onde este impasse se articula sem cessar.

O trabalho do sonho apresentou-se, ao longo deste percurso, como uma espécie de canteiro de obras permanente de tratamento do desejo a fim de tentar obter uma anulação na economia do gozo. Ele visa a que o real permaneça mascarado, trate-se de um gozo ou, ao contrário, da inexistência, da falta do Outro. Na vigília, o gozo é de acesso problemático para os seres falantes, mas eles suscitam mais ou menos sua expiração. Dele se aproximam em diversos graus. Ao inverso, a característica do sono pode ser definida como uma suspensão da relação do corpo próprio com o gozo, com o que concerne ao além do prazer. Não há mais encontro do corpo com o gozo, mas suas determinações significantes prosseguem.

É aí que o desejo realizado pelo sonho adquire sua função. O desejo do sonho não tende, como tal, ao gozo. Ele é antes o que se produz para substituir um gozo temido. O desejo de dormir é satisfeito pelo que culmi-

---

[1] Encontramos esta expressão na seguinte passagem: "Graças a que, percebe-se que há saber inconsciente, isto é, copulação inconsciente, daí esta idéia louca – deste saber, fazer semblante, por sua vez. Em relação a qual parceiro – senão aquele que acontece também por uma copulação cega? – é o caso de dizê-lo". J. Lacan, *R.S.I.*, 11 de março de 1975, *Ornicar?* nº 5, p. 28.

[2] Questões desenvolvidas por Lacan a partir de seu seminário *D'un discours qui ne serait pas du semblant*, 1970-71, inédito. Foram estudadas em seu conjunto em *Le Concept du phallus...*, G. Chaboudez, op. cit..

na numa economia nula do gozo[3]. Ele é causado por este objeto lógico fabricado pelo significante para fazer as vezes do gozo sem sê-lo, aquele que vimos emergir nos sonhos bem-sucedidos. A este título, o desejo é antes um resultado do trabalho do sonho, embora esteja igualmente, de outro modo, em sua fonte. A realização deste desejo visa apenas reencontrar um grau zero de gozo ou de falta no Outro. Que ele seja causado estando cumprido é um modo de apresentação do desejo que é devido não só à alucinação própria ao processo primário, mas também ao material de que é oriundo. O desejo se apresenta como cumprido, na língua do gozo, porque dela provém.

O pesadelo mostra bem o que acontece quando a realização de desejo não é aquela que se ordena em torno do objeto que causa o desejo, mas aquela que diz respeito ao gozo do Outro. O sonho de angústia, ao inverso, manifesta a falta do Outro quando seu gozo foi por demais anulado. Há, portanto, de fato, um compromisso no trabalho do sonho, aquele que permite substituir o gozo do Outro, ou então seu vazio, pelo desejo, articulado ao sistema do objeto *a*.

Entretanto, tal compromisso não é específico do estado de sono, ainda que nele seja particularmente exigido. Ele também ocorre na vigília. Neste contexto, o gozo do Outro ou sua inexistência constituem igualmente o que deve ser anulado. O neurótico, por exemplo, tem uma relação particular com o Outro, já que se apóia em seu desejo, embora visando elidi-lo. A histérica toma apoio no desejo do Outro para sustentá-lo, o que é uma maneira elegante de elidi-lo, e o obsessivo para destruí-lo, o que é menos elegante, mas mais eficaz. Num caso, a sustentação do desejo do Outro prevalece, no outro, sua anulação, o que expõe pouco a enfrentar o gozo e, um pouco mais, a angústia. O trabalho do sonho faz o sujeito pas-

---

[3] É nestes termos que Lacan aborda esta questão: "... se a essência do sono é justamente a suspensão da relação do corpo com o gozo, é bem evidente que o desejo que, este, se suspende ao "mais-de-gozar", nem por isso vai ser aí posto entre parênteses." ... "A única coisa que liga o desejo do sonho ao inconsciente é a maneira como se deve trabalhar para resolver o problema de uma fórmula com 'igual a zero" para encontrar a raiz graças à qual, da maneira como isso funciona, isso se anula; se isso não se anular, como se diz, há o despertar, mediante o que, é claro, o sujeito continuará a sonhar em sua vida". J. Lacan, ... *Ou pire*, seminário inédito, de 21 de junho de 1972.

sar de uma lógica à outra, por exemplo da lógica da fantasia, em que ele se experimenta tentando suscitar o gozo no Outro, àquela do inconsciente, em que o Outro não existe, não mais que o sujeito. Ele tem a mesma função nas outras estruturas e notadamente na psicose. Mas a entrada no delírio marca o fracasso do trabalho do inconsciente com a metabolização constante do gozo do Outro.

Há, assim, uma continuidade entre o sonho e a vida dita de vigília. Eles prosseguem sem descanso, com armas distintas e diante de dados diferentes, um mesmo combate. Uma economia nula do gozo deve ser atingida, seja qual for o modo de real que estejam tratando. Evidentemente, o trabalho do sonho reflete primeiramente o estado do sujeito nesse instante. O pesadelo ou o sonho de angústia acontecerão com mais facilidade quando o sonhador estiver num momento patológico e articularão os impasses do gozo com os quais está às voltas no conjunto de sua vida psíquica[4]. Mas, ao inverso, diante destes impasses, as elaborações do sonho forjam soluções lógicas ou metáforo-metonímicas que terão curso na vigília. Elas têm efeitos "patológicos", ou, ao contrário, resolutórios, conforme o sonho for mais ou menos bem-sucedido quanto à sua função[5]. O efeito do *sonho de Dante* é finalmente "patológico", o do homem de *a leoa* igualmente, antes de o último sonho da série elaborar um interdito resolutório. O do *sem-teto* tinha um efeito resolutório, antes de o segundo sonho traduzir a invasão pelo gozo, consecutivo à intervenção da mãe[6].

---

[4] Muitos autores, dentre eles L. Grinberg, de um ponto de vista totalmente distinto, consideram igualmente o sonho como um reflexo do estado de elaboração do inconsciente. ("Rêve et acting out", *Psychoanalytic Quarterly*, LVI).

[5] Vários autores não-lacanianos igualmente formularam, de acordo com um campo conceitual diferente, um papel antitraumático do sonho, o pesadelo representando seu fracasso. É o caso de J. Guillaumin (*Le Rêve et le Moi*, Paris, P.U.F., 1979) e "Le travail du rêve comme deuil des objets de la veille". *Revue française de psychanalyse*, t. XLV, nº 1). É também o caso de M. Fain (*La Nuit, le jour. Essai psychanalytique sur le fonctionnement mental*, Paris, P.U.F., 1975), que atribui um papel econômico essencial ao sonho. Enfim, D. Anzieu encara o sonho como um pára-excitação que envolve o psiquismo do dormidor e, para que o sonho aconteça, é preciso que um "eu-pele" seja constituído ("Les signifiants formels et le moi-peau", *Les Enveloppes psychiques*, Paris, Dunod, 1987).

[6] Um autor, B. Golse, fala a este respeito de uma função introjetiva do sonho elaborando os restos diurnos, de que o pesadelo representa o fracasso ("Cauchemars, rêves et processus de pensée", *Psychiatrie de l'enfant*, t. 37, nº 2, 1994).

As relações entre vigília e sonho consistem numa espécie de depósito permanente de um no outro, acontecendo sempre no mesmo sentido. O sonho parece constantemente operar um tratamento dado à aproximação de um encontro do real, seja ele qual for, e depositar-lhe o produto no inconsciente. O campo da vigília e o do sonho estão, portanto, em certa continuidade. Os resíduos da vigília são tratados pelo sonho e o resultado deste trabalho é, por sua vez, colocado em jogo na vigília[7].

Não é só o gozo que tem estatuto diferente na vigília e no sono. Podemos especificar em torno de dois eixos, do ponto de vista significante, o que os distingue igualmente. O sujeito da fala, na vigília, é representado por um significante junto a outro significante, ao qual equivale aquele que escuta. Toda fala supõe, para ser emitida, o lugar do Outro para onde ela se endereça. Neste campo, o sujeito não funciona sem o Outro, pelo menos durante o tempo de falar, e nele é sustentado pela fantasia. Ao contrário, no nível das formações do inconsciente, notadamente do sonho, não se trata mais de fala, mas de letra. O sujeito não se endereça a lugar nenhum, não comunica, não é representado por um significante para aquele que escuta. Ele está às voltas com a relação entre significante e significado, com suas substituições, e o Outro, no inconsciente, já sublinhamos, não existe, não mais que o sujeito; estão juntos na mesma inexistência, na mesma divisão. É, pois, entre estes dois campos que ocorre uma espécie de depósito permanente[8].

---

[7] Muitos autores se orientaram em tal direção, partindo de motivos bem diversos. Formulam um papel integrador do sonho para o conjunto da vida psíquica e não apenas durante o sono. Após Meltzer, já citado, J. Gammil considera que o sonho constitui uma parte fundamental do funcionamento psíquico, notadamente no plano econômico ("L'écoute psychanalytique et l'écran du rêve", *Revue française de psychanalyse*, 1980, nº 1). Para Bion, o sonho elabora a partir da ausência de objeto, a fim de fazer cessar o desprazer que ela causa (*Éléments de la psychanalyse*, Paris, P.U.F., 1963).

[8] Um autor que notou e sublinhou as relações entre sonho e vigília as aborda não em relação à linguagem e à letra, mas como dois Eu [*Moi*] simétricos, onírico e vigia. Um pode ser invadido pelo outro e eles mantêm entre si uma espécie de identificação projetiva recíproca. Ele fala de fazer convergir as duas imagens num terceiro espelho, o da análise. (J. Guillaumin, "Le rêveur et son rêve", *Revue française de psychanalyse*, 1973, vol. 37). Estamos no oposto desta concepção, com a idéia de que uma relação contínua de fato ocorre, mas na base de processos significantes e de gozo integrando as formações imaginárias, não o inverso.

A lógica em jogo durante a vigília é antes, no conjunto, a da fantasia, a do isso, ou "não penso", embora isso varie muito e notadamente de acordo com a estrutura subjetiva. O sujeito obsessivo, por exemplo, é maciçamente sustentado por esta lógica e seus sonhos são, ao contrário, quase sempre levados pela lógica do inconsciente, onde encontram um pensamento do sexo. O trabalho do sonho comporta então um recobrimento que se efetua desde o campo onde o Outro é suscetível de gozar até aquele onde ele não existe. A lógica do isso é recoberta pela do inconsciente. Ao inverso, o discurso do sujeito histérico é com mais facilidade carregado pela lógica do "não sou", que é a do inconsciente. Neste caso, o sonho comporta quase sempre a lógica do isso que é fundamentalmente a da fantasia. O sujeito aí encontra uma forma de ser que visa ao gozo na ordem pulsional. O trabalho do sonho, pelo reencontro de um semblante de gozo, sustenta a existência do Outro e do sujeito.

Assim, é percorrido um círculo entre a tentativa de prova da existência do Outro pelo gozo, a partir da fantasia, e a descoberta da inexistência do Outro como sujeito, no inconsciente. O sujeito tem apenas uma escolha restrita. Poderíamos ver aí em ação, de acordo com dois sentidos possíveis, o dito equívoco de Lacan "o gozo está na cifração". Num primeiro sentido, que encontramos maciçamente neste estudo, a cifração tem por efeito desviar o gozo, anulá-lo, substituindo-o por um valor de gozo, e é, no conjunto, a função que prevalece. Ao inverso, a partir da lógica do isso, o trabalho do sonho pode tentar reencontrar o gozo, mesmo com o risco de que este gozo reencontrado se desencadeie no pesadelo, pedindo um novo trabalho de anulação. Assim, o sonho pode tanto ter que anular o gozo quanto preencher o vazio do sujeito e do Outro. Um equilíbrio é assim visado, por seu trabalho, equilíbrio que dá à sua equação o resultado zero quando atingido. Pode sê-lo de várias maneiras: a anulação do gozo do Outro pode não provocar nenhuma angústia por seu desaparecimento, ou, então, o gozo reencontrado a partir do objeto pode manter-se no quadro estreito da fantasia, sem passar a ter um aspecto traumático.

Se estão aí termos generalizáveis de uma concepção lacaniana da estrutura e da função do sonho, vemos em que ela prolonga a de Freud, embora inscreva seu propósito numa operação mais ampla. O sonho é bem uma atividade do inconsciente produzindo um grão de prazer, *Lustgewinn*, a serviço do desejo de dormir, mas na medida em que o inconsciente pode elaborar um objeto suscetível de fazer as vezes do gozo. Uma vez que este gozo do Outro é antes de tudo o gozo do outro sexo, sua anulação traz de volta a ausência de uma cifra da "relação sexual" e a impossibilidade de produzir uma, o que vai lado a lado com a produção constante daquilo que suplementa, elaborado nos termos da significação e do gozo fálicos pelas metáforas e metonímias que constituem toda a cifra do sonho. Se, por um instante, pudéssemos comparar o inconsciente com uma espécie de *software* que transforma, cifra o *non-sens* de dois sexos sem relação numa significação e num gozo único que inclui os dois, o sonho poderia representar o grande canteiro de obras diário desta operação e seu ofício favoreceria o repouso da vigília quase tanto quanto o da noite.

Fronteiras da neurobiologia

As descobertas da neurobiologia são suscetíveis de modificar os resultados deste estudo? Invalidam elas, como foi afirmado, numerosos conceitos freudianos, tratando-se do sonho? Trazem elas elementos que convergem com as orientações que sustentamos, ou que a elas objetam? Os trabalhos de Jouvet marcaram um momento importante nas pesquisas sobre o sono ao isolarem, no meio do século, assim como Kleitman, um tipo de sono em que especificamente acontece o sonho. Ele o nomeou sono paradoxal, terceiro estado de funcionamento do cérebro, após a vigília e o sono lento[9]. Este sono ocorre em períodos regulares durante a noite, que são encontrados em todas as espécies animais homeotermas. A produção de sono paradoxal não parece, pois, uma resposta a estímulos externos ou internos ocasionais. Ele constitui uma atividade de origem interna, resultando da ativação regular de certos neurônios. A função freudiana de proteção do sono pelo sonho perante o que se apresenta para perturbá-lo não poderia, nesse caso, ser de ordem fisiológica. Essa descoberta parece opor-se à idéia de um sonho causado ocasionalmente para proteger o sono e devemos nos ater ao fato de que o sonho se põe a serviço do desejo de dormir,

[9] M. Jouvet, *Le Sommeil et le Rêve*, Paris, Odile Jacob, 1992.

seja qual for o modo de produção de seu suporte fisiológico. É o ponto essencial da incidência do sonho no campo psicanalítico.

Na verdade, uma parte da contradição desenvolvida diante da "velha teoria freudiana" pelos neurobiologistas não parece confirmada pelas experiências recentes. Entre as numerosas pesquisas que seguiram as de Jouvet, uma série de experiências nos parece antes confirmar a função freudiana do sonho[10]. Para tentar determinar a função biológica do sono paradoxal, os pesquisadores provocaram experimentalmente sua privação. Ora, eles perceberam que uma privação era imediatamente seguida de um pico de sono paradoxal, como se se formasse uma dívida que era em seguida reembolsada. Pensaram primeiro que este fenômeno demonstrava um fator onirógeno em circulação, que se acumularia para despejar-se em seguida, mas tiveram que renunciar a esta hipótese, pois nenhum fator que aumentasse especificamente o sono paradoxal foi isolado. A conclusão deles, a partir dos anos 80, foi a seguinte: não é a própria privação de sono paradoxal que produz o pico, mas o "estresse" que a acompanha. Este age desencadeando a liberação de fatores hipotalâmicos ou hipofisários. A privação de sono paradoxal por métodos não-agressivos não produz pico. Certas experiências mostram um pico de sono paradoxal consecutivo ao "estresse" no rato. A supressão de tal pico é obtida pela eliminação dos sistemas efetores hipotalâmico-hipofisários do "estresse". Assim, Jouvet conclui pelo fato de que o pico de sono paradoxal poderia ser "um mecanismo cerebrostático" destinado a restabelecer os circuitos corticais alterados por situações de constrangimento impostas ao organismo e, portanto, "não-gratificantes[11]". Ao inverso, experiências de auto-estimulação gratificantes, no rato, permitem acordar regularmente o animal, sem produzir em seguida pico de sono paradoxal. Estes resultados pareceriam indicar que o sono paradoxal, logo, o sonho em seu seio assume de certo modo o papel de uma auto-estimulação gratificante que combate os efeitos corticais do "estresse".

Estes dados não puderam ser encontrados no homem, no qual se identificam mal os efeitos da privação de sono paradoxal, por certos

[10] Ibid., p. 194 e seg..

[11] Ibid., p. 195.

antidepressivos, por exemplo. Mas, por mais isolados que estejam, estes dados vão antes no sentido daquilo que Freud chamava a liberação pelo sonho dos restos diurnos penosos, transformados em realização de desejos. Sem que se possa estabelecer um estreito paralelo, o "estresse" consecutivo ao constrangimento no animal pode desempenhar um papel análogo a estes elementos de angústia, estes riscos traumáticos encontrados nos acontecimentos na fonte do sonho no homem. O sonho a eles se opõe tentando elaborar um modo de gozo que sustente o sujeito em vez de ameaçá-lo. Ao anular o risco traumático, ele efetua, além disso, um trabalho suscetível de servir igualmente na vigília. Se os resultados destas experiências se verificassem, a função fisiológica do sono paradoxal seria orientada num sentido compatível com a função psicanalítica do sonho. Com estas últimas pesquisas, não parece portanto, atualmente, que a neurobiologia tenha, quanto à função do sonho, contradito Freud tanto quanto acreditou e anunciou de início. Ela lançou as bases das condições fisiológicas de produção do sonho, restringindo a justo título o âmbito das especulações psicanalíticas, mas não pode determinar nem eliminar os processos do sonho. De maneira geral, convém distinguir, da maneira mais precisa possível, os níveis de causalidade fisiológica e psíquica na confrontação da psicanálise com os dados neurobiológicos atuais.

Um autor como J. Allan Hobson, psiquiatra e pesquisador em neurofisiologia, tem razão de notar que, quando se coloca a questão da função do sonho, que é um processo psíquico, não convém responder em termos de fisiologia[12]. Certos enunciados de Freud puderam parecer misturar os níveis semânticos ao falarem de proteção do sono. Entretanto, ele também indicou com freqüência que os sonhos estavam a serviço do desejo de dormir, o que é diferente. Seja como for, é com esta preocupação de precisão dos registros que podemos prosseguir uma discussão.

Após ter identificado os grupos de neurônios e os neurotransmissores responsáveis pelo desencadeamento do sono paradoxal, Hobson elaborou, com outros, a hipótese dita de ativação-síntese, relativa à função do sonho.

[12] J. Allan Hobson, *Le Cerveau rêvant*, Paris, Gallimard, Bibliotèque des sciences humaines, 1992, para a tradução francesa.

O sonho seria a consciência normal de um "cérebro-espírito" auto-ativado[13]. Os neurônios aminérgicos, ativando na vigília as zonas da atenção e da memória, estão em repouso durante o sono paradoxal. Em compensação, o córtex sensório-motor e as regiões subcorticais estão ativados e numerosas células estão desinibidas. Há criação de uma informação interna atingindo o tálamo, as zonas visuais e associativas do córtex. Assim, o "cérebro-espírito", auto-ativado e desconectado dos estímulos exteriores, trata os sinais recebidos, interpreta-os e faz deles uma síntese[14]. As particularidades cognitivas do sonho, muito diferentes da consciência de vigília, seriam devidas à cessação de atividade dos neurônios moduladores aminérgicos. O esquecimento seria igualmente devido a esta desmodulação, que não comanda registrar o sonho exceto se, pelo despertar, reativarmos estes neurônios moduladores. O que Hobson chama a forma do sonho seria igualmente imputável a esse fato. Suas características psicológicas constantes, a alucinação visual e motora provocando a crença na realidade delas, as distorções temporais e espaciais, o ilogismo, a forte emocionalidade e a ausência de memória derivariam desta desmodulação. Os sinais internos seriam analisados como excitações sensoriais. Toda esta mudança do modo de tratamento da informação, de sua análise e de sua síntese, seria devido à cessação de atividade dos neurônios aminérgicos. Múltiplos canais sensoriais, ativados simultaneamente, produziriam um "calidoscópio de informações" e estas seriam integradas, numa "intriga única", pelo "cérebro-espírito", que tenta dar-lhes sentido.

Até aqui só podemos aquiescer com interesse a estes avanços fisiológicos. Esta contribuição relativa ao quadro neurobiológico no qual se produz o sonho é importante. Evidentemente, ela não prejulga seu conteúdo, que resulta dos efeitos da colonização dos processos fisiológicos do sonho pela ordem da linguagem na qual estamos mergulhados, tendo por conseqüência o inconsciente. Mas, continuando no mesmo ritmo, Hobson interpreta, no sonho, as fusões de pessoas, as combinações impossíveis de pessoas, de lugares como confusões. Isso é surpreendente e visa manifestamente considerar a condensação como uma desordem, uma desorientação.

---

[13] Ibid., p. 248.
[14] Ibid., p. 253.

Segundo ele, o "cérebro-espírito" se contenta em dar um sentido ao que não tem nenhum. O pesquisador conclui que sempre se pode "continuar a interpretar os sonhos como metáforas, ou inconsciente dinamicamente reprimido, se fizermos questão disso. Mas tal iniciativa não é mais necessária, nem suficiente para explicar tanto a origem quanto a natureza do sonho[15]". Ele acrescenta que recusa toda idéia de conteúdo manifesto e de conteúdo latente, os sonhos estando não-disfarçados e perfeitamente compreensíveis, como Jung sustentava. A noção de "disfarce-censura" pode ser abandonada, pois o caráter bizarro do sonho é o resultado de uma integração imperfeita de dados de origem interna. Eles são tratados em condições particulares, de desconexão das coordenadas de espaço e de tempo, de atenção alterada e de ativação múltipla simultânea. Os símbolos podem possuir uma multiplicidade de sentidos, ao passo que a psicanálise os reduz a algumas pulsões e à representação da anatomia sexual. Os conflitos são integrados na intriga, em vez de dar conta da fabricação do sonho – e, é claro, não há nenhuma necessidade das associações para interpretar o sonho.

Assim acontece, afirma Hobson, com os sonhos repetitivos de aviões e barcos perdidos que ele teve no momento em que esperava sua nomeação como professor. Não são, diz ele, devidos a uma dúvida sobre seu desejo ou suas capacidades de sê-lo, mas simplesmente ao fato de que naquela época ele viajava com freqüência de avião e de barco. São "variações claras e realistas sobre o tema 'arranjos incompletos'[16]". O autor tem igualmente um sonho onde *está com a mulher num dos concertos que ela está organizando e, ao chegar ao subsolo, encontra Mozart.* Aliás, o sonho é muito bem interpretado num primeiro tempo, a partir das associações e do contexto. Representa o desejo de ver a mulher coroada de prestígio por ter podido convidar tal artista. A esta interpretação, à qual só podemos subscrever, Hobson opõe a hipotética interpretação, que um psicanalista, burro até debaixo d'água, teria proposto: a de uma rivalidade edipiana. Em seguida acrescenta que o sonho produziu, no entanto, uma confusão, já que atribuiu a Mozart uma barriga bem redonda, quando é seu próprio caso. De novo, a desordem visa dar conta da condensação, embora a atribuição da barriga do sonhador a

[15] Ibid., p. 261.
[16] Ibid., pp. 267-68.

Mozart introduza entre eles um ponto comum facilmente interpretável. O prestígio da esposa, graças à presença de Mozart, seria ainda mais agradável se o próprio sonhador fosse bastante célebre para produzir o mesmo efeito.

Este autor falhou em seu próprio preceito. Ele reúne, de modo engenhoso e convincente, os dados da neurobiologia, acrescentados a suas próprias descobertas. Mas, após ter esclarecido certos processos da produção fisiológica do sonho e ter mostrado os efeitos destes processos sobre seus caracteres constantes, ele dá um salto. Tenta aplicá-los de imediato às questões psicológicas, misturando os níveis semânticos. Obtém nitidamente menos sucesso neste campo, onde não se encontram a minúcia e a pertinência de seus estudos fisiológicos. Chama ilogismo a lógica particular do sonho, que não corresponde à lógica em jogo na consciência. Considera a condensação como uma confusão de pessoas, os cortes entre seqüências como uma desorientação. Além do desconhecimento destes processos, há aí uma confusão dos níveis semânticos.

Assim, o diálogo, difícil, vale ser empreendido ou mantido. Parece interessante, por exemplo, tentar definir o que, na forma constante do sonho, é determinado pelas condições fisiológicas do sono paradoxal. A cessação de atividade dos neurônios aminérgicos moduladores deve nele desempenhar um papel, já que são responsáveis pela maioria das funções superiores da consciência desperta como a atenção, a memória, o quadro temporo-espacial. Ela deve intervir nas características do sonho que o apresentam como desconectado dos pontos de referência habituais de tempo, lugar, lógica. Da mesma forma, a ativação dos neurônios visuais deve ser determinante para a forma essencialmente visual do sonho. O esquecimento do sonho pode igualmente ser, em parte, condicionado pela ausência de ativação dos neurônios que comandam seu registro pela memória. Enfim, o modo de tratamento particular dessa informação, devida a sinais internos, intervém certamente nas modalidades do trabalho do sonho.

Sublinhamos o quanto o trabalho do sonho se apresentava como um tratamento dos dados relativos ao desejo a fim de visar a um gozo "temperado", ou de transformar um gozo temido em um produto assimilável pelo inconsciente. Insistimos no fato de que as imagens, os desejos e os gozos haviam passado pelo crivo do simbólico para chegar a este produto. Estes elementos parecem concordar com a descrição fisiológica de uma "ativação-síntese" do córtex durante o sono paradoxal. A noção fisiológica de um tratamento da informação interna converge com o que é implicado por todo este trabalho de tradução permanente, mas as leis do pensamento inconsciente e sua lógica encontrarão forçosamente um suporte mais sólido nos avanços da lógica moderna do que na experimentação fisiológica. Não convém lamentá-lo. A vigilância dos fisiologistas, como dos psicanalistas, sobre as fronteiras e as implicações de seus respectivos trabalhos é, portanto, aceita.

2. A prática analítica do sonho

Em geral nos perguntamos como a interpretação do sonho encontra lugar na sessão de análise. O trabalho que isso representa não se inscreve facilmente na técnica da associação livre e sabemos que a interpretação do sonho não é a interpretação do analista. Na verdade, certas observações que Freud fazia sobre este ponto, em 1923[1], constatações mais que indicações, sempre valem para descrever as modalidades possíveis da interpretação do sonho na sessão analítica. A abordagem cronológica do relato, com todas as associações, não é, no conjunto, concebível. Contravém à associação livre e arrisca dar à sessão um ar pedagógico.

A interpretação do analista, no campo lacaniano, se caracteriza por uma intervenção menos freqüente do que nas outras escolas. Situa-se no registro do significante e não no da significação. Não se pronuncia sobre o sentido, mas formula uma enunciação equívoca ou "semidita", cujos enunciados o analisando determina. Interpretar um sonho neste contexto pode parecer a *priori* problemático e às vezes consideramos que é essencialmente o fazer do analisando. Esta talvez seja uma das razões pelas quais a interpretação dos sonhos, há muitos anos, é nele menos objeto de elaboração teórica do que em outros campos[2].

---

[1] S. Freud, "Théorie et pratique de l'interprétation du rêve", *Résultats, idées, problèmes II*, Paris, P.U.F., 1985, p. 79.

[2] Vimos, a propósito da função do sonho, que existe uma soma importante de trabalhos, teoricamente inovadores, no campo freudiano não-lacaniano. No campo lacaniano, al-

Percebemos, entretanto, que certas intervenções que visam suscitar, orientar ou utilizar a interpretação de um sonho podem situar-se no registro do significante e não da significação. O próprio sonho assim procede. Apelar para a associação do analisando, citando tal ou tal elemento cifrado do sonho, lança freqüentemente o processo interpretativo. Intervir na interpretação do sonho segundo suas próprias metáforas, ou retomar tal metáfora de sonho para interpretar, na seqüência da análise, outra manifestação do inconsciente, tudo isso consiste simplesmente em usar a interpretação que é o sonho. Muitos analisandos, após terem sido por algum tempo incitados à associação relativa a seus sonhos, entendem rápido o processo e conduzem sozinhos a interpretação do sonho, até um certo ponto. Por isso, o analista pode acolher a interpretação do analisando como qualquer outro material e interpretá-la como tal; ou então praticamente não intervém na conduta da interpretação, mas unicamente em seus resultados. Estes variam muito conforme cada analisando, mas também segundo a estrutura subjetiva. Os sonhos na histeria são quase sempre organizados por fantasias, logo, menos cifrados pelo inconsciente, e dão lugar a associações pouco numerosas. A tendência a interpretá-las e a sintetizá-las segundo a significação é maior, neste caso, no analisando. Os sonhos dos obsessivos, ao

---

guns trabalhos sobre o sonho existem, sem que isso tenha dado lugar até aqui a um *corpus* teórico. Em sua intervenção no Colóquio do Centenário de *A interpretação dos sonhos*, Alain Vanier dá uma idéia de conjunto da importância da contribuição de Lacan. No mesmo contexto, Bernard Toboul sublinha a dimensão de ex-sistência, no sentido lacaniano, ou seja, o que insiste de fora, constituída pela *Entstellung*, a deformação freudiana do trabalho do sonho. Certos trabalhos freudianos lacanianos mencionam uma clínica do sonho. Podemos nos reportar notadamente a Philippe Julien ("La vérité parle, le savoir écrit", op. cit.) e às atas do congresso da *Convention psychanalytique* sobre "Le rêve et la cure psychanalytique", Estrasburgo, 19 e 20 de outubro de 1985. Gérard Pommier desenvolve e elabora uma clínica que comporta uma vasta experiência da interpretação do sonho (em numerosas obras, dentre elas *Du bon usage érotique de la colère*, op. cit., e *L'Amour à l'envers, Paris,* P.U.F., 1995). Jacques-Alain Miller, além do trabalho já citado sobre a interpretação do sonho *a bela açougueira* por Lacan, menciona a interpretação de um sonho em "Discussion d'un cas clinique à l'Association psychanalytique de Cordoba", *La Cause freudienne. Revue de psychanalyse*, nº 41, abril de 1999. Juan-David Nasio se apóia na clínica do sonho em *Le Livre de la douleur et de l'amour* (Paris, Payot, 1996). Nestes diferentes trabalhos, o estilo de interpretação varia conforme o clínico, ainda que o acento posto na literalidade da interpretação seja comum à maioria dos alunos de Lacan.

contrário, são quase sempre cifrados segundo a lógica do inconsciente e dão lugar a numerosíssimas associações. Estas se perdem, às vezes, sem poder ser integradas numa lógica de conjunto do sonho. Um grande número de sonhos permanece totalmente ininterpretado, por falta de associações ou por outras razões, e são simplesmente o ponto de partida de pensamentos, como qualquer outro material. Em certos casos, o analista pode insistir para que um dentre eles, que lhe parece mais decisivo que os outros, seja interpretado.

Na sessão seguinte da analisanda que tivera o sonho da *gema de ovo*, houve incitação à associação sobre alguns pontos. A interpretação de um significante fundamental é própria da analisanda, tal como este fragmento de texto vai dar dela uma idéia precisa.

- (Analisanda): *É um parque de diversões, tenho uma barraca. Para pagar, é preciso recortar tiras de papel e colá-las. Há um carro azul em forma de "almofada", bem redondo, cheio de moscas, e é preciso matar as moscas com um pano. Então, mato-as e depois posso ter acesso ao jogo.*

- (G. C., após uma série de pensamentos da analisanda referindo-se a qualquer outra coisa): Sobre o que, de hábito, encontramos as moscas assim juntas?

- (A.) silêncio, depois: Não é ter acesso a um jogo, é ter acesso ao "eu" [*je*]*. Quando pequena, eu dizia à minha mãe: "podemos dizer o mar de Paris"; não havia jeito, ela respondia: "não, não há mar em Paris"**.

- (G.C.): Esse carro?

- (A.): Meu marido falava do primeiro carro que seu pai havia comprado na exposição, um Aronde. Meus pais não tinham. Falávamos disso numa exposição, outro dia, com minha filha.

- (G.C.): É isso o parque de diversões?

- (A.): Sim, era a idéia, mas só havia uma barraca, a minha. Mamãe me havia dito: quando você tiver dezoito anos, você vai ter dinheiro para pagar sua carteira, e depois não havia. Então, há alguns anos, meu marido

* Homofonia *jeu* [jogo] e *je* [eu]. (NT)

** Trocadilho: *la mer de Paris* [o mar de Paris] e *la merde Paris* [à merda Paris]; *il n'y a pas de mer* [não há mar] ou *il n'y a pas de maire* [prefeito] em Paris. (NT) comprou para mim um piano. Ele havia arranjado dinheiro para o piano, mas não para a carteira. Mamãe me dissera: se você tocar bem, o piano será seu; toquei bem. Mas depois, quando me casei, a mudança custava muito caro. Então, ela deu o piano para minha irmã e me deu dinheiro e, com isso, fiz o exame de motorista.

- (G.C.): É, pois, entre outras coisas, o que o carro do sonho evoca.

- (A.): Sim, e, além do mais, quando meu marido queria me ensinar a dirigir eram brigas sem fim, então fui a uma auto-escola. O código eu tirei de letra, mas a direção fui reprovada cinco vezes. Eu não dominava o carro, tremia, foi preciso um ano para que fosse eu quem levasse o carro e não o contrário.

- (G.C., concluindo a sessão): Você está totalmente certa, é de ter acesso ao eu [*je*] que se trata, não ao jogo [*jeu*].

A interpretação deste sonho foi praticamente formulada assim que a analisanda respondeu à pergunta sobre o que evocam as moscas, pelo fato de que se trata, com o excremento no lugar do objeto fálico, da produção do sujeito. O carro é falicizado por sua inscrição na linhagem paterna de seu marido e não na sua, então nada pode ser transmitido por seu pai. Ele reconsidera então a outra transmissão, materna, desta vez, do dinheiro necessário para a carteira de motorista. O "eu" [*je*] constituiu-se, assim, na vertente econômica e na vertente significante, quando o objeto fálico foi incorporado a um pai, o de seu marido. A sonhadora pode por conseguinte a ele ter acesso, após tê-lo limpado de um falo materno que tem essencialmente o valor do objeto fecal, da merda.

A intervenção do analista foi determinante para provocar os pontos-chave da interpretação pela analisanda, o que nem sempre é o caso. Apenas comportou questões, orientadas ou não, sobre o valor de certos elementos do conteúdo manifesto. Depois, isolou e sublinhou o ponto fundamental da interpretação efetuada.

Freud distinguia, com razão, a tradução do sonho e sua avaliação, o valor de um sonho só podendo ser considerado em função de um certo número de elementos. Tal sonho de cura poderá, por exemplo, ser apenas um voto de acabar com a análise. Tal sonho, resolvendo um conflito, poderá ser apenas uma das duas vertentes da ambivalência que o sonhador poderá ter desenvolvido na mesma noite[3]. O sonho é um dizer, cujo sentido e alcance só são concebíveis no conjunto dos dizeres. É aí que a intervenção do analista é seguramente a mais decisiva e que sua interpretação pode apoiar-se na interpretação do sonho. A importância dos sonhos na análise é primeiramente, como Freud sublinhava, que eles constituem a fonte mais importante do retorno do recalcado[4]. Efetivamente, ainda que o recalcado igualmente esteja em ação nos sintomas, na enunciação e nas falhas do discurso, a amplitude dessa contribuição não pode igualar a do sonho. Ele constitui uma fonte única, no plano da cifração significante e no plano da parte lógica em ação. As análises que se desenrolam sem um único sonho durante períodos muito longos são por certo possíveis e correntes, mas não trabalham sobre o mesmo material que aquelas que comportam uma ida e volta, de maior ou menor intervalo, entre os sonhos e sua interpretação na sessão. Um sonho interpretado é quase sempre seguido de alguns outros, que completam o dizer do primeiro sonho, contradizem-no, confirmam-no, ou, ainda, tiram dele conclusões. Vimos a importância das séries de sonhos para articular uma posição do sujeito, uma solução lógica para tal impasse.

Se não está em questão analisar todos os sonhos de modo sistemático, é importante porém que o analista intervenha em certos casos para produzir um apelo do sentido, ao contrário da significação. O sentido é, de maneira geral, o que se apresenta como um *non-sens* nas formações do inconsciente, por ele ser o sentido de antes do recalque que produziu o sujeito e, com ele, a significação fálica do inconsciente. Ora, este sentido jaz no sonho e nele nunca aparece em primeiro lugar, contrariamente à significação da fantasia. A interpretação de um sonho, embora sempre parcial, tem por efeito, portanto, restituir a dimensão do sentido, que é aquela perseguida pela análise. Assim fazendo, ela vai contra a significação fálica que lhe ocupa o lugar. Ela vai na mesma direção que o trabalho da cura em seu conjunto e este ponto é mais importante ainda no que se refere à hiância fundamental delimitada e mascarada pelo trabalho do sonho, a da "relação sexual". O que foi produzido de acordo com a significação fálica substituiu

---

[3] Ibid., pp. 82-83.
[4] Ibid., pp. 87.

o que seria tal relação, o sentido sexual impossível[5]. Por isso é que convém que o trabalho da análise a aborde.

A importância dos sonhos na análise tem ainda outra razão. Como vimos, eles são desde já uma interpretação. Não que a visada do sonho seja a mesma que a da análise, longe disso, mas o sonho pode interpretar um desejo, notadamente o do Outro. Por esse fato, não é espantoso que esta interpretação tenha efeitos sobre o sonhador, mas também que seja utilizável para a interpretação do analista. As metáforas do sonho podem acabar constituindo as ferramentas significantes privilegiadas. É mesmo concebível que sejam as melhores. Reinjetar na análise, a tal outro momento, a metáfora de um sonho, sob o modo conforme foi ou não interpretado, produz o efeito de sentido de toda interpretação. Mas, além do mais, isso ata ainda melhor um feixe de elementos porquanto esse nó foi forjado pelo próprio inconsciente, num outro contexto.

Que melhor metáfora do que Babel para designar, num único termo, a inibição de ensinar que era o sintoma da sonhadora e sua causa, a angústia de reencontrar as marcas do pai? Que melhor metáfora que o helicóptero roubado ao irmão, para o menino que quer provar que o falo está presente e, para além, no pai, quando tudo o situa alhures? Ou, ainda, não temos a palavra final com o peixe pisoteado pela cólera da sonhadora se ele designa aquela orca cômica, quando está domesticada, falo reduzido ao comércio entre homem e mulher, embora seja admirável quando é selvagem, entre mulheres? Não estamos a par da questão fundamental com aquele leito, na saída da igreja, ao lado do qual a poça de gema de ovo assinala o ridículo daqueles homens que querem, com aquele trabalho de amador, medir-se a Jesus quanto ao gozo que podem proporcionar às mulheres?

E a cena do coração comido não é uma excelente metáfora, se se trata no mesmo momento de cifrar a união com a mulher e a vingança do deus diante dessa união? A injeção em Irma não é aquele significante conclusivo no qual se condensa, em último lugar, o que o sonhador censura a si mes-

[5] Lacan fala disso nestes termos: "Digamos que a interpretação do signo dá sentido aos efeitos de significação pelos quais a bateria significante da linguagem substitui a relação que ela não pode cifrar" ("... Ou pire", *Scilicet* 5, op. cit., p. 10).

mo, por ter muito rápido e muito radicalmente dado sua solução interpretativa, e o que teria merecido a "boba" resistência com a qual ele esteve às voltas? E a trimetilamina, como "produto sexual", não é uma excelente metonímia dessa censura, assim como dessa sanção?

As metáforas do sonho, até mesmo suas metonímias podem ser postas a trabalho na análise. Não só para interpretá-las, mas também, uma vez assegurada sua interpretação, para inscrevê-las na seqüência. Elas ali representam literalmente tudo o que pareceram reunir e tratar no sonho. Toda interpretação requer trabalho para ser aceita, inclusive a de um sonho; por isso deve ser sustentada para além do instante. Seu efeito de sentido novo e de ruptura em relação às significações em curso é percebido quase sempre no instante, mas só se inscreve a partir de certa insistência. As metáforas forjadas pelo inconsciente encontram eficácia maior por esse desvio através do qual, seja após a interpretação do sonho, seja por ele ter sido interpretado, elas são restituídas pelo analista, a tal ou tal momento da análise.

A interpretação segundo a citação, um dos dois modos de "semidizer" isolados por Lacan, encontra aí um modo privilegiado. O analista cita um enunciado do analisando a fim de que este se pronuncie sobre sua enunciação, sobre o que ele mesmo disse pensando dizer outra coisa. No caso do sonho, a enunciação citada é, por exemplo, uma metáfora que já foi em parte resolvida. Ela põe a trabalho tudo o que o sonho representava através dessa metáfora e o analisando pode, em seguida, lhe fornecer enunciados sucessivos, de acordo com os tempos de seu percurso analítico.

Numa sessão recente, uma analisanda menciona o seguinte sonho. *Ela está numa casa no nível de um jardim, há uma tempestade. Ela quer pôr para dentro um gato todo molhado que estava no jardim, mas, ao abrir a porta-janela, um corvo se precipita ao mesmo tempo. Ela fecha então bruscamente a porta e lhe prende a pata; ele vai embora mancando, cotó. O gato é tigrado, com olhos desenhados no pelo, e ela lhe dá de comer. O pai de seu companheiro, que lá está, diz que seu irmão, Robert, lhe disse que tinha que dar croquetes ao gato.*

Manifestamente muito cifrado, este sonho comporta metáforas das quais várias não serão interpretadas. Espontaneamente, a analisanda se entrega a uma primeira série de associações. Ela tem um gato e seu companheiro, com o qual está começando a dividir um apartamento, não gosta de gatos. Ele o aceita, mas mostra-se severo com ele. Ora, "tinha dez anos de vida comum com esse gato", dizia ela, antes de encontrar o companheiro. Com freqüência, ele lhe diz com maldade: "Anda! Vai fazer carinho no seu gato". Quando o gato faz coisas erradas, ela tem medo de que o companheiro bata nele. Ela não sabe por que o gato do sonho é tigrado com olhos que parecem observar. Ele come e sai para o jardim.

Depois, ela se cala.

- (G.C.): Um corvo?!

- (Analisanda): Tudo o que sei é que detesto corvos!

- (G.C.): Como ele detesta gatos?

- (A., rindo): Sim, o grito deles me assusta, mas daí a lhe prender a pata e a mutilá-lo! Talvez eu tenha medo de que ele faça isso com o gato.

- (G.C.): E esse pai?

- (A.): O pai de meu companheiro adora cães, mas mesmo assim tem um gato; espero, portanto, que ele acabe como o pai, gostando de gatos, siga seus passos. Aliás, ele o admira e o imita por sua força de caráter. O pai teve uma oficina mecânica que faliu e, com força de vontade, conseguiu encontrar trabalho e pagar tudo sem ajuda alguma. O irmão deste não se entende com eles e recentemente descobrimos que desviou dinheiro da conta do avô.

- (G.C.): É este então quem aconselha os croquetes.

- (A.): Ele trabalha para um banco e é ele quem liquida as agências pouco rentáveis, salda as contas, executa. Croquetes são coisas que nunca dou ao gato, pois é muito ruim para gatos castrados.

- (G.C.): Trata-se de liquidar o gato?

- (A.): Em todo caso, dou os croquetes.

- (G.C.): Em suma, você está resolvendo a discussão gato-corvo?

- (A.): Visivelmente, estou me livrando dos dois.

A interpretação do sonho terá sido incompleta e vários elementos permanecem obscuros. A sonhadora aceita, de certo modo, acabar com o gato como companheiro, à maneira de uma "agência pouco rentável", segundo a prescrição do liquidador da linhagem paterna de seu companheiro, mas contanto que liquide também um corvo vindo a mais, como se fosse toma lá dá cá. Se este pequeno objeto fálico lhe é contestado, não há então tampouco corvo, que ela detesta! Este é um raciocínio absurdo, já que ninguém gosta de corvo ou lhe pede para aceitá-los. Mas talvez tenha sua razão de ser no que é para ela evocado pelo grito particular do corvo, o que não foi elucidado. Este grito tem, com efeito, uma tonalidade muito particular, que às vezes evoca o grito do gozo feminino, de modo desagradável, logo, recalcado. Assim fazendo, ela renuncia a seu objeto fálico para inscrever-se na linhagem paterna de seu companheiro. Esta comporta a um só tempo o liquidador pouco escrupuloso e o homem admirável que dá o que há a ser transmitido. No mesmo tempo, a sonhadora confia-se a este pai que mostra que é possível conservar cães e gatos num casal, cada um com seu objeto fálico. Algumas semanas mais tarde, quando ela se irritava com sua propensão a procurar encrenca com o companheiro, a propósito de outra coisa, concluíamos a sessão com estas palavras: "A procurar corvos!". Além de uma dialética idêntica àquela que estava em jogo no sonho, a palavra "encrenca"* comportava, em sua primeira sílaba, o mesmo som que aquele pelo qual imaginamos o grito do corvo, "croa". Toda a problemática em questão neste sonho foi então posta novamente a trabalho. Este sonho foi seguido de dois outros, que com ele constituem uma série decisiva de uma mudança de posição subjetiva.

A atitude do analista diante do sonho varia em proporções importantes, apesar da concordância global que existe entre os psicanalistas quanto a seu lugar fundamental. Ela varia, por certo, de uma escola a outra, de um clínico a outro, mas também para um mesmo analista de uma época a outra de sua prática. Um autor sublinhou que convinha colocar a questão do desejo de interpretar, o qual comporta uma certa transgressão e suscita, entre os analistas, uma espécie de mal-estar[6]. Com efeito, é também nestes termos que deve ser considerada a espantosa queda, após seu entusiasmo inicial, dos avanços dos psicanalistas sobre o sonho. Freud o observava em 1932, mas esse movimento prosseguiu por muito tempo. Além disso, podemos observar que os momentos fecundos para a interpretação dos sonhos, na história do movimento psicanalítico, são momentos fundadores. Além da descoberta de Freud, que coincide com o limiar de sua prática, o

---

* Em francês *crosse*, próximo de *croasse* [crocita, corveja]. (NT).

[6] Trata-se de Paul-Laurent Assoun, notadamente em sua intervenção de 29/5/99 no Colóquio do Centenário de *A interpretação dos sonhos* de Freud, mencionado anteriormente.

trajeto de Lacan está marcado por este traço. A partir de 1955, data de sua retomada da interpretação do sonho da *injeção em Irma*, ele inaugura seu retorno a Freud e à letra do inconsciente e durante anos prosseguirá em seu seminário análises intermináveis de sonhos de Freud ou de outros psicanalistas. Estes momentos fundadores são momentos de franqueamento na prática do analista.

Para cada clínico, igualmente, podemos supor que o franqueamento representado por seu tornar-se analista comporta uma atitude particular quanto ao desejo de interpretar, notadamente o sonho. Neste momento de báscula, que Lacan isolou sob o termo passe a fim de estudar sua força, o analista está próximo da cifração e da decifração, até no gozo que elas comportam, que caminha junto com uma suspensão do recalque, às vezes brutal. Tanto que, uma vez feito o passe, este desejo bem como suas conseqüências poderiam ser objeto de um esquecimento, até mesmo de um recalque. Este desejo estaria ferido, mas também a capacidade de se achar, com o jogo literal do inconsciente, numa familiaridade que é necessária à decifração. Os avanços sobre o sonho conheceriam um destino ligado aos grandes momentos da história da psicanálise, a de cada um como a de todos. É essencial, em cada sessão que comporte um sonho, que um gozo a ser decifrado jamais tenha precedência sobre o que o sonho traz quanto às soluções forjadas pelo inconsciente. Ele o tornaria inutilizável para a análise e perverteria a posição do analista. Mas, da mesma forma, é importante não deixar que se submeta ao recalque. Esta posição implica, portanto, manter-se afastado tanto do gozo como do recalque.

Bibliografia

ALLOUCH J., *Lettre pour lettre,* Paris, Érès, coleção Littoral, 1984.

ANZIEU D.,

- *L'Auto-analyse de Freud,* Paris, P.U.F., 1959 e 1988.
- "Les signifiants formels et le moi-peau", *Les Enveloppes psychiques,* Paris, Dunod, 1987.
- Préface à *Sur le rêve* de S. Freud, Paris, Gallimard, 1988.

ASSOUN P.-L., "L'inconscient et le champ freudien", Colóquio do Centenário de *A interpretação dos sonhos,* Paris, de 28 a 30 de maio de 1999.

BION W.-R., *Aux sources de l'expérience,* Paris, P.U.F., 1979.

BONOMI C., "Le rêve d'Irma: le corps, la parole, la faute", *Cliniques méditerranéennes,* nº 53-54, 1997.

BOUKOBZA C., "L'enfant rêve-t-il avant de parler?" Colóquio do Centenário de *A interpretação dos sonhos, Paris,* de 28 a 30 de maio de 1999.

CHABOUDEZ G.,

- *Le Concept du phallus dans ses articulations lacaniennes,* Paris, Lysimaque, 1994.
- "Du prolongement lacanien à la théorie du rêve", *Psychanalyse et Figures de la modernité,* Congrès d'Espace analytique, Paris, de 19 a 22 de novembro de 1998.
- "Le sexe et l'équation du rêve", Colóquio do Centenário de *A interpretação dos sonhos,* Paris, de 28 a 30 de maio de 1999.

DANTE,

- "Vie nouvelle", *Œuvres complètes,* Librairie générale française, Livre de Poche, Nova tradução sob a direção de Christian Bec, Paris, 1996. "Rimes", Ibid.

- "Vie nouvelle", *Œuvres complètes,* la Pléiade, tradução de André Pézard, Gallimard, Paris, 1965.

- *Vita nuova,* éd. L.P. Guigues, Paris, Gallimard, Poésie, 1974.

DOR J., *Introduction à la lecture de Lacan,* vol. I, Paris, Denoël, 1985.

DOUEIHI M., *Histoire perverse du cœur humain,* La librairie du XXe siècle, Paris, Seuil, 1996.

FAIN M., *La nuit, le jour. Essai psychanalytique sur le fonctionnement mental,* Paris, P.U.F., 1975.

Freud S.,

- *L'Interprétation des rêves,* Paris, P.U.F, 1973.

- *Sur le rêve,* Paris, Gallimard, 1988.

- *Introduction à la psychanalyse,* Paris, Payot, 1971.

- *Études sur l'hystérie,* Paris, P.U.F., 1967.

- *Quelques suppléments à l'ensemble de l'interprétation des rêves,* Littoral nº 2, Érès, 1981.

- *Métapsychologie,* Paris, Gallimard, 1985.

- "Un enfant est battu", *Névrose, psychose et perversion,* Paris, P.U.F., 1973.

- "Révision de la théorie du rêve", *Nouvelles conférences d'introduction à la psychanalyse,* Paris, Gallimard, 1984.

- "Théorie et pratique de l'interprétation du rêve", *Résultats, idées, problèmes II,* Paris, P.U.F., 1992.

GAMMIL J., "L'écoute psychanalytique et l'écran du rêve", *Revue française de psychanalyse,* 1980, nº 1.

GOLSE B., "Cauchemars, rêves et processus de pensée", *Psychiatrie de l'enfant,* t. 37, nº 2.

GUIBERTEAU P., *Dante et son itinéraire spirituel selon la "Vita nuova"*, Paris, José Corti, 1983.

GUILLAUMIN J.,

- "Le travail du rêve comme deuil des objets de la veille", *Revue française de psychanalyse*, t. XLV, nº 1.

- "Le rêveur et son rêve", *Revue française de psychanalyse*, 1973, vol. 37.

- Le Rêve et le Moi, Paris, P.U.F., 1979.

HOBSON J. A., *Le Cerveau rêvant*, Paris, Gallimard, Bibliotèque des sciences humaines, 1992, para a tradução francesa.

JONES E., *Le Cauchemar*, Paris, Payot, 1973.

JOUVET M., *Le Soa senhorail et le Rêve*, Paris, Odile Jacob, 1992.

JULIEN P., "La vérité parle, le savoir écrit", *Littoral* nº 2, Érès, outubro de 1981.

Lacan J.,

- *Le Moi dans la théorie de Freud et dans la technique de la psychanalyse, Paris*, Seuil, 1978.

- *Les Formations de l'inconscient*, Paris, Seuil, 1998.

- *Le Désir et son interprétation*, seminário inédito, 1958-59.

- *Les Quatre Concepts fondamentaux de la psychanalyse*, Paris, Seuil, 1973.

- *La Logique du fantasme, seminário inédito*, 1966-67.

- *L'Envers de la psychanalyse*, Paris, Seuil, 1991.

- *D'un discours qui ne serait pas du semblant*, seminário inédito, 1970-71.

- ... *Ou pire*, seminário inédito, 1971-72.

- *Les non-dupes errent*, seminário inédito, 1973-74.

- *R.S.I.*, seminário de 1974-75, Ornicar? nº 5, Navarin.

- "L'instance de la lettre", *Écrits*, Paris, Seuil, 1966.

- "Direction de la cure", *Écrits*, Paris, Seuil, 1966.

- "Radiophonie", *Scilicet* 2/3, Seuil, 1975.

- "Litturaterre", *Ornicar?* nº 41, Navarin.

MARROU H.-I., *Les Troubadours*, Paris, Seuil, 1971.

MASSON J., *Le Réel escamoté*, Paris, Aubier, 1984.

MELTZER D., *LeMonde vivant du rêve. Une révision de la théorie et de la technique psychanalytiques*, Lyon, Césura, 1993.

MILLER J.-A.,

- "Trio de Mélo", *La Cause freudienne. Revue de psychanalyse*, nº 31, outubro de 1995.

- "Discussion d'un cas clinique à l'Association psychanalytique de Cordoba", *La Cause freudienne. Revue de psychanalyse*, nº 41, abril de 1999.

NASIO J.-D., *Le Livre de la douleur et de l'amour*, Paris, Payot, 1996.

NELLI R., *Érotique des troubadours*, Union générale d'édition, 2ª ed., Paris, 1974, tomo 2.

POMMIER G.,

- *Don bon usage érotique de la colère...*, Paris, Aubier, 1994.

- *L'Amour à l'envers*, Paris, P.U.F., 1995.

REGNIER-BOHLER D. (ed.), *Le Cœur mangé*, Récits érotiques et courtois, XIIe et XIIIe siècles, Stock, Moyen Âge, Paris, 1994.

SHARP E., *Dream Analysis,* London, Hogart Press, 1949.

TOBOUL B., "L'inconscient et l'ex-sistence", Colóquio do Centenário de *A interpretação dos sonhos,* Paris, de 28 a 30 de maio de 1999.

VANIER A., "Le rêve lacanien", Colóquio do Centenário de *A interpretação dos sonhos,* Paris, de 28 a 30 de maio de 1999.

Léxico

Alienação — Modo lógico conforme o qual o sujeito é determinado pelos significantes que o Outro, primordial primeiramente, lhe concede. Ela implica uma escolha forçada, pois, com o primeiro significante, o desejo da Mãe, o sujeito recebe o ser, mas está desprovido de sentido, ao passo que com o segundo, o Nome do Pai, ele recebe um sentido, mas perde o ser. A alienação segunda comporta uma escolha comparável, desta vez entre pensamento e ser. O sujeito ulterior resulta desta escolha que o divide.

Associações — São os pensamentos que vêm à consciência do analisando, ou de qualquer sonhador, após o relato de seu sonho. Contêm em geral os elementos necessários à sua interpretação. Dizem, às vezes, respeito ao contexto do sonho e, com freqüência, aos acontecimentos ou às falas a que se referem os elementos presentes no sonho.

Castração — O complexo isolado por Freud designa, para os meninos, o temor de perder o pênis à vista da ausência de pênis nas meninas. Na menina, designa a privação que ela sente por esta ausência. Este complexo é essencial na resolução do Édipo. Lacan o retomou, sublinhando que seu objeto, o falo, é imaginário. Ele está no centro da dialética que instaura a função do Pai simbólico, que faz em seguida, do falo, um significante. Ele determina as identificações sexuadas, o ter para o menino, o ser e não tê-lo para a menina.

Cifração — Designa o trabalho do sonho que chega ao conteúdo manifesto. Comporta os processos de condensação e de deslocamento produzidos respectivamente pela metáfora e pela metonímia. A cifra é o resultado disso, no sentido em que o sonho constitui uma escrita cifrada. É o que se decifra com a interpretação.

Compromisso (formação de) — Modo conforme o qual o recalcado retorna nas formações do inconsciente, nos sonhos, nos lapsos, nos sintomas. Sofrendo uma modificação que preserva o recalque, pode ser admitido na consciência.

Condensação — Processo do inconsciente descrito por Freud a partir do sonho, depois estendido às outras formações do inconsciente. Um elemento do sonho é formado a partir de vários elementos dos pensamentos latentes, que são encontrados pela interpretação. O conteúdo manifesto do sonho é, assim, muito mais breve do que o conjunto destes pensamentos.

Conteúdo manifesto — É conhecido pelo relato do sonho que dele constitui o texto. Opõe-se ao conteúdo ou pensamentos latentes, aos quais só se tem acesso pela interpretação.

Decifração — Termo utilizado por Lacan para designar a interpretação das formações do inconsciente, notadamente do sonho. Decifra-se o que o inconsciente cifra.

Desejo — Presente em Freud, notadamente na realização de desejo comportada pelo sonho, este termo é sobretudo desenvolvido por Lacan. É distinguido da demanda: o que é demandado não é forçosamente o que é desejado, no sentido do inconsciente. O desejo é o desejo do Outro, na medida em que ele só se pôde constituir a partir dos significantes do Outro, a criança querendo primeiramente ser equivalente ao que o Outro deseja.

Desejo da Mãe — Aquilo a que a criança está primeiramente assujeitada, querendo equivaler ao objeto deste desejo. O desejo do Outro é, portanto, o mesmo que o seu. Depois, é recalcado, para o sujeito que se constitui, e persistirá enquanto inconsciente. O significado deste desejo e seu significante correspondem ao falo, imaginário depois simbólico.

Deslocamento — Processo do inconsciente em jogo na formação do sonho. Consiste numa "transvaloração dos valores psíquicos". O acento é posto sobre o que é anódino, ao passo que o que está carregado de afeto figura no sonho com pouca intensidade.

Econômico — O que se refere à energia psíquica em termos quantitativos, dizendo respeito, notadamente, à distribuição do gozo e de seus valores de troca.

Elaboração psíquica — Trabalho do aparelho psíquico integrando as excitações que chegam a ele, a fim de que o princípio de prazer seja satisfeito. Para isso, é preciso que conexões se estabeleçam de modo a que o nível de excitação permaneça o mais baixo possível.

Enunciado-enunciação — O enunciado é o que é dito, mas não recobre tudo o que o sujeito quer dizer dizendo-o, pois, nas formulações ou nos tropeços daquilo que é dito, desliza o desejo inconsciente: a enunciação.

Falo — Termo retomado dos Antigos para sublinhar que o pênis intervém essencialmente como um objeto simbólico e até como um significante. Símbolo da libido para os dois sexos, em Freud, torna-se, com Lacan, o significante do desejo, resultando da instauração da função do Pai. Preside à sexuação, determinando as identificações sexuadas e uma relação sexuada entre os parceiros dos dois sexos. O homem é aquele que tem o falo (sem sê-lo), a mulher o é (sem tê-lo). A função do falo rege assim a quase totalidade dos gozos, à exceção de um gozo suplementar da mulher, que dele não depende.

Fantasia — Roteiro imaginário de realização de desejo. Pode ser objeto de devaneios diurnos quando é consciente. Quando é inconsciente, pode estar representada num sonho, estar em jogo por trás de um sintoma, ou ainda ser posta em ato. Lacan sublinha que a fantasia é organizada pela linguagem e que ela liga o sujeito do inconsciente a um objeto dito *a*, que faz as vezes de gozo. Ele lhe elaborou uma lógica em duas vertentes, a do isso e a do inconsciente.

Figurabilidade (consideração de) — Processo do trabalho do sonho, ela seleciona entre seus pensamentos aqueles que podem ser objeto de uma apresentação em imagens. Lacan a traduziu pela expressão "consideração aos meios de encenação", que é bem próxima de um termo escolhido por Freud, "dramatização".

Foraclusão — Conceito elaborado por Lacan para designar a rejeição, na origem da psicose, de um significante primordial, o do Nome do Pai.

Gozo — Este termo corrente, que anteriormente pouco fazia parte do vocabulário da psicanálise, foi constituído por Lacan em conceito. O gozo é primeiramente aquilo que ocorre quando um desejo se realiza, mas é também aquilo que foi primitivamente proibido sob a forma do incesto. Por conseguinte, o gozo é de um acesso muito problemático e seu encontro pode ser traumático. Uma série inteira de substitutos permite encontrar um modo que o inconsciente possa admitir. O termo gozo também é freqüentemente utilizado no sentido jurídico. Ter o gozo de algo, ou seja, a disposição de um objeto ou de um corpo.

Histeria — Uma das grandes neuroses, descrita primeiramente a partir dos sintomas de conversão por ela comportados. Diz respeito, para além da clínica, a uma estrutura psíquica cujos elementos podem se constituir em discurso.

Imaginário — Um dos três grandes registros isolados por Lacan, com o Simbólico e o Real. Diz respeito à relação do eu [*moi*] com a imagem do corpo e com o semelhante. É a mola propulsora do narcisismo.

Inconsciente — Com o consciente e o pré-consciente, constitui o conjunto dos sistemas da primeira tópica freudiana. É o lugar onde se conserva o recalcado, com suas representações de pulsões, suas moções de desejos. Lacan observou, baseando-se notadamente em *A interpretação dos sonhos* de Freud, que os processos de linguagem nele reinavam. Jogos de palavras, equívocos, rébus nele se encontram notadamente. Daí seu aforismo: "O inconsciente é estruturado como uma linguagem". Lacan igualmente elaborou sua lógica, a do "não sou", uma das duas vertentes da lógica da fantasia, com a do isso.

Isso — Faz parte da segunda tópica de Freud com o eu [moi] e o supereu. Totalmente inconsciente, é o lugar silencioso das pulsões. Lacan elaborou-lhe a lógica a partir dos termos do *Cogito* cartesiano.

Lapso — Uma das formações do inconsciente. Comporta a mesma estrutura que as outras, a condensação e o deslocamento, produzidos pela metáfora e pela metonímia.

Mais-de-gozar — Forjado por Lacan sob o modelo da mais-valia de Marx, é um valor de gozo que, sem ser gozo, faz-lhe as vezes. É o caso notadamente do objeto *a*.

Metáfora — Figura de estilo elaborada por Lacan, que faz dela um dos dois processos do trabalho do inconsciente. Produz a condensação descrita por Freud. É definida como a substituição de um significante por outro, que a ele está ligado por uma similaridade. O significante substituído desaparece da cadeia, é recalcado e se torna o significado do significante substituído.

Metáfora paterna — Caso particular de metáfora, relativo à substituição primordial do Desejo da Mãe pelo significante do Nome do Pai. Está na origem do inconsciente e do sujeito. Modo de instauração da Lei fundamental, notadamente do interdito do incesto, engendra uma significação, que é a do falo. Por essa razão, é igualmente o que produz o desejo e o sistema das identificações sexuais.

Metonímia — Segunda figura de estilo utilizada por Lacan para designar um processo do trabalho do sonho. É a substituição de um significante por outro que a ele está ligado por contigüidade. Produz o deslocamento descrito por Freud. O significante substituído não desaparece da cadeia. O desejo se sustenta, por este processo, como desejo de outra coisa.

Neurose obsessiva — Uma das grandes neuroses da clínica psicanalítica, comportando obsessões, rituais de verificação. É fundada igualmente numa estrutura e afeta essencialmente o pensamento, ali onde a histeria afeta o corpo ou a função.

Objeto *a* — Mais que o objeto do desejo, é o objeto que causa o desejo. Derivado do objeto perdido da satisfação primeira, diz respeito aos objetos da pulsão, oral, anal, mas também à voz e ao olhar, que Lacan acrescentou. É o objeto da fantasia, sustentando o desejo. Constitui o que pode ser reencontrado do gozo, uma vez que este foi perdido por sua interdição primeira. Por conseguinte, é suscetível de fazer-lhe as vezes e o sujeito pode suscitar o olhar ou a voz do Outro para visar a seu gozo e fazer-se equivalente a um objeto *a*.

Outro — Lacan distinguiu o outro e o Outro. O outro é o semelhante, o parceiro imaginário da relação. O Outro diz respeito a um lugar, ainda que sua função seja eventualmente sustentada por uma pessoa. Ele é o lugar da fala, na medida em que ela vem dele ou a ele se endereça. Este lugar é o dos significantes que determinam o sujeito, na origem, e aquele onde ele se representa, se conta.

Prazer (princípio de) — Princípio do funcionamento psíquico que evita o desprazer. O prazer consiste na mínima tensão. A descarga da excitação visa obtê-lo.

Pré-consciente — Uma das três instâncias da primeira tópica freudiana, com o inconsciente e o consciente. Seu papel é manter no inconsciente o que é recalcado. Próximo do consciente, está separado do inconsciente pela censura.

Psicose — Com a neurose e a perversão, constitui as três grandes vertentes de estruturas clínicas escolhidas por Freud. Caracterizada em Freud por um retraimento da libido da realidade, foi relacionada por Lacan à rejeição primordial de um significante, o Nome do Pai. Como este significante preside à organização do simbólico, todo esse registro é remanejado, em conseqüência, na psicose. O delírio nela constitui o retorno, no Real, daquilo que foi foracluído do Simbólico.

Pulsão — No limite do psíquico e do orgânico, é o representante psíquico de um impulso orgânico. Visa um objeto, oral, anal, escópico ou vocal, que ela contorna sem atingir. Constitui uma montagem heterogênea em razão da incidência da linguagem sobre o corpo.

Real — Um dos três registros com os quais está confrontado o sujeito, junto com o Simbólico e o Imaginário. Distingue-se da realidade que, esta, é comandada pela fantasia. É constituído daquilo que é excluído pelo Simbólico para instaurar-se. Por isso, representa o impossível para o sujeito do significante. Diz respeito, como o gozo, ao além do princípio de prazer, até o traumatismo, e a tudo o que não está representado no Simbólico.

Recalque — Diz respeito aos representantes da pulsão afastados do consciente. Eles não são suprimidos, mas conservados no inconsciente sob forma de representantes da representação. Retornam nas formações do inconsciente e, bem especialmente, no sonho. Lacan observou que o representante da representação não era outro senão o significante e, portanto, são portanto os significantes que são recalcados no inconsciente. O recalque originário é produzido pela metáfora paterna.

Relação sexual — Expressão utilizada por Lacan, ao modo de um jogo de palavras, para sublinhar que aquilo que de hábito chamamos relação sexual, a copulação, não constitui precisamente, entre os seres falantes, uma relação, no sentido estrito do termo. Ela deveria instaurar uma relação de tipo matemático entre dois termos simbólicos, duas letras ou significantes, representando cada um dos dois sexos, o que não existe. O inconsciente só reconhece a diferença sexual a partir de um único significante para os dois sexos, o falo, o que não a recobre. Instaurado pela metáfora paterna, que só retém da relação parental um único gozo, o do Pai, e um único significante, o inconsciente não pode cifrar a "relação sexual". A ausência de escrita desta relação é o que constitui o Real fundamental para o sujeito falante: o que não cessa de não se escrever.

Resto diurno — Elementos da vida recente do sonhador, freqüentemente da véspera do sonho, aparecendo no conteúdo manifesto.

Separação — Operação lógica pela qual o sujeito encontra saída para a alienação. Ele sai da falsa alternativa da escolha forçada entre o ser e o sentido, pondo em jogo sua própria perda pelo Outro primordial. O que ele não é mais para o Outro, ele o reencontrará em seu objeto, o objeto *a*. É a metáfora paterna que permite esta operação. Ela comporta, no entanto, um retorno parcial a uma alienação, desta vez entre o pensamento e o ser.

Significante — Termo de lingüística pelo qual Lacan traduziu o representante da representação freudiana. Um signo é constituído pelo conjunto significante e significado, mas a autonomia do significante em relação ao significado caracteriza o funcionamento do inconsciente. O jogo dos significantes no inconsciente é manifesto ao se ler *A interpretação dos sonhos* de Freud, onde são encontradas todas as espécies de jogos de linguagem. A substituição deles dois a dois, metáforas e metonímias, produz a condensação e o deslocamento freudianos, que constituem a literalidade do inconsciente. No conteúdo manifesto do sonho, certo número de letras está presente. Para ler o significante que cada uma contém, isto é, dar-lhe sentido, é preciso dispor de outro significante. É aquele que é dado pelas associações do sonhador.

Simbólico — Um dos três registros fundamentais com o Real e o Imaginário. É a ordem da linguagem que o constitui. É inaugurado para o ser falante pela função do Nome do Pai, que instaura a Lei fundamental do interdito do incesto. Determina assim toda a ordem do desejo, de acordo com a estrutura e as leis do significante.

Sujeito (do inconsciente) — Lacan o distinguiu do Eu [*Moi*] freudiano para sublinhar que ele é determinado pela linguagem, logo, é assunto de significante. Ele é como tal o sujeito que fala, após ter sido falado pelo Outro primordial.

Traumatismo — Acontecimento na origem de uma excitação tal que é inassimilável pelo aparelho psíquico. Freud o havia primeiramente considerado na origem de toda neurose, antes de reconhecer a função da fantasia, notadamente de sedução. Não recalcado, pode ficar silencioso até que outro acontecimento da puberdade lhe seja associado, provocando então o recalque. É geralmente de natureza sexual. Todavia, Freud utilizará igualmente este termo ndeas neuroses ocorridas após traumatismo de guerra. Em Lacan, o traumatismo, ou o "*trou-matisme*", designa de modo geral o mau encontro constituído pelo sexo, no sentido do furo na representação, da impossível simbolização que o caracteriza.

Companhia de Freud
editora

OBRAS PUBLICADAS

Psicanálise e Tempo
Erik Porge

Psicanálise e Análise do Discurso
Nina Leite

Letra a Letra
Jean Allouch

Mal-Estar na Procriação
Marie-Magdeleine Chatel

Marguerite ou
"A Aimée" de Lacan
Jean Allouch

Revista Internacional nº 1
A Clínica Lacaniana

A Criança na Clínica Psicanalítica
Angela Vorcaro

A Feminilidade Velada
Philippe Julien

O Discurso Melancólico
Marie-Claude Lambotte

A Etificação da Psicanálise
Jean Allouch

Roubo de Idéias?
Erik Porge

Os nomes do pai
em Jacques Lacan
Erik Porge

Revista Internacional nº 2
A Histeria

Anorexia mental, ascese, mística
Éric Bidaud

Hitler - A Tirania e a Psicanálise
Jean-Gérard Bursztein

Littoral
A Criança e o Psicanalista

O Amor ao Avesso
Gérard Pommier

Paixões do Ser
Sandra Dias

A Ficção do Si Mesmo
Ana Maria Medeiros da Costa

As Construções do Universal
Monique David-Ménard

Littoral
Luto de Criança

Trata-se uma Criança - Tomos 1 e 2
Congresso Internacional de Psicanálise e suas Conexões - Vários

O Adolescente e o Psicanalista
Jean-Jacques Rassial

— Alô, Lacan?
— É claro que não.
Jean Allouch

A Crise de Adolescência
Octave Mannoni e outros

O Adolescente na Psicanálise
Raymond Cahn

A Morte e o Imaginário na
Adolescência
Silvia Tubert

Invocações
Alain Didier-Weill

Um Percurso em Psicanálise
com Lacan
Taciana de Melo Mafra

A Fantasia da Eleição Divina
Sergio Becker

Lacan e o Espelho Sofiânico
de Boehme
Dany-Robert Dufour

O Adolescente e a Modernidade
Tomo I e II
Congresso Internacional de Psicanálise e suas Conexões – Vários

A Hora do Chá na Casa dos Pendlebury
Alain Didier-Weill

W. R. Bion - Novas Leituras
Arnaldo Chuster

Crianças na Psicanálise
Angela Vorcaro

O Sorriso da Gioconda
Catherine Mathelin

As Psicoses
Philippe Julien

O Olhar e a Voz
Paul-Laurent Assoun

Um jeito de poeta
Luís Mauro Caetano da Rosa

Estética da Melancolia
Marie-Claude Lambotte

O Desejo do Psicanalista
Diana S. Rabinovich

Abandonarás teu pai e tua mãe
Philippe Julien

markgraph
Rua Aguiar Moreira, 386 - Bonsucesso
Tel.: (21) 868-5802 Telefax.: (021) 270.9656
Rio de Janeiro - RJ